C. A. X. G. F. Sicherer

Lorelei

Plaudereien über Holland und seine Bewohner

C. A. X. G. F. Sicherer

Lorelei
Plaudereien über Holland und seine Bewohner

ISBN/EAN: 9783743389373

Hergestellt in Europa, USA, Kanada, Australien, Japan

Cover: Foto ©ninafisch / pixelio.de

Manufactured and distributed by brebook publishing software (www.brebook.com)

C. A. X. G. F. Sicherer

Lorelei

Lorelei.

PLAUDEREIEN

ÜBER

HOLLAND UND SEINE BEWOHNER

VON

C. A. X. G. F. SICHERER.

ZWEITER THEIL.

LEIDEN,
DRUCK UND VERLAG VON A. W. SIJTHOFF.
1870.

INHALT.

—◦—

VII.

————

VIII.

IX.

Urtheil der Holländer über den politischen Verstand und
den Character der Deutschen. Der deutsche und der holländische Complimentenstil, eine Veranlassung zu falscher
Beurtheilung auf beiden Seiten. Widerlegung eines Ur-
theils in Bezug auf Mangel an feinerer Lebensart bei den
Holländern. Warum die Deutschen bei den Holländern
nicht gut angeschrieben sind. S c h e r r's Behauptung,
dass die Holländer gegen die Deutschen feindselig gesinnt seien, zurückgewiesen. Annexions-Gelüste. „Holland
preussisch! — dann noch lieber französisch." Stimmung

X.

XI.

Schwabenstreiche und *Kamper streken*. Der Schwabe mit
seinem Idiom dem Norddeutschen gegenüber im Nachtheil. Ein Maturitätszeugniss. Junge Schwaben in Holland. *Bekwaam*, bequem, *gemakkelijk*, gemächlich, *ge-
schikt* und geschickt, *knap, vlug, kloek.* Holländische
Dialecte. „*Op zijn Utrechtsch gemak.*" Offenherzigkeit
der Schwaben. Die holländischen jungen Damen im
Umgang mit Herren. Ein aesthetisch-kritischer Streit.
Der Roman „*Lief en Leed uit eene kleine wereld.*"
Geschmacksurtheile. Parodie der Offenherzigkeit. Schwä-
bischer Wirthshaus-Humor. Zwei Beispiele. V i s c h e r
über die Selbstpersiflirung der Schwaben. Wie ein

XII.

Die vermeinte Antipathie der Holländer gegen die Deutschen noch einmal. Ursprung einer gewissen Geringschätzung der Holländer gegen die Deutschen. Deutsche
Einwanderer. Pfarrermacht und Lehrerelend in Deutschland, in Holland unbekannt. Der Despotismus deutscher
Fürsten im vorigen Jahrhundert. Menschenraub und

VII.

Sie sind also schon zweimal in Holland gewesen, Herr Justizrath?

Schon dreimal, Herr Inspector, und zwar zweimal im Sommer und einmal im Winter, nämlich das erste Mal. Das ist aber schon viele Jahre her.

Aber im Winter?

Ja; Sie wollen sagen, wer reist auch im Winter, und im Winter nach Holland, wo die Hälfte des Landes unter Wasser steht. Sie haben Recht. Es war aber auch keine Vergnügungsreise, sondern eine Geschäftsreise. Ich war damals noch beim Ministerium der auswärtigen Angelegenheiten angestellt und mit Depeschen an unsern Bevollmächtigten nach dem Haag gesandt worden. Es war mitten in dem strengen Winter des Jahres 1836. Die Reise war keineswegs angenehm, und wenn es von mir abgehangen hätte, hätte ich sie auch lieber noch ein paar Monate aufgeschoben. Aber als ich einmal da war, freute es mich doch, so wie es mich noch freut, dass ich auf diese Weise jenes merkwürdige Land auch zur Schnee- und Eiszeit zu sehen bekommen. Denn dann bietet es eine so eigenthümliche Erscheinung dar, wie wohl kein anderes Land auf der Welt — ich meine zur Zeit des Schlittschuhlaufens — weil es wohl nirgends in der Welt eine so schöne Gelegenheit dazu giebt.

Wie so?

Indem da Jedermann eine Schleif- und Schlittschuh- bahn vor dem Hause hat. Jeder Bauernhof liegt ja an einem Wassergraben, jedes Dorf entweder an einem Fluss oder an einer breiten Zucht, die Städte haben ihre Kanäle im Innern und ihre breiten Stadtgräben aussen herum, und alle diese Gewässer, weil sie gröss- tentheils stille stehen, gefrieren in der Regel spiegel- glatt. Da wird Alles, was Füsse hat, von selbst auf's Schlittschuhlaufen hingewiesen, Jung und Alt, Gross und Klein. Von einem Thurme herab, wenn es auf allen Gräben in und aussen herum von Schlittschuh- läufern wimmelt und Alles durcheinander rennt, muss dann eine Stadt wie ein aufgestörter Ameisenhaufen aussehen. —

Lassen Sie gefälligst weiter hören, Herr Justizrath.

Also vom Schlittschuhlaufen? — Sobald es dort im Lande so zu frieren anfängt, dass wir uns hinter den Ofen verkriechen würden, dann ist's dort gerade um- gekehrt, dann kommt der Holländer erst recht zum Loche heraus, dann fängt's dort erst recht lebendig und lebhaft zu werden an. Kaum heisst es: „Es friert, es friert! Es hat heute Nacht gefroren!" so zuckt es wie ein electrischer Schlag durch's ganze Land, wenigstens durch's ganze junge Holland. Dann ist — um da, bei der Jugend, anzufangen — das erste, was ein hollän-

discher Bube thut, dass er hinaufspringt auf die Bühne,
und seine *schaatsen*, d. h. seine Schlittschuhe, die, mit
Unschlitt eingeschmiert, am Hahnenbalken ihren Som-
merschlaf gehalten haben, beim Kopf packt, herunter-
holt, reinigt und untersucht, ob etwas daran schadhaft
geworden, ob *neus-* und *hakzeelen*, d. h. Vorder- und
Hinterleder, noch stark genug sind und gehörig fest-
sitzen, und ob die Eisen noch scharf genug sind; „denn",
sagt er, „das Eis ist gewiss so glatt wie ein Spiegel",
wenn's auch so rauh ist, wie ein Reibeisen. Sind sie seiner Meinung nach zu *bot*, zu stumpf, indem die scharfen
Ränder der *schinkel*, d. h. der Schienen, abgeschliffen
und rund geworden sind — die mit Hohlkehlen, wie
bei uns, die sogenannten englischen, sieht man in
Holland nur selten — dann bringt er sie zum Schlitt-
schuhschleifer und zwar zum besten, zu dem, der in
dieser Kunst das meiste Renommée hat. Denn er hat
ein paar ächte Linschootsche oder Bergambachtsche,
d. h. dem klassischen Boden der Schlittschuhfabrica-
tion entstammte, die er nicht von einem *knoeier* oder
Pfuscher verhunzen lassen will. Uebrigens ist er Vor-
nehmens, sich dieses Jahr auch ein paar friesische,
vom friesischen Model, zu kaufen, weil er mit seinen
Kameraden schon mehrere grosse Ausflüge verabredet
hat. Denn auf den friesischen kann man zwar nur *bin-
nenbeens*, wie man es nennt, und also nicht so schön
laufen, wie auf den holländischen, auch keine Kunst-
stücke machen, denn sie sind nur zum Gradausfahren
bestimmt; sie gehen aber um so schneller.

Wie sehen die denn aus?

So ziemlich wie die holländischen, nur sind die

Schienen niedriger und etwas länger. Dagegen zum *buitenbeens* of *buitenover* Laufen sind die holländischen und unter diesen zumal die genannten Linschootschen ohne Widerrede bei weitem die geeignetsten. Ich habe in Leiden Einen gesehen, ein kleines, untersetztes, säbelbeiniges, aber, wie es schien, sehr *gespiertes*, ich will sagen, muskelfestes Kerlchen, der zeichnete mit seinen Schlittschuhen das ganze ABC auf's Eis, und konnte so schnell rückwärts laufen, als ein mittelmässiger Läufer vorwärts, und *fleuren* — dass er die ganze Breite der Bahn dazu brauchte.

Was ist das — flören?

Das ist *beentjeover rijden*. Aber nun wissen Sie noch nichts.

O, was unsere Buben „kreuzeln" nennen, wenn sie das rechte Bein über das linke oder das linke über das rechte setzen.

Etwas der Art, ja; nur mit dem Unterschied, dass die dabei nicht vorwärts kommen und immer im Ring herum fahren, während jene *fleurder* mit jedem Fusse, wenn sie einmal recht im Gange sind, einen zehn bis zwölf Schuh langen Schritt oder vielmehr Strich machen und dabei die schönste Schlangenlinie beschreiben. Ihr Körper, bald auf dem rechten, bald auf dem linken Fusse schwebend, bildet bald rechts bald links mit der Eisfläche einen Winkel von kaum 45 Graden. So schwanken sie, zugleich ziemlich rückwärts hangend, herüber und hinüber, herüber und hinüber, die Bahn entlang und doch wie im Flug, und dem Anscheine nach, ohne sich im Geringsten anzustrengen, stets mit gestreckten Beinen, auch wohl die Arme über einander geschlagen. Wer vorüber hangt und krumme Kniee macht, der lernt es nie. Aber auch ohne dies lernen es nur wenige. *Het is een slag*, sagen die Holländer, d. h. eine Gewandtheit oder Fertigkeit, die man einem andern nicht absehen kann, die man auf einmal gleichsam erhaschen muss. Hat man's aber einmal los, dann soll's ein Leichtes sein. Ich habe aber die Kunst nie ertappen können, obgleich ich schon am ersten Tage ein *fleurder* gescholten worden bin.

Wie? Können Sie auch Schlittschuhlaufen, Herr Justizrath? Ich habe Sie doch nie auf unserem Feuersee gesehen.

Ja, *dat dank je* — das danke Ihnen der Kukuk! Das will ich Ihnen gerne glauben. Aber das könnten Sie sich doch auch leicht selbst an der Nase abklavieren, guter Herr Kameralverwalter, dass ich jetzt nicht mehr auf's Eis gehe.

Wie so?

Ach, schwatzen Sie doch kein so thörichtes Zeug! — Aber vor zwanzig Jahren noch, da war ich noch ein Matador. Da hätten Sie mich sehen sollen, da hätten Sie ein Punkt daran saugen können, wie die Holländer sageh.

Was? Wie? Woran? Was ist das?

Ja, an mir!

Ein Punkt?

Ja, da hätten Sie an mir sich ein Muster nehmen können.

Aber, wie sagten Sie? Ein Punkt?

Ach, das ist so eine holländische Redensart.

Aber eine sonderbare, das muss ich sagen. Was sagen Sie dazu, Herr Inspector?

Ja, ich möchte — die Wahrheit zu sagen —

Nun, sonderbar hin, sonderbar her — ich versichere Sie, ich war ein tüchtiger Schlittschuhläufer. Ich habe ja aber auch meine Studien von Anfang an auf der Hochschule des Schlittschuhlaufens, in Holland, gemacht, nämlich eben zur Zeit, als ich, wie gesagt, zum ersten Male dort war. Zuvor hatte ich nie auf Schlittschuhen gestanden, denn da, wo ich her bin, nimmt sich das Wasser die Zeit nicht zu gefrieren. In Holland aber, wo alles Wasser zu Eis wird, und die ganze Welt sich auf Schlittschuhen bewegt, da muss man es wohl lernen. Wer wollte da dahinter bleiben? So ging es auch mir; ich wollte es auch einmal probiren. Also kaufte ich mir eines Samstag Morgens ein paar schöne Schlittschuhe, prima Qualität — sie kosteten mich mit Ab- und Dependenzen circa sechs Gulden — und ging damit vor's Thor, und zwar auf einen abgelegenen, von der frequentesten Hauptbahn ziemlich weit entfernten Graben, um mich nicht dem allgemeinen Gelächter auszusetzen. Denn weil man in Holland das Schlittschuhlaufen schon in früher Jugend lernt, so macht ein erwachsener Anfänger dort immer eine höchst lächerliche Figur. Da band ich meine Schlittschuhe unter und fing nun in *mijn eentje*, in meiner Einsamkeit, an *heen en weer te scharrelen*, d. h. herumzukratteln, nicht selten auf Händen und Füssen. Nach einer halben Stunde konnte ich aber doch schon etwas drauf stehen, ja auch schon mit einem Beine etwas vorwärts kommen, und ehe noch die Stunde herumwar, wagte ich es auch auf dem rechten Beine zu stehen, das ich bisher nur so hintendrein geschleift

hatte, und bald konnte ich sogar auch einen Schritt
rechts und einen dito links, machen, muss aber, weil
meiner Beine noch nicht mächtig und jeden Augenblick dem Falle nahe und mit beiden Armen balan-
cirend, doch immer eine sehr lächerliche Erscheinung
gewesen sein. Denn als einmal ein Haufen Bauern und
Bäuerinnen hinter mir hergeschossen kam, denen ich
nur mit Anstrengung aller meiner Kräfte noch aus
dem Wege kommen konnte, da hörte ich, wie der Zugführer den anderen zurief: *kijk! daar hebje een fleurder!"* — das war ich — worauf sich ein schallendes
Gelächter erhob. Bald darauf schnurrten auch einige
Buben an mir vorbei, und einer rief lachend: „*nou,
van wegens!"* und der ganze Rudel lachte ebenfalls
laut auf.

Was sollte das heissen?

Ich weiss selbst nicht. *Nou, van wegens* — ohne
Zweifel hiess es so viel als, nun von wegen des Schlittschuhlaufens oder was das Schlittschuhlaufen betrifft,
der ist auch kein Hexenmeister. Wie würden die aber
erst gelacht haben, wenn sie einige Augenblicke später
gekommen wären und mich meine schöne Tombade
hätten machen sehen. Ich weiss nämlich nicht mehr,
war es das bäurische Hohngelächter, das mich zu grösserer Kühnheit aufstachelte, oder wollte ich nicht länger hinter diesen Affen zurückbleiben, kurzum, ich
wollte eben ein kühnes Manoeuvre, eine Pirouette oder
so etwas — da schossen mir auf einmal die Beine
unter dem Leibe weg, und, wie vom Blitz getroffen,
lag ich die Länge lang auf dem Rücken.

Haben Sie sich nicht beschädigt?

Nein, glücklicherweise nicht. Das hatte ich meinem Mantel mit vier Krägen, wie man sie damals trug, zu danken. Ich fiel mit dem Hinterkopf wie auf ein Kissen, fühlte aber doch noch immer deutlich genug, dass die Matratze nicht von Rosshaar war. Mein Hut, der indessen mit Hülfe des Windes auf der glatten Bahn das Weite gesucht hatte, wurde mir von einem jungen Pärchen, das desselben Weges kam und den Ausreisser handfest machte, wieder zugestellt.

Die werden wohl auch gelacht haben.

Leicht möglich, in der Ferne; aber nicht in meiner Gegenwart. Die hatten schon mehr *mores* gelernt. Im Gegentheil fragte mich die rothwangige Schöne sehr theilnehmend, *of Mijnheer zich geen zeer gedaan had,* ob ich mir nicht wehe gethan habe. Ihrer Haube nach war es ein Dienstmädchen aus der Stadt, und ihr Begleiter, wahrscheinlich zugleich ihr Liebhaber, war ohne Zweifel ein Bedienter seines Zeichens, was er mir dadurch zu beweisen schien, dass er mir, eingedenk dessen, was seines Amtes sei, sogleich mit grösster Behendigkeit den Schnee vom Rücken klopfte, mit seinem Aermel die widerspenstigen Haare meines Hutes zurechtlegte und was dergleichen Herrendienste mehr sind.

Aber das Mädchen? — Ihrer Haube nach, sagten Sie?

Ja, Sie wollen sagen, ob man's dort den Leuten an der Haube ansehe, was sie sind? Allerdings, wenigstens welchem Stande sie angehören, und zwar sehr deutlich. Eine Fabrikarbeiterin, Besenbinderin und andere ihresgleichen erkennt man sogleich *aan de losse muts,* ein Dienstmädchen auf dem Lande und ein Bauern-

mädchen an der *trekmuts*, ein Dienstmädchen aus der
Stadt und eine Frau des geringeren Bürgerstandes an
der *neepjesmuts*, auch *kapje* und *kornetje* genannt, eine
Frau des geringsten Bürgerstandes an der *floddermuts*,
eine bejahrte Frau von Stande *aan de gekleede muts*
u. s. w. — Aber um wieder auf's Eis zu kommen —
Nun, nach solch einem Unfall werden Sie doch wohl
genug gehabt haben?

Vom Fallen ja, aber nicht vom Laufen, oder, wie
man bei uns sagt, vom Fahren. Das Alles konnte mich
durchaus nicht abschrecken. Aller Anfang ist schwer,
dachte ich. Ich setzte meine Uebungen dessenungeachtet fort, und machte noch am nämlichen Tage die
angenehme Erfahrung, dass das holländische Sprichwort: „*de aanhouder wint*," Ausdauer gewinnt, Wahrheit *behelst*, ich will sagen — enthält. Denn ich brachte
es noch vor Abend so weit in der Kunst, dass ich es
schon den folgenden Tag wagen durfte, mich auf der
grossen Bahn sehen zu lassen, zwar noch lange nicht
als *fleurder*, aber doch auch nicht mehr als der Ritter
von der lächerlichen Gestalt vom vorigen Tage, und
nach ungefähr acht Tagen machte ich sogar schon
mit ein paar Holländern einen Ausflug vom Haag nach
Leiden, und legte den Weg von drei Stunden in einer
kleinen Stunde zurück, und ohne unterwegs irgendwo
einzukehren.

Geht das so schnell?

Ja. Das will ich Ihnen nachher beschreiben. Jetzt
müssen wir wieder zu unserem jungen Holländer zurückkehren und ferner sehen, wie er sich auf's *ijsvermaak*, d. h. auf die Eisfreude, auf's Schlittschuhlaufen

vorbereitet. Sind seine Schlittschuhe geschliffen, dann
kauft er das eigens dazu gewobene *schaatsenband*,
womit man sie anbindet. Schlittschuhe mit Riemen,
wie bei uns, sieht man dort selten, und wenn einer
gar lakirtes Leder hat, dann kann man darauf rechnen,
dass der *een kruk op schaatsen* ist, wie die Holländer
sagen, d. h. *een breekebeen*, ich will sagen — ein Stümper
im Fache. Die schlechtesten Läufer haben in der Regel
die schönsten Schlittschuhe, gerade wie die ärgsten
Kleckser die kostbarste Farbenschachtel haben. Da, wo
mehrere schlittschuhfähige Kinder im Hause sind, hört
um diese Zeit das Geklapper den ganzen Tag nicht
auf. Kaum sind sie aus der Schule gekommen, so
nehmen sie die Schlittschuhe zur Hand, und probiren
sie im Hof oder sonstwo, wo sie eine Handbreit Eis
auftreiben können. Mit dem Lernen der Lectionen und
sonstiger häuslicher Schularbeit darf es dann kein vernünftiger Lehrer genau nehmen. „*Het is de tijd van
schaatsenrijden*", sagt er bei sich selbst, etwa wie wir
sagen: „Es geht in den Herbst", und drückt ein, auch
wohl beide Augen zu. Auch auf der Schule dreht sich
jetzt alles Plaudern um die Schlittschuhe und das Eis.
„Heute Nacht hat es tüchtig gefroren", heisst's dann
jeden Morgen, „gewiss einen *turf* dick," d. h. eine
Hand hoch, wenn's auch nur die Dicke einer Eier-
schale gewesen; denn so hätten sie es so gerne. Zuerst
geht's dann auf das Feldeis hinaus, auf die unter
Wasser stehenden Wiesen, wo das Eis am ehesten trägt,
und, wenn's auch einmal einbricht, doch keine Gefahr
vorhanden ist, es sei denn, dass man auf einen breiten
Graben gerathen. Da kann's auch bei sonst starkem

Eise gefährlich sein. Wenn nämlich *gespuid* wird, d. h.
wenn bei sogenanntem hohem Winde, beim Nord- oder
Ostwinde, die Seeschleusen geöffnet werden, um das
überflüssige Wasser abzuführen, so entsteht in den
Zuchten und Kanälen ein starker Zug, ich will sagen,
eine starke Strömung, die das Eis von unten abschleift
und stündlich dünner macht.

Wie aber weiss man das?

Das sieht man unter andern an den Wassermühlen,
wenn sie gehen; auch werden wohl von Obrigkeits-
wegen öffentliche Warnungen erlassen, theils in den
Zeitungen, theils durch Anschläge an den gefährlichen
Stellen. Hält der Frost gehörig an, dann frieren bald
auch die Kanäle innerhalb und ausserhalb der Städte
und zuletzt auch die Flüsse zu, und alle Schiffahrt
nimmt ein Ende. Anfangs, so lange das Eis noch etwa
fingerdick ist, trachten die Ziehboote und Marktschiffe —
aber zum grossen allgemeinen Aergerniss — noch hin-
durchzubrechen, um ihrem Erwerbe noch länger nach-
zugehen.

Aber zum allgemeinen Aergerniss?

Ja, der Schlittschuhläufer nämlich. Denn auf diese
Art wird gerade der schönste Theil, die Mitte der
Bahn, zerstört. Die schwimmenden und zumal die über
einander geschobenen Eisschollen machen, auch wenn
Alles wieder zufriert, die Bahn doch für immer holperig, oft ganz unbrauchbar. Zuletzt müssen aber auch
diese Schiffe liegen bleiben, und dann ist hinfort aller
Verkehr zu Wasser aufgehoben, aber nur, um einem
desto lebhafteren auf dem Eise Platz zu machen. Denn
dann geht das lustige Leben erst recht an. Ein altes

holländisches Sprichwort lautet: *Op het ijs kent men
's lands wijs*, auf dem Eise zeigt sich der Charakter
des Volkes und seine eingeborne Art. Und das muss
wahr.sein, denn dann herrscht dort überall ein völlig
republikanisches Treiben. Auf dem Eise hören alle
individuellen Unterschiede auf, sind alle socialen
Kasten aufgehoben. Da sieht die Magd von der Höhe
ihrer Schlittschuhe und an der Hand ihres Auserwählten
auf die vornehmste Herrschaft, die zu Fuss geht, herab,
als sässe s i e jetzt in der Kutsche; die Nähterin, von
ihrem „Gegenstande" geschoben, streift rücksichtslos
am bauschigen Prachtkleide derselben Allergnädigsten
vorbei, zu deren Füssen sie heute morgen noch gelegen, um ihr das neue Unterkleid zurechtzuzupfen.
Der *klerk*, ich will sagen — der Comptoirbediente oder
Buchhalter, sonst vor seinem Principal, dem Gross-
Industrieller, den Hut schon auf zehn Schritte vom
Kopfe reissend, hat jetzt auf seinem Eis-Kothurn, in
dieser Arena des Wetteifers, an ganz andere Dinge als
Hutabziehen zu denken, und der galanteste, dienstbe-
flissenste Anfänger im Ellenwaarengeschäfte, der sonst
vor seinen Damen hundertmal auf seiner Leiter auf- und
abspringt, hundert Schachteln umwühlt, hundert Roben
aufwickelt und über seine Schulter drapirt, und, nichts
verkaufend, .dennoch mit ˙bittersüssem Lächeln sich
fernerer Gunst und Gewogenheit empfiehlt, giebt jetzt
um all das *kieskeurige*, wählerische Weibervolk und
um die ganze *klanditie*, ich will sagen — Kundschaft,
den Teufel, und schnurrt die Bahn entlang. Was Rück-
sichten! Was Entschuldigungen! Er ist die ganze
Woche *aan de toonbank*, ich will sagen am — Ladentisch

hin- und hergesprungen, wie die Amsel in ihrem
Käfig, jetzt will er an dem schönen Sonntage sich
auch einmal auslaufen und „in vollen Zügen trinken
die süsse, balsamische Luft."

Bravo!

*„Op het ijs is alles gemeen; die geen meid heeft, zoekt
er een,"* so sagte der Husar, der vor ein paar Tagen
in die neue Garnison eingerückt ist, und bereits hat
er sie *aan het touwtje*, hat er sich eine angeschnallt,
denn er hat ihr beim Anschnallen oder Anbinden der
Schlittschuhe seine Dienste angeboten, sie hat sich's
gefallen lassen, und indem ihr Fuss auf seinem Knie
ruhte, hat ein Wort das andere gegeben. Jetzt *zwiert*,
ich will sagen — schweift er schon mit ihr siegreich
und die Danewirko im Munde auf der Bahn herum, an
General und Korporal vorbei. Was Vorgesetzte! Was
Dienst! Was Honneurs! Nur seinem Mädchen macht
er die Honneurs, seinen Kameraden aber *geeft hij een
knipoogje*, winkt er mit den Augen, als wollte er sagen:
„Ein anderes Städtchen, ein anderes Mädchen. Da hab'
ich schon wieder eine neue aufgegabelt." Mit e i n e m
Worte: Alles, was Beine hat, ist jetzt auf dem Eise,
Jung und Alt, Vornehm und Gering, Schlittschuhläufer
und Nicht-Schlittschuhläufer, jene, um zu laufen, diese,
um spazierengehend den Läufern zuzusehen, wieder andere, um sich von Schlittschuhläufern im Handschlitten
fahren zu lassen. Diese Schlitten haben die Gestalt
eines auf Schienen ruhenden Kutschbocks oder Schau-
kelstuhls und werden von hinten geschoben. Ein flotter
„Besen" im Schlitten und ein flotter Bursch dahinter-
her — das nimmt sich gar nicht übel aus.

Und gilt da auch das Schlittenrecht, wie bei uns?

Das weiss ich nicht. Ich bin wenigstens nie Zeuge davon gewesen. Ich will es aber hoffen, denn ohne solch ein Perspectiv wäre es wahrlich ein frostiger Spass, so auf dem Eis herumzurutschen.

Man läuft wohl meistens innerhalb der Städte, auf den Kanälen?

Nicht doch, im Gegentheil. Innerhalb der Städte ist das Eis der Schiffe wegen, wie ich Ihnen soeben gesagt, in der Regel schlecht. Man sieht da meist nur die Schuljugend in ihren Zwischenstunden, wo sie keine Zeit haben, sich weiter wegzubegeben, und des Abends.

Des Abends? In der Dunkelheit?

Ja, aber im Mondschein oder beim Lichte der Laternen oder der Läden.

Der Läden? Wie das?

Ja, der Kaufläden. Das habe ich z. B. in Leiden gesehen. Da läuft ein schöner, breiter Kanal mitten durch die Stadt, und zu beiden Seiten desselben zieht sich eine breite Strasse hin mit einer Reihe schmucker Häuser, welche, im Mittelpunkte der Stadt, meist aus schönen Läden bestehen, die des Abends reich und überreich mit Gas erleuchtet sind. Da nun in Holland die Läden nicht vor Zehn, halb Elf geschlossen werden, so beleuchten ihre zahlreichen Gaskronen, aus den grossen Spiegelscheiben heraus auch noch die Strasse und den Kanal. Nun stellen Sie sich das eigene Schauspiel vor, ein Schauspiel des Pinsels eines S c h e n d e l s würdig: zu beiden Seiten des breiten Kanals die brennende Fensterreihe, die Strassen entlang Schaaren von Spaziergängern und in der Mitte auf dem im silbernen

. Mondlicht blinkenden Spiegel den wuselnden Haufen jubelnder Schlittschuhläufer, die unermüdet auf- und niederjagen, halb vom Mondlicht und halb vom Kerzenlicht beschienen.

Das muss ja ganz zauberhaft aussehen.

Erwachsene aber suchen das bessere Eis ausserhalb der Stadt, auf den Stadtgräben oder auf den Flüssen und Seen auf. Auf den frequentesten Bahnen, wo es dann in den Nachmittagstunden ordentlich von Menschen wimmelt, sind von Station zu Station, etwa von Viertelstunde zu Viertelstunde Schenken errichtet, d. h. ein Tisch mit ein paar Stühlen, einem Fässchen Branntwein, und auf einem Kohlenfeuer ein Topf mit Milch, und, um der Wirthschaft auch die Gestalt eines Gastzimmers zu geben, oder vielmehr, um zum Schutze gegen den Wind zu dienen, eine der Windseite zugekehrte Species von *kamerschut*, ich will sagen — spanischer Wand, nämlich eine von Stroh geflochtene Hürde, sonst aber von allen Seiten offen. Da aber, wo die Wirthschaft auf eine solidere Art erbaut ist, z. B. in der Nähe eines Ortes, weht auch wohl die Nationalflagge darauf. *„Leg er es aan, vrinden! Leg er es aan!"* d. h. kehrt einmal ein! so ruft der Wirth unaufhörlich jedem Herannahenden zu, sich die Hände reibend oder über die Schultern schlagend. Denn bei strenger Kälte so da draussen zu stehen, auf offenem Felde, auf einem Fleck, ist auch ein saurer Verdienst. — Ein anderer Industriezweig dieser Tage, im Umkreise der Städte, ist der der Bahnfeger, die sich auch in gewissen Zwischenräumen aufstellen, um den Schnee, das abgeschürfte Eis oder den etwa von der Strasse hereingewehten Sand von der Bahn zu fegen, wofür sie von jedem, der die Bahn benützt, einen Cent, d. h. einen halben Kreuzer Bahngeld erheben. Wieder andere haben unter den Brücken, wo das Eis selten stark genug ist, einen Steg von Brettern gebaut, der mit Stroh gedeckt und mit einer Lehne versehen ist, damit die Schlittschuhläufer nicht nöthig haben, an's Ufer zu steigen und die Brücke zu umgehen. Auch diesen hat man natürlich für ihre menschenfreundliche Fürsorge ein Trinkgeld zu entrichten. Oft soll diese Fürsorge aber auch ganz unnöthig und nur aufgedrungen sein, indem diese Industrieritter ihre Brücken auch dann erbauen, wenn das Eis so stark ist, dass es einen Elephanten tragen könnte. Aber — wer wollte es ihnen wehren? Es sind meist arme Teufel.

Dann ist die Brücke auch zugleich für sie eine Nothbrücke, um über den Winter hinüberzukommen.

Ja; und was machen einem ein paar Heller, die man in der Freude bezahlt. Ihnen aber trägt es, zumal an den Sonntagen schon eine artige Summe ein. Ich habe mir von einer Brücke sagen lassen, natürlich auf einer der besuchtesten Bahnen, dass man da an e i n e m Tage circa zwanzig Gulden eingenommen habe. Wie viel Leute müssen da passirt sein! — Ist das Eis so stark geworden, dass es Wagen und Pferde tragen kann, dann erscheinen auch Schlitten darauf, und in Rotterdam, wenn die Maas zugefroren ist und das Eis die gehörige Stärke erreicht hat, was die Obrigkeit öffentlich bekannt machen lässt, wird eine förmliche Kirmes oder Kermis, wie man's in Holland nennt, auf dem Eise gehalten. Mitten auf dem Strome werden Buden aller Art, Kaffeehäuser mit

Billards und Schenken jedes Calibers und Ranges auf-
geschlagen; auch die bei einer holländischen Kirmes
unentbehrlichen buntbemalten *broedertjes-* oder *poffer-
tjeskramen* fehlen nicht.

Was sind das?

Das sind Buden, worin eine Art Schmalzküchlein
verkauft werden, aber nicht bloss verkauft, sondern,
was sich des Nachts so eigen ausnimmt, auf offener
Strasse auch gebacken werden. Solch eine Bude besteht
aus einem zum Entrée- oder Empfangzimmer dienenden,
an der Vorderseite ganz offenen und mit Gold, Kupfer,
Glas, Porzellan, kurzum mit allem, was blinkt und
glänzt, ausstaffirten und mit Lampen und Gaslüstern
erleuchteten Zimmer, das zu beiden Seiten ein paar
Gastzimmerchen, nämlich drei Schritt lange und einen
Schritt breite Verschläge hat, in denen an einem schmalen
Tische zwei Reihen Gäste, je zu sechs bis acht Per-
sonen, Platz haben. Vor der Bude, zur Seite des offenen
Salons, sitzt auf einem Trippel, wie auf einem Throne,
die Bäckerin, der Strasse zugekehrt, zur Rechten den
Topf mit dünnem Butterteig, vor sich den kupfernen
Herd mit einem lustig flammenden Feuer und darauf
die breite viereckige Kupferplatte, und in der Hand den
Kochlöffel, mit welchem sie mit bewundernswürdiger
Behendigkeit den Teig in die Vertiefungen der Platte
zu giessen versteht; siebzig, achtzig Küchlein in der
Minute zu giessen, ist ihr ein Spass. Zwei Gehülfinnen
unterhalten das Feuer, wenden die Brüderchen in der
Pfanne um, legen sie, wenn sie auf beiden Seiten ge-
backen sind, auf die Teller und tragen sie, mit Butter
und Zucker versehen, den drinnen ihrer harrenden

II.   2

Gästen zu, denen inzwischen eine Harfnerin im Vorsaal mit Gesang und Saitenspiel die Zeit vertrieben, während die dritte Magd, die sogenannte *lokster*, d. h. die Lockerin, der Lockvogel, mit zuthulicher, auch wohl ziemlich zudringlicher Freundlichkeit die vorübergehenden Spaziergänger zum Besuche ihres Salons einladet, indem sie sich mit ausgebreiteten Armen in die Mitte der Gasse stellt, als wollte sie die Herankommenden in ihre Bude hineinscheuchen, wie man die Hühner in den Hühnerstall jagt. Zugleich verspricht sie eine reinliche und, wenn Standespersonen herannahen, auch noch eine silberne Bedienung. „*Heeren en dames*", so lautet die Einladung, „*gaat binnen, daar is een kamertje leeg*, ledig; *je wordt met zilver bedient*, d. h. Sie bekommen silberne Gabeln zum Essen."

Da wird wohl auch etwas von St. Christophe mitunterlaufen?

Natürlich, oder von Berliner Silber. — Dann kommen die Waffelbuden. Die sind nicht so herausgeputzt, wie die soeben genannten *broedertjeskramen*. Die Inhaberinnen denken wohl, gute Waare hat keiner Empfehlung nöthig.

Guter Wein bedarf des Kranzes nicht.

Aber sie versäumen darum doch nicht, ihre beste Waare zur Schau zu stellen. Da sind die in die malerische friesische Tracht gekleideten Waffelmädchen mit dem sonderbaren Kopfschmuck, den silbernen oder goldenen Ohreisen.

Ohrringen, meinen Sie.

Nein, Ohreisen. Es sind keine Ohrgehänge, sondern Goldbleche, die reifförmig den Hinterkopf umspannen und bis vorn an die Schläfe reichen, wo sie die Gestalt

eines Rasirbeckens, oder besser, eines Scheuleders an-
nehmen. Sie dienen aber bloss zum Schmuck, denn
schichtig oder scheu sollen diese Dirnen nicht sein,
alles behalve, ich will sagen — nichts weniger als dies.
Darum liegen diese Scheuleder auch ganz platt am
Kopfe, und gestatten den Trägerinnen, wenn sie am
Eingange ihrer Buden stehen, um entweder einem
Kunden einen freundlichen Blick zuzuwerfen oder neue
Bekanntschaften zu machen, die freieste Umschau.
Dieser Kopfschmuck nimmt sich übrigens gar nicht
übel aus, ist jedoch nur noch in den untern Volks-
klassen und im Bauernstande zu Hause. In den höheren
Ständen erscheint er nur dann, wenn bei festlichen
Gelegenheiten die friesische Nationalität zur Schau getragen werden soll, dann aber auch in aller Pracht,
mit Edelsteinen besetzt und mit der in reichen Falten
über die Schulter hangenden Falbel von echtem *kant,*
ich will sagen — von ächten Brüsseler Spitzen. In solch
einer „Kappe" trägt eine friesländische Dame oft einen
Werth von sechs- bis achttausend Gulden auf dem Kopfe.
Man meint einen Kreis von bediademten Fürstinnen vor
sich zu sehen, wenn man in eine Gesellschaft solcher in
das nationale Galacostüm gekleideter Damen tritt. Auch
in der Provinz Nordholland, dem alten Westfriesland,
findet sich diese Tracht, aber dort bei den Bäuerinnen
oft mit theils abgeschmackten, theils lebensgefährlichen
Abweichungen.

Wie so?

Da giebt's Ohreisen, die wirklich einem Scheuleder
ähnlich sind, aber einem Scheuleder im umgekehrten
Sinne, zum Scheumachen geeignet, indem sie bald einer

Reverbére, bald einem *spion*, ich will sagen — einem Fensterspiegel, bald einem Pfropfenzieher oder einer Schlange gleichen, woran man sich bei einer feurigen Umarmung gar leicht ein Auge ausstechen kann.

Also eine Species von „Vatermördern?" Nun, bis jetzt sind Sie doch immer gut davongekommen.

Allerdings, ungeachtet für mich gewiss weit mehr Gefahr vorhanden war, als das bei Leuten Ihres Calibers der Fall sein würde, die *met de konijnen door de tralies eten kunnen*, wie die Holländer sagen. Verstanden?

Ich glaube, so ziemlich.

Tralies sind ein Gitterwerk, wie man sie z. B. an den Fresströgen der Kaninchen und *marmotten*, ich will sagen — Murmelthiere, findet.

Auch gut. Danke der Nachricht.

Auch unter den Bäuerinnen giebt es, die Kappen tragen im Werth von tausend bis zweitausend Gulden, wenn nämlich das Stirnband ebenfalls mit Juwelen besetzt ist.

Aber — wenn ich so frei sein dürfte, Herr Justizrath, so möchte ich Sie bitten, uns wieder auf's Eis zurückzuführen.

Recht gerne, Herr Inspector.

Das ist ja ein ganz eigenes Leben.

Allerdings. Dann darf ich aber auch die Marktschreier mit den Glücksrädern und Würfeln und die Lotteriebuden, deren Preise in Pfefferkuchen bestehen, nicht vergessen. Auch diese hatten sich zahlreich auf dem Eise eingefunden, ja sogar ein *kiezentrekker*, d. h. ein Zahnausreisser, dessen Salon einfach aus einem Chaischen bestand. Das war aber ein Marktschreier und Charlatan *in folio*. Wie der seine Kunst mit einem Pathos und mit einem

Feuer des Mienen- und Gebärdenspiels rühmte! — ein französischer Schauspieler in der Tragödie hätte sich ein Muster daran nehmen können. Dabei hielt er von Zeit zu Zeit die sprechenden Beweise seiner Kunst, eine ellenlange Perlenschnur von Zähnen der monstrosesten Form, in die Höhe. Die Folge davon war denn auch, dass wirklich ein armer Teufel von einem Bauern, auf den er es bei seiner Declamation von Anfang an abgesehen haben mochte, sich verleiten liess, zu ihm auf die Chaise zu steigen und auf dem Sitze, der zugleich zum Operationsstuhl diente, Platz zu nehmen. „Ich habe es Euch sogleich schon in der Ferne angesehen, guter Freund, dass Ihr Zahnweh habt," sagte er; „das kann ich einem sogleich ansehen — N. B. der Bauer hatte einen geschwollenen Backen, handhoch, dass er beinahe nicht aus dem rechten Auge sehen konnte, und einen dicken Maulkorb um — „aber ich werde Euch in einem Augenblicke von aller Pein erlösen. Setzt Euch nur hieher. *Maar te voren zullen we nog een deuntje spelen,* zuvor wollen wir noch ein Stückchen aufspielen", fuhr er fort, ergriff seine Trompete und blies aus Leibeskräften Signale rechts und Signale links, um alle Welt herbeizuziehen und zu Zeugen seiner Geschicklichkeit zu machen, indess der Bauer auf der Chaise ein Gegenstand allgemeinen Gelächters war, wohl aber auch von manchem bemitleidet wurde; denn er sass da, wörtlich, wie man in Holland von einem sagt, der ein verdriessliches Gesicht schneidet, wie ein *boer die kiespijn heeft.* Nachdem sich nun eine beträchtliche Zuschauerschaar versammelt hatte, begann unser Schlaukopf nochmals ein Langes und

Breites über das Zahnweh und besonders über die Folgen versäumten Ausziehens schadhafter Zähne zu declamiren, und zwar fortwährend auf den neben ihm sit-
zenden Patienten hinweisend, an welchem man sich
ein Exempel nehmen könne; schilderte aber auch wieder
mit den grellsten Farben die grausamen Martern, welche
unwissende und ungeschickte Zahnärzte — und dabei
hatte er die Unverschämtheit einige der geachtetsten
Männer in diesem Fache mit Namen zu nennen — ihren
armen Patienten anzuthun pflegten, wesshalb es denn
freilich nicht zu verwundern sei, dass man sich zweimal
bedenke, ehe man sich einen Zahn ausziehen lasse.
„Aber für einen, der sein Fach gründlich studirt hat,
ist es nur ein Spass, und darum" — zu dem Patienten
gewendet — „wünsche ich Euch Glück, guter Freund,
dass Ihr in meine Hände gefallen seid. *En nu, burgers en buitelui*, gebt Acht! *Nu begint de grap*, jetzt
geht der Spass an." Nun musste der Bauer den Mund
aufsperren, so weit sein geschwollenes Gesicht es gestat-
tete, und der Doctor schaut hinein, fährt aber augenblicklich mit allen Symptomen des Entsetzens zurück.
„*Wat een tand!* Was für ein Zahn! Hab' ich je in meinem
Leben solch einen Zahn gesehen! *Jongens, jongens!* An
dieser ganzen Kette da ist kein so abscheulicher, wie
der, u. s. w. u. s. w. Und diese Scene wiederholte sich
zu dreien Malen, und endigte zuletzt gar mit einem
tüchtigen Verweis an den Patienten, dass er sich un-
terstehe, solche Zähne im Munde zu führen, wie sie
kein anderer Mensch besitze. Endlich ging's an's Ausziehen oder vielmehr an's Ausreissen in des Wortes
schrecklichster Bedeutung. Der Doctor setzt nämlich

den Schlüssel, ich will sagen — den Pelikan an, und
fängt an zu ziehen, aber da gleitet ihm das Instrument
aus. Man denke sich den Schmerz des armen Bauern.
„Zoo doet Wallach!" ruft der Doctor den Zuschauern
zu und packt den Zahn zum zweitenmal. Aber wieder
ohne Erfolg, trotz alles Zerrens und Rüttelns, und
abermals gleitet der Pelikan ab. „Und so macht's Pinkhoff!" Aber jetzt dachte ich, dass beide, Patient und
Operateur, von der Chaise flögen; denn der Bauer
fuhr jetzt rasend vom Sitz auf und es fehlte wenig, so
wären Beide im Ringen Arm in Arm vom Wagen
herabgestürzt. Jedoch blieb der Doctor Meister über
seinen, wahrscheinlich vom Schmerz gebrochenen Patienten, und brachte ihn sogar mit guten Worten und
heiligen Versprechungen wieder zum Sitzen, und setzt
zu guter Letzt das Marterwerkzeug noch einmal an.
Nun aber hört man's krach! der Zahn war heraus. „Und
so mach' ich's!" ruft jetzt der Doctor triumphirend aus.

Aber wie? — Setzte er denn absichtlich dreimal an?
Behüte! Natürlich nicht.

O, er wollte hinter dem „So macht's der" und „So
macht's jener" bloss seine eigene Ungeschicklichkeit
verbergen.

Natürlich. Darum nahm er den Schein an, als mache
er es absichtlich so, um das Verfahren anderer Zahnärzte zu zeigen, vor welchen er die Leute gewarnt
haben wolle.

Ein durchtriebener Schalk!

Und Schindersknecht zugleich.

Ja, eine schauderhafte Scene, möchte ich sagen.

Sie haben Recht, Herr Inspector. Ich begreife auch

noch nicht, wie ich es habe mit ansehen können, denn ich bin sonst zu allem eher geboren, als zum Chirurgen, habe mich aber auch sogleich darauf in eine Restauration begeben, um eine kleine Herzens- oder vielmehr Magen-Stärkung einzunehmen. Zuvor aber sah ich doch noch, wie der Quacksalber dem erstaunten Publicum das Ungeheuer des Zahnes zeigte, aber eines Zahnes, der nimmermehr in einem menschlichen Munde, sondern nur im Rachen eines Rhinoceros gewachsen sein konnte. *„Zie daar, burgers en buitenlui"*, perorirte er, ist's jetzt noch zu verwundern, dass der Mann ganz entsetzlich Zahnweh gehabt hat? *Kijkt dien tand eens aan. Men zou haast vragen, hoe komt zulk een vervaarlijk gedrocht,* solch ein Ungethüm, *in eens menschen mond; en een boer is toch ook een mensch, om zoo te spreken. Maar dat laat ik daar. Maar één ding is zeker, noch Wallach, noch Pinkhoff, noch van Son hadden hem er ooit uitgekregen. Dat is wel verkrapt! — Ondertusschen bedank ik jolli wel voor de attentie, die je mij hebt bewezen,* und wenn einer sich bei Zeiten vor solchen bösen Zähnen hüten will, so habe ich hier ein Pulver und hier ein Mundwasser, *die geef ik jelui cadeau,* zum Präsent, und zum Andenken *aan het tegenwoordig ijsvermaak, maar — eene vriendschap is de ander waard — jelui geeft mij voor ieder een kwartje,* d. i. *twee kwartjes voor de poeiers en het fleschje* u. s. w. Aber genug davon. Kehren wir wieder zu den *broedertjeskramen* zurück.

Und zu den Schwestertjeskramen natürlich auch.

Die giebt's gar nicht.

Aber Waffelkramen doch? Die meine ich.

Nun, meinetwegen. Ich lasse Ihnen den freien Lauf.

Sie können aus- und eingehen, wo Sie wollen. Aber ich bleibe mit dem Herrn Inspector auf der offenen Strasse. Also zwischen den von den verschiedensten Buden gebildeten Strassen fluthet die spazierende Menge auf und ab; aber nicht, wie letzthin wieder einer gefaselt hat — ich weiss nicht mehr, in welcher englischen Zeitung ich es gelesen habe — in sieben Hosen. Die Holländer, sagte der Quibus, tragen des Winters sieben paar Beinkleider! Davon sind wenigstens vier erdichtet. Aber drei will ich gelten lassen. Das habe ich selbst gesehen bei einem Fischer; der trug unter seiner Ueberhose eine rothflanellene und unter dieser die gewöhnliche leinene. Solche Leute aber wissen wohl, warum sie sich so warm kleiden. Ich werde Sie sogleich mit solch einem Dreigehäusigen und seinem Gewerbe bekannt machen, dann werden diese drei Beinkleider Sie nicht mehr befremden. An den Sonntagen ist es dann auf dem Eise schwarz von Menschen, und die Schlittschuhläufer müssen sich des erforderlichen Raumes wegen meist ausserhalb der Buden herumtreiben. Während sich nun oft zehntausend Menschen auf dem Eise befinden, steigt — das müssen Sie auch wissen — die ganze Eiskruste von Zeit zu Zeit mit Allem, was darauf ist, drei bis vier Fuss in die Höhe und sinkt ebenso tief wieder hinab.

Warum? Wie so?

Zur Zeit der Fluth staut nämlich die See das Wasser des Flusses zurück und die Eisrinde hebt sich allmählig, zur Zeit der Ebbe aber, wenn die Maas sich wieder ungehindert in's Meer ergiessen kann, sinkt die schwimmende Welt wieder hinab.

Ein wunderbares Land.

Natürlich geht das Steigen und Sinken nur unmerkbar von Statten?

Ja, Herr Inspector, ganz allgemach.

Wie Alles in Holland.

Alles? Was wissen denn Sie von Holland, Herr Landsmann?

Nun, man hört ja wohl einmal so ein allgemeines Urtheil von holländischer Bedächtigkeit.

Und spricht das eben so nach. Nun, wenn man den Holländern nichts Schlimmeres nachsagte, das möchte noch hingehen. Toller Ungestüm ist allerdings bei ihnen nicht zu Hause. *Qui va piano va sano* oder *langzaam gaat zeker*, ist allerdings ihr Wahlspruch. Aber mit Ihrer Randglosse erinnern Sie mich gerade und am rechten Orte, da wir von dem Volksgedränge sprechen, an einen sehr lobenswerthen Zug im Character des Holländers, den ich Ihnen gerne noch mittheilen will. Mittlerweile wird auch die Suppe kalt.

Ja, die ist siedend heiss.

Und von solcher siedender Hitze hat der Holländer nichts im Blute. Gerade das ist es, was ich Ihnen noch sagen wollte. Das kam mir immer so merkwürdig vor, dass man auch bei solch einem Getümmel und Gedränge von Fahrenden und Fussgängern, selbst bei dem noch grösseren auf den Kirmessen innerhalb der Städte, wo z. B. in Rotterdam, Amsterdam und Haag am letzten Tage, in der Nacht vom Sonnabend auf den Sonntag, Hunderttausende auf den Strassen und öffentlichen Plätzen hin- und herfluthen und von den Hunderttausenden vielleicht ein Drittel angetrunken ist, beinahe nie von Händeln hört, nicht einmal von Schimpfwörtern. Und doch kann man in manchem Theile dieser Städte an solch einem Abend kaum drei Schritte gehen, ohne Jemand zu drängen, anzustossen oder auf den Fuss zu treten. Aber niemand denkt daran, es übel nehmen oder gar Gleiches mit Gleichem vergelten zu wollen. So auch, wenn zwei einander entgegenkommende Wagen oder Fahrzeuge sich festfahren, so hat das ebenfalls wenig zu sagen. Bei uns dagegen hört man in solchen Fällen augenblicklich ein Donnerwetter von Schimpfwörtern und Flüchen aus dem Munde der Kutscher. In Holland mag einer dem andern zurufen: „*dat hadtje ook wel beter kunnen doen, maat!*" d. h. Kamerad, und ein Schiffer mag vielleicht noch ein Kraftwort, wie Blitz, herausstossen, „*wat bliksem!*" oder „*wat weerlicht!*" d. h. Wetterleuchten, *kunje dan niet zien*, hast du denn keine Augen im Kopf?" Aber dabei bleibt es auch und zu einem Handgemenge kommt es nie. Statt dessen berathschlagt man sich lieber in grösster Ruhe über die Art, wie man wieder aus. einander kommen wolle. Stösst man einen Vorübergehenden oder Begegnenden zufälligerweise etwas unsanft an, dann sagt er vielleicht: „*heila! kijk voor je!*" geht aber ruhig seines Wegs, ohne sein Gesicht zu verziehen und ohne umzuschauen, während bei uns der Angestossene einen gleich ansieht, als ob er einen auffressen wolle, auch wohl mit geballter Faust und herausfordernder Miene stehen bleibt und einem wenigstens einen „Esel!" „Dolpatsch!" „Flegel!" oder so etwas nachbrummt. Kein sprechenderes Beispiel von dieser Ruhe und Gelassenheit, und von Höflichkeit zugleich, als das, welches ich selbst erfahren habe. Als ich einmal in Amsterdam, indem ich schnell einem Wagen ausweichen wollte, einem Manne an den Leib rannte, dass ihm die Rippen krachten, sagte der gar: *„wat bliefje?* was ist gefällig?" „Entschuldigen Sie," sagte ich. *„'T is tot je dienst,"* antwortete er.

Was heisst das?

Steht zu Diensten.

Also, wenn Sie mich noch einmal anrennen wollen?

Ja, so lautete es, war aber wahrscheinlich nicht so wörtlich gemeint. Sie sehen aber, wie ruhig da Alles zugeht, so dass man selbst die üblichen Höflichkeitsformeln darüber nicht vergisst. Bei uns würde es sich in solch einem Falle beinahe von selbst verstehen, dass ein dergestalt Angerannter ein Kreuzdonnerwetter u. s. w. losbrennte.

Leicht möglich.

Wo darum anderwärts beim Zusammenflusse so vieler Tausende die Polizei alle Hände voll hätte, um die sich Raufenden zu trennen, schlendert sie dort müssig hin und her, ja was noch mehr ist, man sieht beinahe keine Polizei. Ist das nicht ein characteristischer Zug?

Allerdings.

Während bei uns auf den Kirchweihen Schlägereien an der Tagesordnung sind, sind sie dort eine höchst seltene Ausnahme.

Dazu mag nun freilich das kaltblütige, phlegmatische Temperament des Holländers das Meiste beitragen.

Aber bei den Franzosen? — Da findet ja ebendasselbe statt.

Ganz richtig. Das hat mir auch mein Freund Vögele von Paris erzählt.

Und die Franzosen sind doch wahrlich keine Phlegmatiker. Auch diese lassen sich, trotz ihrer lebhaften Sinnes- und Handlungsart, kein derartiges pöbelhaftes Betragen zu Schulden kommen. Es muss also doch noch etwas Anderes dazu beitragen.

Bei den Franzosen ist es wohl die ihnen angeborene bewundernswürdige Artigkeit, die sich da bis auf den gemeinsten Mann herab erstreckt, wo auch die Gassenkehrer und Eckensteher einander mit *monsieur* anreden.

Sie haben Recht, und davon kann beim holländischen Pöbel keine Rede sein. Der nimmt es in Rohheit mit jedem andern auf, besonders in den Fabrikstädten.

Also möchte das soeben genannte Lob doch vor allen Dingen auf Rechnung des Temperaments zu setzen sein.

Aber doch nicht einzig und allein, Herr Kameralverwalter. Eine Aeusserung, die ich je und je vernahm, wenn einer seinen Kameraden, der im Begriffe stand, mit einem Andern in einen heftigen Streit zu gerathen, zu besänftigen suchte, nämlich die Worte: „*wat hebje er aan met hem te kijven of te vechten*, was hast du daran, mit ihm zu zanken und dich zu balken?" und die auch in den von mir beobachteten Fällen stets den erwünschten Erfolg hatten, brachten mich auf die gegründete Vermuthung, dass diese Friedfertigkeit auch wohl ein Ausfluss einer sehr ehrenwerthen Verständigkeit sein dürfte, die zu bedenken und zu berechnen weiss, dass beim Schelten und Raufen doch nichts herauskomme, als Schaden und Schande auf beiden Seiten.

Auch gut.

Noch ein bemerkenswerther Zug, welcher das Benehmen der gebildeten Stände während solcher Feste kenn-
zeichnet, ist die anständige Freiheit, Ungezwungenheit
und Sorglosigkeit, womit sich zu dieser Zeit jeder dem
Vergnügen überlässt, ohne von andern, wäre es auch
nur durch musternde Blicke oder durch zischelnde,
in's Ohr geflüsterte Urtheile über Anzug u. s. w. darin
gestört zu werden, oder Andere darin stören zu wollen.
Zu jeder andern Zeit ist man in Holland, so gut wie
bei uns, beim Auftreten in einer Gesellschaft von ein
paar Hundert Augen auch einer hundertfachen Kritik
ausgesetzt und erfordert es, wenigstens bei Damen,
schon einer nicht geringen Sorgfalt in Bezug auf die
Toilette, um bei dieser hundertfachen Musterung mit
Ehren durchzukommen. Wie oft bin ich Zeuge davon
gewesen, wie vor einem Concertabende zwischen den
Damen ein Langes und Breites über das für den heutigen Abend zu wählende Kleid verhandelt wurde, um
vor der Kritik mit Ehren bestehen zu können. *„Wat
doet gij voor een japon aan?"* hiess es dann. *„Zou ik
met mijn schotsche ruit wel kunnen gaan?" „Ik weet het
niet; hij staat maar half gekleed. Ik doe mijn blaauw-
zijden kleed aan." „Wil ik dan ook mijn paarschzijden
aandoen? Maar ze zullen mij op het laatst er aan kennen; die draag ik al in het derde jaar. Weetje wat? ik
doe mijn nankin-neteldoekje aan, met mijne witte blouse.
Of? — zou ik mijn roode streep aandoen? Wat raadje
me?" „Nankin is nog te koud, daar loopje voor gek mee;
neen, daar zou ik nog een maand mee wachten." „En
mijn grijsje staat voor een buitenconcert,* d. h. Gartencon-

cert, *weer al te opgeschikt."* „*Dan je roode streep."* „*Maar daar past de witte blouse niet best bij."* „*Wel doet dan de donkerblaauwe aan."* „*Neen, die in het geheel niet. Ik heb er spijt genoeg van, dat ik die genomen heb. Donkerblaauw kleurt me zoo slecht."* „*Weetje wat? doe dan die roode streep aan met je fluweelen mantille."* „*Maar dan moet ik de bloemen op mijn hoed veranderen, die passen er niet bij."* „*Doet dat; of je zou ook — enz. enz.* Dat duurde soms een uur of anderhalf,* eer dat er eine Wahl getroffen *was.* Aber ich spreche, glaub' ich, lauter Holländisch.

Ja, es wird Zeit, dass Sie wieder einlenken, wenn wir Sie verstehen sollen.

Aber Sie haben mich doch verstanden?

Ja, so ziemlich, Herr Justizrath.

Dasselbe Lied kann man ja bei uns auch singen hören.

Das sind die Präludien vor jedem Ausgang. Nur zur Kirmeszeit, wenn man sich, sei's als Theilnehmer an den Lustbarkeiten, sei's als blosser Zuschauer, in den wogenden Menschenstrom wagen will, scheint man von dem ganzen Heere von Menschen, zwischen dem man hinwallt, gar keine Notiz zu nehmen, und das Heer auf seiner Seite scheint sich um die Begegnenden und Vorbeigehenden ebenso wenig zu bekümmern. Auch wenn man zu solcher Zeit in ein Theater, in einen Circus oder Vauxhall eintritt, findet dasselbe statt; nirgends ein forschendes Begucken, kritisches Flüstern und Zusammenstecken der Köpfe, nur heitere Blicke, die sagen wollen: „So? Seid ihr auch hier? *Hebt gij ook pleizier,* macht ihr euch auch lustig?"

Das ist schön.

Nicht wahr? Und diese gegenseitige Duldsamkeit,
dieses scheinbare Nichtbemerken und nicht Bemerkt-
werden trägt wohl auch das Meiste dazu bei, dass diese
Kirmessen, trotz ihres ewigen Einerlei, immer noch so
fleissig besucht werden. Herren und Damen, die zu
einer andern Zeit um keinen Preis der Welt ihrem
Rang und Stande etwas vergeben wollten, sieht man
dann, wenigstens auf einige Stunden, ihrer Würde
und ihres Ansehens sich begeben, durch sich unter
Krethi und Plethi zu mischen, ich will sagen — pfui,
was kommt mir nun für Deutsch in den Mund! — ich
will sagen — dadurch, dass sie sich unter Krethi und
Plethi mischen. Dann nehmen auch sie nicht im Geringsten Anstand, wenigstens einen Abend in der
Woche — nur den allerletzten nicht, weil's dann allzu
saturnalisch zugeht — der Kirmes zu widmen und
die Buden, grössere sowohl als kleinere, mit einem
Besuche zu beehren, wobei gewöhnlich der Burge-
meister des Orts mit gutem Beispiele vorangeht.

Der also den Lockhammel macht?

Aber an dem letzten Abende, da kann man auf solch
einer Kirmes, z. B. in Rotterdam, allerlei zu sehen
und zu erleben bekommen.

Wie so, Herr Justizrath?

Denken Sie sich, da stehe ich einmal und sehe zu,
wie eine dicke Bäuerin sich wägen lässt —

Und bekamen natürlich Lust, sich mit ihr zu messen?

Ach was! Ich hätte nicht einmal die Zeit dazu gehabt. Denn auf einmal, wie ich da stehe und an nichts
denke, fühle ich mich von einer dichten Menschen-

welle in die Mitte der Gasse gedrängt, und, noch ehe
ich ausweichen konnte, von einem Kreise singender,
ich will sagen — brüllender und tanzender Bacchanten
und Bacchantinnen umringt, aus deren rauhen und
kreischenden Kehlen mir nichts als die Worte „*hosse!
hosse!*" entgegensprudelten. Stellen Sie sich mein Entsetzen vor. Ich dachte anfangs an nichts Geringeres,
als an die thrazischen Weiber des Orpheus, an das
wilde Heer, an die Pariser Poissarden, an Schiller's:

> „Da werden Weiber zu Hyänen,
> Und treiben mit Entsetzen Scherz."

u. s. w., und hütete mich darum auch wohlweislich,
mich gegen sie zur Wehre zu setzen und ihren Zorn
durch Widerspenstigkeit zu reizen. Bald aber merkte
ich doch an ihren lachenden Gesichtern, dass es so
arg nicht gemeint sein könne und dass sie nichts
Böses im Sinne hätten, sondern sich nur eines gewissen
Rechtes bedienten, das ihnen erlaubt, an solchen Aben-
den das tollste Zeug anzugeben. Ich liess mich also
ruhig ein par Mal im Ring herumdrehen, und lachte
in Gottes Namen *quasi* auch mit.

Nun das hätte ich sehen mögen, wie Sie da Ihren
pas gemacht haben, und das Lachen wird auch gewesen sein, wie das eines Bauern, der Zahnweh hat.

Ja, von Herzen ging's nicht. Sie liessen mich aber
glücklicherweise bald wieder los und packten dafür
einen andern, dem es in ihrer Mitte besser gefiel.
Als ich aber in der Ferne wieder solch einen tollen
Schwarm herankommen sah, machte ich mich schnell

3

aus dem Gedränge und begab mich in ein Pferdespiel, ich will sagen — zu den englischen Reitern, in den Circus Wollschlägers. — Aber da bin ich wieder ganz vom Eise in die Stadt verirrt. Da, auf dem Eise, erscheinen ausser den Spaziergängern und Schlittschuhläufern auch prächtige Equipagen und Schlitten aller Gattungen, und Eisboote, d. h. mit Schienen versehene Boote, die bei gutem Winde, wenn sie mit vollen Segeln fahren können, den Strom entlang fliegen, dass sie in Schnelligkeit sich mit einem Eilzuge messen können.

Wirklich?

Ja unter günstigen Umständen noch schneller, wie ich selbst bezeugen kann.

Wie so, Herr Justizrath?

Wenn ich bitten darf.

Ich brachte damals auf Anrathen einiger Freunde die Weihnachtsfeiertage, die in Holland schrecklich langweilig sind, weil man da von unserem Christkindle nichts weiss, in Rotterdam zu, um auch diese Stadt etwas näher kennen zu lernen, hauptsächlich aber, um die soeben genannten Lustbarkeiten auf der zugefrorenen Maas mitzumachen, und hatte mich darum in einem Hotel *„onder de boompjes"* einquartiert oder *mijn intrek genomen*, wie die Holländer sagen, das die Aussicht auf die Maas hat. Da sah ich nun schon des Morgens von meinem Schlafzimmer aus das Gewusel der Schlittschuhläufer und das Rennen der Schlitten und diese Eisboote, die auf dem breiten Strome bald hinauflavirten, bald vor dem Winde hinunterschossen, dass es eine Freude war, ihnen zuzusehen, und bekam zuletzt Lust, das auch einmal mitzumachen. Zwar wollte mein Oberkellner allerlei *kwade noten kraken*, allerlei Bedenklichkeiten dagegen erheben, es sei angenehmer anzusehen, als selbst mitzumachen, man habe dabei eine fast unerträgliche Kälte auszustehen, man könne fast nicht zu Athem kommen, er sei einmal dabei dem Ersticken nahe gewesen, schon mancher habe sich dabei die Schwindsucht geholt u. s. w. u. s. w. Aber die da drunten halten es ja auch aus, dachte ich, und dort sehe ich sogar Frauen darin. Also doch! Können's die aushalten, dann kann ich es auch. *Dat zou de drommel doen*, das müsste der Teufel sein, sagte ich, dass ich es denen nicht gleichthäte. Ich bestellte mir also ein Eisboot zu einem Ausfluge nach Delfshaven, und zwar gegen Ein Uhr, nahm drauf noch einmal ein recht-schaffenes Frühstück ein, das heisst um zwölf Uhr, die zweite Auflage.

Was die Engländer ein „*lunch*" nennen.

Setzte auch, um der bevorstehenden Kälte gehörig die Spitze bieten zu können, noch eine halbe Flasche Cantemerle oben auf den Kaffee *cum annexis*, und begab mich, auf diese Weise recht durchwärmt und wieder in meinen bereits genannten Vierdecker gehüllt, zur bestimmten Stunde nach dem Boote. „Also nach Delfshaven, *schipper!*" — „*Best, Meneer!*" war die Antwort, „*kom d'er maar in.*" — „*Het waait nog al, zou ik zeggen*, es kommt mir vor, als ob es tüchtig wehe." — „*Of het waait, Meneer, en straf ook, hoor! Neen, dat zal d'r door vliegen. Ik wed, we zijn d'r in een ommezientje*," im Nu, in einem Augenblick. *Voelje wel? een lekkere bries!*"

Was? ein Pris?

Ja, eine Brise.

Eine Prise?

Ja, was für Befremdendes ist daran?

Eine Prise?

Ja; haben Sie das Wort noch nie gehört?

Eine Prise? Schon tausendmal, aber was thut denn der Doppelmops und Rappé dabei?

Ach, keine Prise! Das wäre auf Holländisch *een snuifje*. Warum nicht gar? Eine Brise, sage ich, ein tüchtiger Wind oder eine steife Kühlte, könnte man auch sagen.

Kühlte? Was ist das wieder? Das ist ja auch kein Deutsch.

Ja, das ist auch Deutsch. Aber davon hört man freilich bei uns nichts. Eine Brise ist eine von ferne am Kräuseln der Wasserfläche erkennbare, bei stillem Wetter aufsteigende sanfte Kühlte, die erst eine leichte ist, dann eine frische, dann eine steife oder, wie mein Schiffer sagte, eine „leckere" werden kann, mit einer Luftgeschwindigkeit von zwanzig und mehr Ellen in einer Secunde, wobei man schon seinen Hut fest antreiben muss, wenn man ihn nicht verlieren will. Solch eine wehte jetzt. „Aber," fuhr der Schiffer fort, nachdem Alles zur Abfahrt bereit war und er nur noch das Tau loszulassen hatte, womit das Boot angebunden war, *„zouje niet wat op zij*, auf die Seite, *gaan zitten?"* und guckte mich dabei mit e i n e m seiner Falkenaugen gar sonderbar an, denn das andere hielt er immer fest zugedrückt; *„vlak tegen de wind houdtje't niet uit; óf, als ik je een goeje raad schuldig* *was, dan zou ik je haast willen raden, gaat eenvoudig daar op de grond zitten."* — „Aber dann sehe ich ja nichts." — „*Wat wouje dan zien, Meneer?*" antwortete er schier verwundert. „*Wel!*" sagte ich, wie schnell es geht. „*Dat zalje wel gewaar worden; maar — let er es op*, gieb Acht, *wat ik je zeg; zien zalje d'r niet veel van.*" „Aber warum denn nicht?" — „*Wel wat bliksem! van de wind! van de wind!*" „Nun," sagte ich, um dem Gespräche, das meinen Piloten schon von Herzen zu langweilen schien, ein Ende zu machen, „ich will's einmal hier oben probiren." — „*Jij moet het weten*," war die Antwort; „*duar gaane we!*" Und wir gingen! d. h. wir flogen. Kaum hatte er das Tau am Hintertheil losgemacht und das des grossen Segels schiessen lassen, kaum fiel der volle Wind hinein, so ging's, wie ein Pfeil vom Bogen.

Also haben Sie's doch oben aushalten können?

Aber keine drei Minuten. Der Schiffer hatte Recht und der Kellner hatte Recht. Das ist eine fürchterliche Kälte, als ob man einem mit tausend Messern im Gesicht herumkratzte. Das schneidet einem, trotz Kaffee und Cantemerle, durch's innerste Mark und Gebein und benimmt einem beinahe den Athem. Es durchzittert einen, dass einem kein Glied am Leibe stillsteht. „*Hoe vindje't, Meneer?*" fragte mein Fährmann, der jetzt nur noch aus einem Viertelsauge guckte; „*frischjes, niet waar?*" Ohne ein Wort zu erwidern, liess ich mich von der Bank auf den Boden hinab. An ein Sehen war überdiess gar nicht zu denken, man hätte denn eine gläserne Maske vor dem Gesichte haben müssen. Halb und halb über mich selbst ärgerlich,

so weit man sich nämlich bei solcher versteifenden
Kälte ärgern kann, legte ich mich der Länge nach
auf den Boden und dachte an die Nordpol-Expeditionen
eines Heemskerk u. A. oder vielmehr, ich wollte
mich eben etwas bequemer zurechtlegen und in Gedanken nach Nova Zembla versetzen, da fiel das Segel,
und *„zie zoo, Meneer! we zijn d'r,"* sagte mein Schiffer,
„Sta nou maar weer op; wellekom in Delfshaven!" Und
Delfshaven liegt eine Stunde von Rotterdam! Wir hatten den Weg in weniger als einer Viertelstunde zurückgelegt. Ich konnte anfänglich kaum meinen Augen
glauben. So eben noch in Rotterdam und jetzt eine
gute Stunde davon. Das war in der That *in een om-
mezien* geschehen. Als der Teufel Heinrich den
Löwen nach Braunschweig führte, kann's nicht schneller gegangen sein. — Auf der Rückreise ging's langsamer, denn wir mussten laviren, wesshalb ich es nun
der Kälte wegen zur Noth schon auf der Bank hätte
aushalten können. Ich zog es aber dennoch vor, wieder
meine erstmalige Lage anzunehmen und *op mijn doode
gemäk,* wie man in Holland sagt, d. h. in aller Gemächlichkeit, mein kurzes kölnisches Pfeifchen, einen
sogenannten Nasenwärmer, zu rauchen. Denn mit Cigarren wollte es bei dem heftigen Winde nicht gehen.
Die wehten einem, so zu sagen, vor dem Wunde weg.
Jetzt hatten wir beinahe eine Stunde nöthig, um Rotterdam im Zikzak zu erreichen.

Und das Schlittschuhlaufen, Herr Justizrath, das geht
auch so schnell?

Ja, furchtbar. Unter allen Nationen sind die Holländer bekanntlich die besten Läufer. Mit dem vollsten

Rechte nehmen sie in dieser Kunst den ersten Rang für sich in Anspruch. Dann folgen ihrer Meinung nach die Engländer.

Die Engländer? Wiewohl, es ist bekannt, dass die grosse Freunde von anstrengenden Leibesübungen sind.

Und das Schlittschuhlaufen ist gewiss eine der gewaltigsten. Die Engländer, sagte mein Gastwirth in Rotterdam, seien die *nijdigsten*, er wollte sagen, die halsstarrigsten, die unermüdetsten Schlittschuhläufer; die lassen nicht nach, bis sie es *in de perfectie beet*, d. h. loshaben. Vor ein paar Jahren habe einmal ein Engländer vierzehn Tage bei ihm logirt, der eigens aus England herübergekommen sei, um hier das Schlittschuhlaufen zu lernen. Der sei aber auch *iederen dag die God gaf* auf dem Eise gewesen, und nicht Stunden lang, sondern den *godsganschelijken dag*, wie er sich ausdrückte; er habe sich kaum Zeit zum Essen und Trinken genommen. Der habe es aber auch meisterhaft gelernt und sei als een *bolleboos*, d. h. als ein Virtuos, wieder nach England zurückgekehrt. Auf die Engländer sollen dann wir Deutsche folgen, und dann — aber weit hintendrein — die Franzosen. Die besten Schlittschuhläufer findet man natürlich in Holland da, wo die Gelegenheit am besten ist, wo es das meiste Eis giebt, in den Provinzen Friesland, Nord- und Südholland, aber auch in Utrecht; jedoch in Friesland die schnellsten. Da werden zur Zeit überall Wettläufe gehalten. Ich habe mir erzählen lassen, ein guter friesländischer Schlittschuhläufer lege einen Abstand von einer Stunde in zehn Minuten zurück.

Erstaunlich! Das kommt ja in Schnelligkeit auch einem Bahnzug gleich.

Allerdings. Ein guter Läufer hält es auf einer guten Bahn und wenn er den Wind mit hat, ich will sagen, im Rücken hat, gegen einen gewöhnlichen Zug immer eine Station lang aus. Aber auf die Dauer freilich nicht. Und, wie gesagt, man muss mit dem Winde fahren; dem Winde entgegen ist es eine gewaltige Strapaze. Jedoch muss auch der günstige Wind wieder nicht zu stark sein, sonst ist er im Stande, einem, wenn man recht im Schusse ist, die Beine unter dem Leibe wegzublasen. Ein gewöhnlicher Schlittschuhläufer legt aber doch immer eine Wegstunde in einer halben Stunde zurück. Ich konnte mich bei weitem nicht mit den besten messen und habe doch den Weg von Utrecht nach Leiden, eine Entfernung von zehn Stunden, in fünf Stunden zurückgelegt, obgleich wir eine Anzahl Brücken zu passiren hatten, was immer aufhält, weil man dabei jedesmal in seinem Gang gehemmt wird, und ungeachtet dass wir halbwegs des schlechten Eises wegen abbinden und eine gute Viertelstunde zu Fuss gehen mussten. Auch brach zu guter Letzt noch einem der Reisegefährten der Strick am Hinterleder. Der Schaden war zwar bald wieder reparirt, denn bei längeren Fahrten pflegt man sich immer gehörig mit Band und dicker Schnur zu versehen, es kostete aber doch immer mehrere Minuten Zeit.

Aber haben Sie denn unterwegs nicht auch ausgeruht?

Eigentlich nicht; nur da, wo wir die Schlittschuhe abbinden mussten, höchstens eine Viertelstunde, die

ich aber nicht zu den fünf Stunden gerechnet habe. Man
wird nämlich bei günstigem Winde nicht leicht müde,
und zumal dann nicht, wenn man so läuft, wie wir
damals gelaufen, an einem Stocke.

Wie geht das zu?

Auf folgende Art. Wenn man eine grössere Tour
machen will und unter der Reisegesellschaft sich welche
befinden, die es den andern nicht gleichthun können
und die darum am Ende zurückbleiben müssten, oder
auch, wenn man widrigen Wind hat, so bedient man
sich eines längeren oder kürzeren Stockes, je nach der
Anzahl Mitfahrender. Der *voorrijder*, d. h. der Zugführer,
wozu man in der Regel den besten und stärksten Läufer wählt, nimmt den Stock unter den rechten Arm,
dasselbe thut der Zweite, Dritte, Vierte u. s. w. bis zum
Letzten. Dann geht's vorwärts, links — rechts — links —
rechts; der Hintermann, wozu man auch einen tüchtigen Läufer nimmt, schiebt und der Vordermann zieht,
und die in der Mitte brauchen weiter nichts zu thun,
als *slag te houden*, d. h. im Takte zu bleiben, gleichen
Schritt zu halten, was ihnen mit Hülfe des Stockes,
an dem sie eine feste Handhabe, gleichsam einen Ba-
lancirstock haben, nicht schwer fällt.

Aber der Vordermann und der Hintermann, die
haben dann doch — sollte ich denken — einen schweren Posten.

Doch nicht, Herr Inspector; ja, wenn die in der
Mitte sich an den Stock hängten und schleifen liessen;
aber die laufen ja auch mit. Ist einmal die ganze Reihe
ordentlich im Gange, dann machen die vereinten, wenn
auch in der Mitte kleineren Kräfte dem Vordersten und

dem Hintersten die Anstrengung doch wieder ziemlich
leicht. — Eine andere Art ist die, welche man *opleg-*
gen, auflegen nennt, wobei es so zugeht. Der Vordermann legt seine linke Hand auf den Rücken, auf's
Kreuz, und der Hintermann greift mit seiner Rechten
in diese Linke des Vordermanns, der Dritte wieder in
die Linke des Zweiten u. s. w., so dass ihre Arme
eine Art verschränkter Kette bilden. Das ist die gewöhnliche Art zu laufen, wenn man zu Zweien, z. B.
ein Bursche mit seinem Mädchen, fährt. Entweder
schiebt er sie vor sich her, wobei aber das Schätzchen
schon etwas fest auf ihren Beinen stehen muss, oder
er nimmt sie hinter sich. Man sieht aber auch ganze
Ketten, aus fünf, sechs und mehr Pärchen bestehend,
auf diese Art zusammen laufen, aber auch oft auf einen
Haufen zusammen fallen. Denn wenn hier einer fällt,
dann purzeln, wenn sie sich nicht bei Zeiten loslassen,
auch alle folgenden über ihn hin. Dies wird auch wohl
zuweilen absichtlich, im Scherz, zu Wege gebracht,
wenn der *voorrijder,* an einer Ruhestelle angelangt,
mit aller Kraft schnell eine kurze Wendung macht.
Dann heisst's zwar „*vasthouden! houd vast!*" aber der
sleep, ich will sagen — der Schwanz, bekommt dadurch,
einen Bogen beschreibend, solch einen gewaltigen Cen-
trifugal-Flug, dass dieser oder jener oder diese oder
jene — denn gewöhnlich passirt es natürlich den
Mädchen — ihren Vordermann, und wäre es auch der
Auserwählte ihres Herzens, nicht mehr zu halten im
Stande ist, indem der straffe Bogen ihr die Arme aus
dem Leibe zu reissen droht. Sie lässt los und schiesst
mit Allem, was noch hinter ihr ist, auf's Eis. Läuft

Alles gut ab, dann ist's ein allgemeines Gaudium, wenn
Fünfe, Sechse so einander in den Schoos fallen. Es
können aber bei dem Spasse auch blaue Mäler davon-
getragen werden, wesshalb er nur bei derben, mit einer
tüchtigen Unterlage versehenen Bauerndirnen rath-
sam ist.

In Holland fahren also auch die Frauenzimmer?

Ja, Frauenzimmer aller Stände.

Auch junge Damen?

Allerdings, nämlich auf dem Lande. In den grösseren Städten aber sieht man's jetzt nur noch selten,
ausser in Friesland und Nordholland, und auch da
nur von den jüngeren, unverheiratheten. Die Verheiratheten geben es in der Regel schnell auf.

Warum?

Ich denke, aus demselben Grunde, warum sie sich
auch nicht mehr so viel aus dem Tanzen machen.

Weil nichts mehr dabei herauskommt?

Herauszukommen braucht, wollen Sie sagen. — Die
Männer dagegen halten es Jahre lang aus. Unser
Wirth in Delfshaven erzählte mir, dass er vor zwei
Jahren das letzte Mal auf Schlittschuhen gewesen sei;
und der Mann war bereits zwei und siebzig Jahre alt.
Er würde es noch können, sagte er, und habe es nur
darum aufgeben müssen, weil ihm die Schlittschuhe
zu schnell geworden und er nicht mehr so gut voraussehen könne, wie sonst.

Was bedeutet das?

Zum Schlittschuhlaufen gehören, ausser starken Mus-
keln und kräftigen Lungen, auch noch gute Augen,
indem man immer voraussehen muss, ob auf der Bahn

nicht etwa *een scheur*, ich will sagen — ein Riss ist, oder ein Stein oder eine Eisscholle oder sonst etwas liegt, dem man auszuweichen hat. Denn geräth man in einen tiefen Riss hinein, oder kommt man auf ein festgefrornes Reis oder Steinchen, es sei noch so klein, dann ist's, als ob einem plötzlich die Beine festgehalten werden, und man fällt in der Regel tüchtig. Ferner hat man da, wo viele Leute auf dem Eise sind, fortwährend mit der gehörigen Schnelligkeit und Gewandtheit auszuweichen, damit man nicht carambolire, und zumal auch aufzupassen, dass man nicht mit einem Vorbeifahrenden *haakt*, d. h. sich nicht in den Schlittschuhen eines Andern fängt, indem man mit dem Schnabel des seinigen in dem des Andern hängen bleibt. Dann kann man, wenn man in vollem Laufe ist, fürchterlich fallen, wovon ich ebenfalls wieder ein Wort mitzureden weiss.

Wie? Zum zweiten Mal?

Ja, und das hatte ich einem Katwijker Fischer zu danken, zwischen Haag und Leiden, nicht weit von letztgenannter Stadt. Denn das schiesst auch nur zu, wie ein Hecht, und weicht keinem Menschen aus. Der bekam aber dabei eine tüchtige Lection, die ihn wohl für die Folgezeit vorsichtiger gemacht haben wird. Ich that übrigens auch einen gewaltigen Fall, so gewaltig, dass ich, wieder wie beim ersten Male rückwärts fallend, mit dem Kopfe, weil ich jetzt meinen Vierdecker nicht umhatte, einen förmlichen Stern in's Eis schlug, wie wenn einer mit einem Hammer drauf geklopft hätte, gerade wie der, den Napoleon im Bois de Boulogne mit seiner Nase geklopft hat, wenn Sie sich des Kupfers im „Kladderadatsch" noch erinnern.

Richtig, ja! Wir haben genug darüber gelacht.

So war der meinige, ein Stern erster Grösse. „*Kijk, allemachtig!*" rief ein Bube, der Zeuge meiner Niederlage war, „*een star in 't ijs!*"

Dazu gehört aber auch ein harter Kopf! Wie ist's möglich?

Wenn's nicht möglich wäre, so wäre es nicht geschehen; nicht wahr, Herr Justizrath?

Natürlich; aber das meint mein liebwerthester Landsmann da wieder nicht; der denkt bei dem harten Kopf wieder an etwas anderes.

Ich? Gott behüte!

Ja Sie! Sie wollen wieder *more solito* einen schlechten Witz machen, *bij gebrek aan beter*, wie die Holländer sagen, in Ermanglung eines Bessern, weil Sie keinen *kans*, ich will sagen, keine Möglichkeit sehen, einen guten zu machen.

Sie legen aber auch alle meine Worte so böswillig aus, Herr Justizrath.

Weil ich weiss, *wat voor vleesch ik in de kuip heb*, weil ich meine Leute kenne, will das sagen. — Sie könnten etwas weit Gescheiteres thun, als Randglossen machen, wenn Sie uns einschenken wollten.

Mit Vergnügen.

Aber der Fischer, Herr Justizrath?

Ja, der fiel auch und exemplarisch, das versichere ich Ihnen, und zwar auf sein Gesicht, dass ihm das Blut in Strömen aus der Nase schoss und fast nicht zu stillen war. Ich führte ihn darum schnell zu einer

nahegelegenen Wirthschaft, wo in einem Augenblicke
Hunderte Neugieriger um uns herstanden, die unserer blutigen Spur gefolgt waren. Denn Blutstropfen
auf dem Eise sind immer ein schaudererregender Anblick, indem Jedermann weiss, dass, wo diese zu sehen
sind, mehr vorgefallen ist, als dass einer sich nur mit
dem Federmesser in den Finger geschnitten hätte.
Und hier lag eine ganze *plas*, ich will sagen — eine
ganze Lache! Es gelang jedoch am Ende, mit Hülfe
aufgelegten Schnees und in die Nase gebrachter Eis-
kegel, das Blut zu stillen, worauf mein guter Freund
seine Reise weiter fortsetzen wollte. Weil er mir aber
im Laufe meiner wundärztlichen Behandlung als ein
gutmüthiger Mensch vorgekommen, trotz seiner rauhen
Aussenseite, indem er sich auch nach meinem Wohl-
befinden hatte erkundigen und sein Bedauern hatte bezeigen wollen, mich, wie er sagte, so *aangezeild*, d. h.
angesegelt, angefahren zu haben, lud ich ihn ein, mit
mir in das Wirthshaus einzutreten *en een glaasje voor
de schrik te drinken*, d. h. einen Schnapps zur Erholung
von dem gehabten Schrecken.

Und um auf das Vergnügen der gemachten Bekanntschaft anzustossen, natürlich.

Auch gut. Zugleich aber auch aus inniger Freude
darüber, dass wir beide noch so gut davongekommen.
Denn ich hätte mir ebenso leicht, statt des Eises, den
Schädel zerschmettern können, wenn ich nicht einen
so harten Kopf hätte, wie unser Phrenolog da soeben
bemerkt hat. — Da unterhielt ich mich noch eine
Weile mit meiner Bekanntschaft, so weit man sich
nämlich mit solchen Leuten unterhalten kann und so

weit mein damaliges Repertorium des Holländischen
ausreichte, und wir schieden zuletzt mit herzlichem
Händedruck als die besten Freunde von der Welt, er,
um seine Reise nach Katwijk fortzusetzen, und zwar
auf dem Eise, ich aber, um — vorläufig sitzen zu bleiben. Denn für heute war mir alle Lust am Schlittschuhlaufen vergangen. Ich hörte lieber noch eine Weile
der Musik zu, welche da in dem Wirthshause gemacht
wurde, dem gewöhnlichen *pleister*platz, d. h. Absteige-
quartier der Leidner Schlittschuhläufer, eine halbe
Stunde von Leiden entfernt. Es ist einer der drei
Vergnügungsorte, oder, wie die Holländer sagen, *plaat-
sen van uitspanning*, für die Leidner; einer heisst *Zomer-
zorg*, welches ich Ihnen schon einmal genannt habe,
das andere *Warmonder hek*, d. h. warmonder Zollhaus,
und der dritte, wo ich mich jetzt befand, *de Vink*, ein
hübsches Wirthshaus mit einem Garten, zwischen dem
nach Katwijk führenden Kanale und der Haager Chaussée
gelegen. Woher es den Namen „Fink" hat, weiss ich
nicht, aber damals war es wirklich einem grossen Fin-
kenschlag ähnlich, indem sich daselbst eine Truppe
reisender, zum Theil auch reizender, aber — was ich
ihnen zur Ehre nachsagen muss — sehr anständiger
Sängerinnen vernehmen liess, von Instrumental-Musik
begleitet, worunter nur leider ein Bube mit seiner
Trommel fortwährend obligat spielte. Diese Lockfinken
sollten die jungen Schlittschuhläufer und unter diesen
zumal die für das Schöne und die Schönen empfäng-
lichsten und darum auch spendabelsten, oder, wie
H e b e l sagt, spendaschlichsten Akademiker heran-
ziehen. Und das ging denn da auch wie in einem

Taubenschlage fortwährend aus und ein. Aber auch an anderen Besuchern fehlte es nicht, z. B. an Bauern und Bäuerinnen, die vom Markte aus der Stadt zurückkehrten. Die wurden da oft zu ganzen *rissen*, ich will sagen — Rispeln, rudelweise gefangen, aber freilich nicht, um sich r u p f e n zu lassen. Denn so holdselig konnte keine dieser Camönen einem Bauern ihren Kassen-Teller vorhalten, dass er sich einen Sechser oder auch nur einen Groschen hätte aus dem Sack schmeicheln lassen. Wenn's hoch kam, gaben die einen rothen Heller, und hielt die Schöne ihren zweiten Umgang, dann schüttelten sie kurzweg den Kopf *van neen*.

Wie sagen Sie? Den Kopf? Von einander?

Warum nicht gar! Nicht *van een*, sondern *van neen*, d. h. um nein zu sagen. — Als es auf vier Uhr ging und Essenszeit wurde, brach ich auf, kehrte aber nicht, wie ich gekommen, auf dem Eise, sondern per Diligence nach dem Haag zurück. Denn als ich von meinem Stuhle mich erhob, fühlte ich mich von der gehabten Erschütterung, wie weiland Frau Magdalis, „an jeglichem Gliede zerschlagen." — Und damit war mein holländisches *ijsvermaak* zu Ende.

Das will ich glauben. So etwas kann einem den Spass schon verleiden.

Nicht doch! Behüte! Nein, das war es nicht. Das hätte mich nicht abgehalten; aber den andern Tag fiel Thauwetter ein. — Einige Tage später schien es aber wieder auf's Neue frieren zu wollen, und da begegnete ich zufällig demselben Fischer wieder auf einem Spaziergange in der Nähe von Leiden. Ich erkannte ihn sogleich und auch er schien mich gleich wieder zu erkennen, darum rief ich ihm zu: „*dag, vriend! nu, als er weer ijs is, dan houd ik mij weer gerecommandeerd,*" d. h. dann empfehle ich mich wieder zu Gunsten; worauf er mir erwiderte; „*dankje wel, Meneer; eene keer was mooi genoeg!* es war am ersten Mal schon mehr als genug." — Ich habe mich, wie gesagt, in Holland immer gerne mit diesen Leuten abgegeben, mit Fischern und Schiffern, die man sonst für rohe Leute zu halten pflegt. Nein, es sind in der Regel gutmüthige, schlichte, gottesfürchtige und stille Leute. In den Fischerdörfern vernimmt man darum auch höchst selten Gesang, und niemals das laute Geschrei, das schallende Gelächter muthwillig schäkernder Bursche und Mädchen, wie in andern Dörfern. Still und ruhig stehen hier die Männer, dort die jungen Bursche ganze Sonntag-Nachmittage bei einander und sehen immer und immer in das graue Meer hinaus. Darauf sind alle ihre Gedanken gerichtet. Ein sichtbar werdendes Segel, das sie entdecken, wenn wir es kaum mit einem Fernglas gewahr würden, ein Wölkchen, das am Horizont auftaucht, das Lüftchen, das mit den Wimpeln der vor Anker liegenden Fahrzeuge spielt, sind die Gegenstände ihres Gesprächs. Das Land dahinten ist ihnen gleichgültig, bietet es doch auch nichts dar, als das ewige Einerlei der sandigen Dünenhügel. Frauen, die kleineren Kinder auf dem Arme tragend, stehen ebenso mit Frauen, Mädchen mit Mädchen in Gruppen beisammen und sehen ebenfalls meist still und schweigsam auf dieselbe See hinaus. Ihre Väter, Männer, Söhne, Freunde und Geliebten schwimmen ja schon seit mehreren Tagen da draussen auf demselben tückischen Elemente herum, das schon

II.   4

so viele im Dorfe zu Wittwen und Waisen gemacht hat. Wie aus dem Auge der Männer kühner Muth, Entschlossenheit und Todesverachtung spricht, so spielt um den Mund der Frauen ein ernster, fast melancholischer Zug. Kein Wunder. Vergeht doch kaum ein Jahr, dass nicht in solch einem Dorfe ein Schiff mit Mann und Maus untergeht und Alles in Wehklagen und *rouw gedompeld*, ich will sagen, in — Trauer gehüllt wird. Ja, im vorigen Jahre sind allein von der Fischerflotte der kleinen Insel Urk in der Südersee, deren Bevölkerung aus nicht mehr als tausend Seelen besteht, neun Fahrzeuge untergegangen und achtundzwanzig Fischer umgekommen. Das kann einen Ort schon still und traurig machen. Ein einziges Schiff, das verunglückt, macht oft drei, vier Frauen zu Wittwen und eine Schaar von Kindern — denn die Ehen sind dort meist sehr kinderreich — zu Waisen. Man kann darauf rechnen, dass man in den Fischerdörfern, wenn die Kirche ausgeht, Jahr aus Jahr ein die Hälfte der Gemeinde in Trauerkleidern erscheinen sieht.

Und doch geben sie das Handwerk nicht auf.

Im Gegentheil. Hören Sie, was ich einmal in Harlingen von der Frau eines Lootsen gehört habe, ein Wort, das mehr als tausend andere Zeugnisse die Wasserratten-Natur dieser Strandbewohner bestätigt. Diese Frau hatte wenige Wochen zuvor ihren Mann verloren, der mit seinem Boote auf der Küste untergegangen war, und war jetzt eine Wittwe mit fünf Kindern, wovon der älteste Bube fünfzehn Jahre zählte. Meine Wirthin bezeigte der Frau ihr Beileid über ihren harten Verlust, und was antwortete diese darauf? — „Aber

daar is, God dank! weer een gelukje, bij dat ongeluk,
sagte sie; *gisteren is mijns mans broeder hier geweest,
die vaart aanstaande maand,* künftigen Monat, *naar de
Oost,* nach Ostindien, *en wil mijn oudste jonge meenemen!"*
Um ihn auch zum Matrosen zu machen?
Versteht sich.
Und ihm Gelegenheit zu geben, mit der Zeit auch
zu ertrinken.
Wie ist's möglich!
Ja, und das sieht diese Mutter für ein Glück an!
Und dieselbe Mutter hatte NB. so eben im Verlaufe
des Gesprächs auch noch — und gar nicht ohne Theilnahme — erzählt, wie dieser ihr Schwager voriges
Jahr seinen einzigen Sohn verloren habe, und w i e
verloren! Er fiel bei einem heftigen Winde von der
Rahe, d. h. von der quer am Mast hangenden Segel-
stange, in die See, und das Schiff konnte in seinem
pfeilschnellen Laufe nicht aufgehalten und noch viel
weniger umgewendet werden, und auch an das Aussetzen der Schaluppe war nicht zu denken. Der Verun-
glückte schwamm zwar dem Schiffe nach, aber in einem
Augenblicke sah man ihn schon weit, weit dahinten.
Nun stellen Sie sich den Zustand des Vaters vor, der
seinen Sohn in der Ferne noch schwimmen sieht, ihn
aber — dem Tode überlassen muss! Es zerreisst ja u n s
das Herz, wenn man daran denkt.
War denn gar keine Rettung möglich?
Wie ich gehört habe — nein. Und nun, das Alles
weiss diese Frau, und doch! Und ihr Bube weiss es
natürlich auch, und freut sich doch darauf, eine ähnliche
Reise mitzumachen!

Sie haben sie beim rechten Namen genannt, Herr Justizrath. Ja, das sind rechte Wasserratten.

Sie können es nicht unterlassen, gefahren muss sein. Merkwürdig!

Und da kommt mir nun — der Kukuk mag wissen, wie sie dran kommen — da kommt mir nun letzthin doch einer in einer unserer illustrirten Zeitungen daher, spricht vom Schlittschuhlaufen der Holländer und wie sie sich darin auszeichnen, leitet es aber mit folgendem Unsinn ein: „Während der Holländer sich fünfzigmal bedenkt, ehe er in einen Nachen, hundertmal, ehe er in einen Wagon steigt, bedenkt er sich keinen Augenblick, auf's Eis zu gehen." Was für ein gimpelhaftes Geschwätz! Es ist bei mir aber auch jetzt so weit gekommen, wenn ich irgendwo in einer unserer Zeitungen etwas über Holland finde, dann überschlage ich es jedesmal; denn gegen e in wahres Wort, bekommt man immer zehn Dummheiten oder Verlästerungen zu lesen. Ein Holländer sich vor dem Wasser scheuen?! — Nun, Sie haben es gehört. Aber nicht bloss von den Strandbewohnern gilt das, auch im Innern des Landes fürchtet sich niemand vor dem Wasser, im Gegentheil kann man z. B. den Kindern keine grössere Freude machen, als dass man mit ihnen in einem Nachen fährt, oder den älteren, dass man ihnen Erlaubniss giebt, sich einen Nachen zu miethen. Buben von zehn, zwölf Jahren schon sieht man da sich miteinander in einem Nachen auf den Kanälen und Flüssen herumtummeln; auch Damen kann man sehen, die allein, ohne Herren, vor ihren an einem See oder Fluss gelegenen Landhäusern auf und ab rudern. Und im Segeln giebt es wohl keine grösseren Wagehälse, wie die Holländer. Ich habe mehr als einmal gesehen, dass sie bei starkem Winde mit vollen Segeln in einem kleinen Boote dahinfuhren, und zwar so, dass der Rand des Fahrzeugs auf der einen Seite eine Elle über dem Wasser, auf der andern Seite keine Hand breit darüber war, so dass man dachte, das Boot müsse jeden Augenblick umschlagen. Unsereiner stünde tausend Aengsten dabei aus. Kurzum, es ist nicht der Mühe werth, an eine so unsinnige Behauptung viel Worte zu verlieren. Es spricht ja schon von selbst, dass man sich da vor dem Wasser nicht scheuen kann, wo man nichts als Wasser um sich her sieht, dass man da von selbst damit vertraut werden muss.

Natürlich.

Ueberdiess hat das Wasser ja unstreitig etwas Anziehendes, Anlockendes, sogar das Meer. Wenigstens auf diejenigen, die an ihm wohnen, muss es einen unwiderstehlichen Reiz, eine magische Gewalt ausüben, dass sie sich so von ihm anziehen lassen, und, einmal von ihm gewonnen, sich zeitlebens nicht mehr von ihm trennen können. So sollte man doch denken, diejenigen, die Jahre lang alle Unbilden dieses Elements erfahren, so oft von seinen Launen wie ein Spielball hin und her geschleudert worden, so oft vor seinem gähnenden Rachen gestanden, die müssten, sobald es ihnen vergönnt ist, diesem tückischen, ungetreuen Wesen Valet zu sagen und ihre letzten Lebensjahre in Ruhe zu geniessen, ihm auf immer den Rücken zuwenden und sich fern von seinem Gewühl und Getose ein stilles, friedliches Asyl im Innern des Landes aufsuchen. Aber nein! die alten Seerobben lässt das Meer zeitlebens nicht los. Als Säuglinge hat sie sein Rauschen in den Schlaf gewiegt, als Kinder haben sie an seinem Rande gespielt, als Knaben den Vater auf kleinen Küstenfahrten begleitet, als Schiffsjungen ihre erste grosse Reise darauf gemacht, als Leichtmatrosen und Vollmatrosen, oder, wofern sie eine *Kweekschool voor de Zeevaart*, ich will sagen, eine Navigationsschule besucht und das Steuermanns-Examen abgelegt haben, als Steuerleute und endlich als selbständige Führer eines Schiffes, als Kauffahrteikapitäne, dreissig, vierzig Jahre darauf herumgeschweift und manchen Rippenstoss von ihm erhalten, und am Abende ihres Lebens, wenn sie sich auch nicht ferner mit ihm zu befassen gedenken, lassen sie sich doch wieder in seiner nächsten Nähe nieder. In allen Hafen- und Seeplätzen findet man daher Reihen von Häusern, in welchen solche in Ruhestand versetzte Schiffskapitäne wohnen.

Ich glaube, wenn ich einmal meine Pension bekomme, dann setze ich keinen Fuss mehr in die Kanzlei und gucke sie auch gar nicht mehr an.

Ich auch nicht.

Und will auch kein Wort mehr hören von Allem, was darin vorgeht.

Dito! Diese alten Robben aber — die können es nicht aushalten, wenn sie nicht alle Tage eine Stunde in ihre alte Kanzlei hineingucken können, so wie sie auch das Segeln nie aufgeben.

Wie so?

Auf dem Trockenen nämlich, *maar niet op een droogje*, indem sie sich nämlich bei einem guten Glase Grog ihre Reise- und Seeabenteuer erzählen. Das nennt man in Holland scherzweise ebenfalls *zeilen*, d. h. segeln. Dann geht's, wenn sie sich Abends entweder unter einander besuchen oder im Wirthshause treffen, wieder mit vollen Segeln nach Ost und West, *om de Kaap en om de Noord.* Da hört man von China und Japan, von Suriname und Californien sprechen, wie bei uns von Gablenberg und Gaisburg, und von einer Fahrt von Batavia nach Soerabaja und von Soerabaja nach Djocjocarta, die Tagereisen weit von einander liegen, als wäre das auch nur so ein Katzensprung, wie bei uns von Untertürkheim nach Obertürkheim, von Hedelfingen nach Wangen.

> „Do könnet de Baure von de Dächer zu enander lange."

Freilich, wie sollten sich diese Leute auch sonst unterhalten, wenn nicht von See und Seegeschichten und mit ihren Fach- und Standesgenossen.

Sie sind wohl meist unverheirathet?

Wie so? Warum? Nein, die haben mehr Courage im Leibe, als Sie.

Ich dächte, sie hätten keine Zeit dazu.

Ach was! Zum Heirathen hat man immer Zeit genug, wenn's einem Ernst ist. Sie müssen sich nur nicht vorstellen, dass das Fahren so hitzig geht, dass man heute ein- und morgen wieder ausläuft.

Aber, wenn sie verheirathet sind und der junge Mann auf Reisen muss?

So gar jung sind sie in der Regel nicht, wenn sie sich verheirathen, es müsste denn sein, dass einer es schon als Steuermann wagte. Ja, dann kann es freilich wohl einmal vorkommen, dass ein Schiff *voor vracht* von einem fremden Hafen zum andern fahrend, zwei bis drei Jahre hinter einander ausbleibt; aber das sind höchst seltene Fälle. In der Regel kommen die Kauffahrteischiffe alljährlich wieder nach Hause, und bleiben nach jeder Reise entweder nöthiger Reparaturen wegen oder aus Mangel an sofortiger Befrachtung ein paar Monate am *wal*, d. h. am Lande, am Pfahl, werden *opgelegd*, d. h. auf Nonactivität gestellt und abgetakelt, und die *equipage*, oder Bemannung, wird abgedankt. Diese kann sich dann wieder nach einem andern Engagement umsehen, der Kapitän aber und sein Generalstab, wenn sie verheirathet sind, widmen diese Zeit ihrer Familie, bis das Schiff wieder eine neue Reise antreten soll.

Aber der Generalstab? Woraus besteht der?

Aus dem Steuermann, dem Hofmeister, dem Koch, dem Doctor und einer Milchkuh.

Wie sagen Sie?

Ja, einer Milchkuh. Diese wird aber nur engagirt, wenn Passagiere an Bord sind und die Reise von Holland ausgeht. Ja, so heisst's regelmässig in den Zeitungsannoncen: Dieses oder jenes Schiff, nach Java bestimmt, liegt reisefertig zu Amsterdam oder Rotterdam, ist zur Aufnahme von Passagieren mit allem möglichen Comfort versehen, *varende levens een geexamineerden scheepsdocter en eene melkgevende koe.*

Eine sonderbare Combination.

Ich habe das Glück gehabt, solch eine Kapitänsfamilie kennen zu lernen und zugleich Augenzeuge zu sein von der Freude bei der Zurückkunft des Mannes nach einer ziemlich langen Abwesenheit. Es war in Amsterdam im Entrepotdok, wo das Schiff lag, und der Rheder des Schiffes, einer meiner Bekannten, hatte mich mitgenommen, um es mich sehen zu lassen. Gerade war auch die Frau des Kapitäns da angekommen. Das war eine Umarmung und eine Freude des Wiedersehens! Das machte alle seitherigen Sorgen und Entbehrungen wieder gut. Die Kapitänsfrauen, die sich in der Regel durch einen reinen Lebenswandel und die treueste Anhänglichkeit an Gatten und *kroost*, ich will sagen — Kinder auszeichnen, führen nämlich, während der Abwesenheit ihrer Männer, ein sehr stilles, eingezogenes Leben. Den kleinen Haushalt in grösstmöglicher Nettheit und Reinheit zu erhalten und die Sorge für ihre Kinder, ist ihr einziges Geschäft. All ihre sonstigen Gedanken sind, wie bei den Fischerfrauen, ebenfalls auf dem Meere, ihren Mann begleitend, und ihre Hauptlectüre darum auch diejenige Zeitung, worin die *zeetijdingen*, die Seeberichte, stehen, worin sie z. B. sieht, ob und wo das Schiff ihres Mannes *gepraaid* ist.

Was heisst das?

Ein Schiff *praaien* heisst einem Schiffe begegnen. Das heimgekehrte Schiff, das unterwegs ein auf der Ausfahrt begriffenes *gepraaid* hat, macht davon in der Zeitung Anzeige, mit Angabe des Datums und der Höhe, d. h. des Länge- und Breitegrades, unter welchem die Begegnung stattgefunden, woraus dann erstlich zu ersehen, dass das Schiff wenigstens damals noch am Leben war, und zweitens, wo es sich im Augenblicke *ten naaste bij*, ich will sagen — ungefähr befindet, wenn nichts in die Quere gekommen, und drittens, ob es im Allgemeinen bis dahin eine gute oder eine schlechte, eine schnelle oder langsame Reise gehabt hat. Aber darin kann die gute Frau auch zu lesen bekommen, welch ein fürchterlicher Orkan an dem seiner Stürme wegen ohnehin schon so berüchtigten Vorgebirge der guten Hoffnung gewüthet habe, gerade zur Zeit, als ihr Mann es umsegeln musste, und dass dabei so viele Schiffe mit Mann und Maus untergegangen sind. Wer beschreibt dann die Angst der Gattin und Mutter, die lange Angst, die so lange dauert, bis sie die Nachricht von der glücklichen Ankunft des Schiffes an seinem Bestimmungsorte erhält. Bis dahin kann es aber oft Monate dauern, und so lange ist dann auch alle Ruhe dahin, indem ihr Tag und Nacht alle die Schreckensscenen gescheiterter oder von Sturzseen verschlungener Schiffe, wovon sie schon so oft hat erzählen hören, vor den Augen stehen. Auch hat sie ja wohl schon selbst einmal von den Dünen ihres Wohnortes aus ein Schiff untergehen, wohl gar eine Leiche an den Strand spülen sehen.

Da heisst es auch:

> „Hangen und Bangen
> In schwebender Pein."

Aber auch wieder:

> „Himmelhoch Jauchzen,"

wenn das Schiff wieder glücklich zurückgekehrt ist, wenn sie, von seiner Ankunft benachrichtigt, nach

dem Landungsplatze und in die Arme ihres Mannes
eilt. Das ist auch wieder eine Freude! Dann bleibt sie
bei ihrem Manne am Bord des Schiffes, bis es ausge-
laden ist, um, wenn auch die übrigen Geschäfte der
Verantwortung, Abrechnung u. s. w. mit den Rhedern
abgelaufen sind, mit ihm, der nun vorläufig ein paar
Monate *aan wal* bleibt und die Aufsicht über die et-
waigen Reparaturen des Schiffes vielleicht seinem ersten Steuermann übertragen, im Triumph nach Hause
zu kehren. Da versammeln sich dann die Freunde und
Bekannten zum Willkomm und die glückliche Frau
bewirthet die Gäste mit all den Delicatessen, die ihr
Mann von der Reise mitgebracht hat. Wer die bekannte Gastfreiheit der Holländer in ihrer vollen Blüthe
sehen will, der muss in solche Häuser kommen, und
wer den besten Thee, den besten Kaffee, den reinsten
Rhum oder Cognac, den ächtesten Madera oder Con-
stantia und die süssesten und die hitzigsten Lecker-
bissen der Tropenländer kosten will, der muss sie da
versuchen; denn die sind an den Quellen selbst geholt.
Drauf kramt sie auch die Geschenke aus, die der Mann
ihr und den Freunden mitgebracht, und das Haus hat
kaum Raum genug, um alle Gratulanten aufzunehmen.
Die Häuser dieser Seemannsfamilien sind nämlich in
der Regel nicht sehr geräumig und nur einstöckig.
Der Seemann, der sich sein Leben lang in dem be-
schränkten Raume seiner Kajüte behelfen muss, hat
auch auf dem Lande nicht viel Platz nöthig. Auch
scheint's, als wolle er auch auf dem Lande seine Kajüte nicht entbehren. So kam es mir wenigstens in
dem Hause dessen vor, von dem ich soeben sprach.

Er wohnte in Harlingen, an der Südersee. Ich beglei-
tete nämlich diese Familie, weil meine Reise nach
Friesland gerade mit der ihrigen zusammenfiel, bis an
ihren Wohnort, um von da aus weiter nach Leeuwaar-
den zu reisen. Aber als wir in Harlingen ankamen,
baten mich die guten Leute so herzlich, ich solle ihnen
doch das Vergnügen schenken, den Rest des Tages
bei ihnen, im Kreise ihrer Familie und Freunde, zu-
zubringen, dass ich es ihnen nicht abschlagen wollte.
Sie wohnten in ihrem eigenen Hause, welches von
aussen wie jedes andere Haus aussah, im Innern aber,
wenn es keine so grossen Fenster gehabt hätte, eher
einem Schiffe ähnlich gewesen wäre. Die Wohnstube
wenigstens glich einer förmlichen Kajüte. Die an die
Wand gezimmerte Bettstelle mit gründamastnen Vor-
hängen, die getäfelten Wände, mit glänzendem Oelan-
strich versehen, die ebenfalls angestrichene Decke und
der dito Boden — alles erinnerte daran, auch die vielen
im Getäfel angebrachten Kästen; die ganze Wand
schien hohl zu sein. Auch die Prunkartikel, deren Fülle
dem Zimmer zugleich das Vorkommen eines Raritä-
ten-Kabinets gab, verriethen deutlich genug des Bewohners Lebensweise und den seemännischen Geschmack. Da stand ein nussbaumener Glasschrank voll
chinesischem und japanischem Porzellan, auf demselben dito Töpfe, sogenannte *pullen*, auf dem Ofenge-
simse prachtvolle Muscheln, ausgeblasene Strausseneier
und die schönsten ausgestopften Tropenvögel, als Coli-
bri's, Papageien u. s. w. unter *glasstolpen*, ich will sagen,
Glasglocken; vor dem Sopha ein präparirtes Tigerfell
von Java und unter dem Tische ein smyrnascher Tep-

pich. Oft sieht man in geringern Häusern, bei den
Fischern, auch das zierlich geschnitzte Modell des
Schiffes, das der Mann führt oder geführt hat, auf
einem Secretär. Hier war es eine blosse Zeichnung,
die inmitten anderer Kupferstiche, lauter Seeschlachten
der alten Seelöwen de Ruiter, Tromp, Piet Hein
u. s. w. vorstellend, an der Wand hing. Nachdem ich
im Gasthofe mein Mittagessen und Nachtquartier bestellt, und den guten Leuten auf diese Weise eine
Weile Zeit gelassen, sich noch einmal unter vier Augen einen rechtschaffenen Kuss, den Kuss des Will-
kommens unter eigenem Dache, zu geben, verfügte ich
mich nach ihrem Hause. Da sah ich, wie die Frau, die
meiner am Fenster gewartet zu haben schien, sobald
sie meiner ansichtig wurde, indem sie zwischen der
Ober- und Untergardine herauslugte, nach der Thüre
eilte, um mich einzulassen. Es war eine ziemlich grosse,
schlanke, etwas hagere Gestalt, ganz der friesländische
Typus. Ihr sonst ernstes, beinahe strenges Auge blickte
aber jetzt lauter Freundlichkeit. Ich höre noch den
herzlichen Ton, womit sie die Thüre öffnete: *„kom
binnen, Mijnheer!"* so wie auch die zwar rauhe und
etwas heisere, aber biedere, treuherzige Stimme des
Mannes, als er mich Platz zu nehmen bat: *„ga zitten,
Mijnheer,"* und das zweite Wort war, indem er mir
eine ächte Manillacigarre anbot: *„wat zal Mijnheer
gebruiken?"* d. h. womit kann ich Ihnen aufwarten?
Bereits stand nämlich ein kostbares japanisches Schenk-
blatt auf dem Tische nebst Gläsern und einigen Ka-
raffinen der feinsten Liköre. Ich bekam den besten
Platz am Fenster, das die Aussicht auf die Südersee

hatte, und mir gegenüber sassen Hand in Hand die glücklichen Eheleute.

Nun, Herr Justizrath, das Glück haben Sie ja auch wieder zu erwarten, wenn Sie jetzt, nach so langer Abwesenheit, wieder nach Hause kommen. Was wird die Frau Justizräthin eine Freude haben!

Ja, gut! — Aber lassen Sie mich ausreden. Ich wurde auch zum Mittagessen eingeladen, was ich aber ablehnte, weil ich auch noch von der Stadt, einem bedeutenden Handelsplatze, und von der nächsten Umgebung etwas sehen wollte. Aber der Einladung auf den Abend *tot een kopje thee*, zu einer Tasse Thee, folgte ich recht gerne. Da traf ich schon eine Gesellschaft von Freunden und Bekannten, auch sammt und sonders dem Seewesen angehörig, beisammen, die bereits am Umsegeln des Kaps waren. Denn unser Gastherr war gerade daran, von dem soeben genannten Orkane zu erzählen, und wie sie eines bekommenen Leks willen schon 6 Fuss Wasser im Schiff gehabt hätten und dem Versinken nahe gewesen seien, aber doch noch glücklich — *pompen of verzuipen!* — den Hafen von Georgetown hätten erreichen können. Und wie ein Wort das andere giebt, so gab auch jetzt ein Abenteuer das andere. Ich glaube nicht, dass ich jenen ganzen Abend zehn Worte gesprochen habe; aber ich hätte zehn Hände haben mögen, um Alles, was ich da vernahm, aufzuzeichnen. Denn das lautete noch ganz anders, als was man so in Reisebeschreibungen von Strandungsgeschichten und dergleichen liest. Das hatte hier alles Hände und Füsse, und zumal die Erzählung unseres Kapitäns, weil, was er am Detail vergass, von seinem zweiten Steuermann,

der auch in der Gesellschaft war, ergänzt wurde. Nun
können Sie sich aber auch denken, was während dieser
ganzen Erzählung im Herzen der guten Frau umge-
gangen, deren Auge bald mit dem Ausdrucke der Angst
und des Entsetzens, bald mit Erstaunen und Bewunderung an den Lippen ihres Helden hing.

Das sind noch andere Erlebnisse, als das, was wir
auf unseren Kanzleien erfahren.

Ja, das glaube ich auch, Herr Kameralverwalter.

Wiewohl einem auch da allerlei Absonderliches
begegnen kann.

Wie so? Das wird was zu bedeuten haben.

Allerdings. Wissen Sie denn nicht, was letzthin
dem Revisor Pfändle begegnet ist? — Denken Sie,
dem ist letzthin, wie er vorm Nachhausegehen an
seinem Arbeitstische die Schublade zuschliessen will
und beim Umdrehen des Schlüssels, weil das Schloss
ziemlich schwer geht, sich mehr als gewöhnlich an-
strengt, auf einmal der Sitz seines Lehnsessels einge-
brochen und zwar dergestalt, dass er nie wieder herausgekommen wäre, wenn der Aufwärter Stängele und
ich ihm nicht herausgeholfen hätten. Das war aber
keine kleine Arbeit, ihm wieder auf die Beine zu helfen, denn er wiegt gewiss seine zweihundert fünfzig
Pfund. Wie schwer wiegen Sie, Herr Justizrath?

Das weiss ich nicht; geht Sie aber auch gar nichts an.

Und wie glücklich, dass ich noch zugegen war, als
der Einbruch stattfand! Wäre es ein paar Minuten
später geschehen — denn es war gerade zwölf Uhr —
so hätte er ein paar Stunden da ausharren müssen,
wie ein Fuchs in der Klemme. — Nicht so gut kam der

Kanzleirath Scheifele davon, der den Tag darauf seinen
Fuss verstauchte, weil er, in der Meinung, er habe auf
der Kanzleitreppe noch eine Stufe zu ersteigen, sein
Bein zu hoch aufhob und ungeschickt niedersetzte.
Das sind auch keine Kleinigkeiten! Er hinkte acht
Tage lang.

Ja, das ist auch solch eine dürre Hopfenstange und
so ein *stap-almachtig*, wie man im Holländischen sagt,
solch ein Schreitaus und Hochstapeler, wie Sie, der
auch immer die Beine aufhebt, als habe er über lauter
Flammen zu schreiten. Dem ist recht geschehen.

Allerdings; ganz richtig, Herr Justizrath! denn er
konnte ja den Boden sehen. Wenn das noch dem
Pfändle und Seinesgleichen passirt wäre, die seit zehn
Jahren den Boden unter ihren Füssen nicht mehr gesehen haben, dann wäre es noch verzeihlich.

———————

VIII.

———

Jetzt aber will ich auch aus meinem Seemannsleben erzählen. Aber schenken Sie zuvor noch einmal gefälligst ein, Herr Kameralverwalter; ich muss mich zu der fatalen Reise erst gehörig vorbereiten.

Aha, jetzt kommt die — der Wein soll ein Präservativ sein, habe ich gehört.

Das heisst — so lange man ihn trinkt, hat man sie nicht.

Ich verstehe — so lange man ihn trinken kann, nicht wahr?

Richtig errathen! — Also, nachdem ich ein Schiff hatte vom Stapel laufen sehen — auch ein imposantes Schauspiel! — in meinem Hotel gespeist und nach Tisch ein Stündchen geschlafen hatte, begab ich mich allgemach hinaus an's Ypsilon, wie Sie sagen, trank in der „Neuen Stadtsherberge," wo man eine schöne Aussicht auf's IJ hat, eine Tasse Thee, bis es endlich Zeit wurde, mein *beurtschip* aufzusuchen und mich einzuschiffen. Ich suchte mir sogleich auf dem Verdeck ein bequemes Plätzchen aus, wozu der Kapitän selbst mir

II.   6

behülflich war. „*Hier, Mijnheer*," sagte er, „*hier zitje goed
en bent niemand in den weg*." Da sass ich also und freute
mich der plötzlich eingetretenen Stille. Denn all das
Getöse und Geschrei der Stadt nimmt, wie gesagt, augenblicklich ein Ende, sobald man nur drei Schritte vom
Lande entfernt ist. Auf dem Wasser hört das Alles
auf, und vernimmt man auch hie und da noch einzelne
Laute, dann haben sie, auch die des rohesten Matrosen,
vom Wasser zurückgegeben, als hätte die Welle sie
abgespült, alle Rauhheit verloren, ja, ich möchte sagen,
einen verklärten Ton angenommen. Um acht Uhr ver-
liessen wir Amsterdam und hatten bald das prächtige
Panorama hinter uns, das ich Ihnen soeben beschrie-
ben habe; vor uns aber im Norden stand ein dunkles
Gewölke, und den Tag über war es drückend heiss gewesen. Aber auf dem Wasser wehte nun eine angenehme,
erfrischende Kühle. Darum blieb ich auf dem Verdecke
bis spät in die Nacht. Auch konnte ich mich, wie zuvor am Anblick der untergehenden Sonne und der
über Stadt und Rhede ausgegossenen Gluth, so jetzt
an dem unermesslichen Sternenhimmel und der unend-
lichen See, auf der sich der Mond wie eine endlose
Silbersäule wellenathmend spiegelte, nicht satt sehen.
Dazu die tiefe, feierliche Stille, nur durch das Rauschen der am Bugspriet sich brechenden und an den
Seiten des Schiffes hinstreichenden Wellen und durch
die frommen Gesänge des Steuermanns unterbrochen.
Aber im Norden wetterleuchtete es von Zeit zu Zeit.
So ging's bis tief in die Nacht. Schon waren wir an
den Küstenlichtern Nordhollands und an den Inseln
Urk und Schokland vorbei und mitten in der Südersee,

da erhob sich auf einmal der Wind und ein uns be-
gegnender Schiffer rief uns zu: „*maat, daar komt wat,*
es ist etwas im Anzug." Und was kann das anders sein,
dachte ich bei mir selbst, als Sturm? Denn an das Un-
gewitter, das im Norden stand, dachte ich nicht; das,
meinte ich, sei schon lange vorbei, weil in Holland die
Gewitter gewöhnlich aus Süden kommen und nach Norden ziehn. Ich befragte den Kapitän und erhielt den
kurzen Bescheid, der mich auch nicht besonders er-
baute: „*het heeft al lang gebroeid, Mijnheer,*" d. h. es
hat schon lange gebrütet, gedroht. Indessen zündete
doch der Kapitän mit all der diesen Leuten eigenen
Gemüthsruhe sein kurzes Pfeifchen an und ging hinab
in die Kajüte, nachdem er zuvor noch den Kopf aus der
Luke gestreckt und nach allen vier Winden umge-
dreht hatte, hinterliess aber dem Steuermann die Weisung, ihm zu rufen, wenn es Zeit sei. Dieser setzte,
während Kopf und Augen so regelmässig, wie der Pen-
del einer Uhr, vom Bugspriet nach dem Wimpel des
grossen Mastes und wieder hinab nach dem Bugspriet
sich bewegten, und indem er ebenso regelmässig auch
von Zeit zu Zeit seinen Kopf horizontal umdrehte, wie
der Kukuk einer Schwarzwälder Uhr, um über die Ver-
schanzung zu spucken — denn er kaute Tabak — nach
wie vor seine frommen Gesänge fort. Frömmigkeit ist
nämlich ein Hauptzug im Charakter dieser Leute. So
zäh und unbeugsam ihr Muth ist im Kampfe mit den
Elementen, ebenso demüthig beugt sich ihr einfaches
Gemüth vor dem Allerhöchsten, der da, wo Steuer
unnütz ist und Steurer, allein noch retten kann.

Gerade wie bei unseren Bergleuten.

Nicht lange, da verhüllte sich der Mond, finstere Wetterwolken zogen über unserem Haupte hin, das Rollen des Donners liess sich stärker und stärker vernehmen, furchtbare Blitze schlängelten sich am pechschwarzen Horizonte hin, und bald kräuselte sich das Meer unheimlich unter den Windstössen, die jetzt von allen Seiten zu kommen schienen. Da kam der Kapitän wieder auf's Verdeck, die Matrosen zogen schnell die Segel ein, und das Schiff krachte und schwankte unruhig herüber und hinüber, als schüttle es ärgerlich den Kopf, dass es in seinem ruhigen, gravitätischen Gange gestört werde. Nun aber begann es mir bei dem Schwanken des Schiffes wunderlich im Magen zu werden, und auf die Frage des Kapitäns: „*scheelt er wat aan, Mijnheer?* fehlt Ihnen etwas, *je kijkt zoo raar; gaat naar beneden,*" konnte ich schon nicht mehr antworten. Im Anfang unserer Reise war der übermüthige Wunsch in mir aufgestiegen, es könnte, damit es doch einer Seereise ähnlicher sehe, wohl auch etwas lebhafter zugehen; denn es schien anfangs, als kämen wir gar nicht von der Stelle. Wie sollte ich jetzt meinen frevelhaften Wunsch so gründlich zu bereuen bekommen! Denn jetzt fing die Lebhaftigkeit von innen und von aussen an, in einem Augenblick. Ich musste mich eilends in die Kajüte flüchten. Draussen brach auf einmal ein fürchterliches Donnerwetter über uns los und — in meinem Magen die Seekrankheit. Da lag ich. Ich weiss nämlich nur noch das davon, dass ich wie ein Betrunkener in einer Ecke auf dem Boden gelegen habe. Was mit unserem Schiffe geschehen ist und ob es draussen geregnet oder gehagelt hat, von dem Allen weiss ich

nichts. Kurzum, es ist ein scheuslicher Zustand, kör-
perlich sowohl als geistig, worin es einem ganz gleichgültig wäre, wenn man einen auch *zóó maar*, ich will sagen, mir nichts dir nichts, bei Händen und Füssen packte
und über Bord würfe. Man würde sich nicht wehren,
auch wenn man dazu im Stande wäre. Ausser mir befand
sich noch die Frau des Kapitäns in der Kajüte und ein
friesisches Bauernmädchen, ein wunderschönes Kind.

So? Das haben Sie also doch noch sehen können?
Dann kann's doch mit dem Uebelbefinden so schlimm
nicht gewesen sein.

Da, Herr Inspector, da hören Sie wieder den Philister. Musste ich denn warten sie anzusehen, bis ich
sie nicht mehr sehen konnte. Ja Sie, verstockter Wei-
berfeind, Sie hätten sie vielleicht nicht gesehen. Nein,
ich habe gleich anfangs eine Unterhaltung mit ihr anknüpfen wollen, um dieses oder jenes von ihrem Lande
zu vernehmen, konnte sie aber nicht zum Plaudern
bringen. Sei's, dass sie mich, mein gebrochenes Holländisch, nicht verstehen konnte, sei's, dass sie mit dem
Fremden nichts zu schaffen haben wollte — kurz, ich
bekam nur kurzen Bescheid und konnte ihrem schönen,
feinbeschnittenen Mäulchen kein Lächeln abgewinnen.

Das wäre Ihnen vielleicht auf Ihrer ersten Reise
eher gelungen.

Vielleicht; vielleicht aber auch nicht.

Warum?

Oder vielleicht noch weniger. Ein Mädchen geringeren Standes hat sich in Holland jungen Männern gegenüber immer sehr zurückhaltend zu benehmen, wenn
sie sich nicht der Gefahr aussetzen will, allerlei läp-

pisches, ja wohl gar zweideutiges Geschwätz anhören zu müssen. So anständig junge Leute sich dort im Umgange mit Mädchen ihres Standes zu betragen wissen, ebenso unschicklich und rücksichtslos sieht man sehr oft dieselben Bürschchen sich gegen Mädchen geringeren Standes benehmen. Anstatt in einem jeden anständigen, sittsamen Mädchen, sie mag angehören, welchem Stande sie wolle, das weibliche Geschlecht zu ehren, glauben diese Herrchen — so habe ich es wenigstens von Studenten mehr als einmal bemerkt — sich gegen geringere Mädchen Alles erlauben zu dürfen. Nun hätte freilich meine Reisegefährtin mir leicht ansehen können —

Dass Sie kein Student mehr seien.

Versteht sich. Und dass ich sie nicht zum Besten haben wolle. Dessenungeachtet sah sie doch stets ernst und kalt aus ihren dunkelblauen Augen, und begab sich auch bald hinunter in die Kajüte. Ich habe übrigens auch sonst in Holland nirgends unter dergleichen Mädchen die lachenden Schelmenaugen gesehen, wie man sie wohl bei uns findet, die einen freundlichen Blick auch gerne erwiedern und einen zum Plaudern gleichsam herausfordern.

Aus der Unterhaltung wurde also nichts.

Nein. Ich werde aber wahrscheinlich auch nicht viel dabei verloren haben.

Wie so, Herr Justizrath?

Weil in Holland bei den Frauen und Mädchen der niederen Stände überhaupt nicht viel Unterhaltung zu finden ist. Es mögen allerdings verständige, brave, solide, fleissige und haushälterische Wesen sein, aber

Witz und Phantasie sind in diesen Regionen so dünn
gesät, dass von Poesie bei ihnen nichts anzubringen ist. So fuhr ich einmal von Amsterdam nach
Weesp mit einem Ziehboot, in welchem sich auch drei,
anscheinend dem Bürgerstande an gehörige Mädchen
befanden, und wollte mit einer derselben ebenfalls ein
Gespräch anknüpfen, und weil sie trotz des ziemlich
kühlen Wetters — es war im Monat April — schon ganz
sommerlich, in Weiss, gekleidet war, redete ich die,
welche die lebhafteste und gesprächigste zu sein schien,
als sie aus der Kajüte heraustrat und beim Steuerru-
der Platz nehmen wollte, mit den Worten an: „Schon
Frühlingskleider, Fräulein? — Freilich, die Frauen
und der ewige Frühling!" — Da hätten Sie sehen sollen, was für ein sonderbares, confuses Gesicht das Kind
machte, und auch die andern, die ihr gefolgt waren.
Bei uns hätte ein lustiges Kleidermamsellchen oder ein
aufgewecktes Stubenmädchen leicht etwas vom Frühling, den sie im Herzen trage, oder so etwas, drauf
geantwortet. Meine drei Grazien dagegen wussten nichts
meiner poetischen Floskel Entsprechendes in ihrem
Köpfchen aufzutreiben, und schienen sogar durch meine
Anrede so verdutzt und eingeschüchtert zu sein, dass
ich auf Alles, was ich in diesem Tone ferner sprach,
entweder nichts zur Antwort bekam, oder ein blosses:
„*zou U denken, Mijnheer?*"

Eine angenehme Unterhaltung, möchte ich sagen.

Und doch, Herr Inspector; ich habe mich doch ein
ganzes Stündchen recht angenehm mit diesen Mädchen
unterhalten. Sobald ich nur zur ebenen Erde blieb,
ihnen von Deutschland erzählte oder mich nach ihrem

Lande erkundigte, bekam ich immer recht gescheite Antworten und waren die Zünglein stets bereit, einander zu Hülfe zn kommen, schlug ich aber, wie gesagt, nur einen Augenblick wieder den Ton ritterlicher Courtoisie gegen meine Damen an, dann begann auch sogleich das alte Lied wieder: „*zou U denken, Mijnheer?*" oder, was noch ärger war: „*wat b'lieft U, Mijnheer?*" dann konnte ich meinen reizenden Gallimathias, meine Phrasen-Bonbons ihnen selbst auseinanderwickeln. Mit den dortigen Bauernmädchen aber lässt sich vollends nichts anfangen, man müsste denn nach Butter und Käse, nach Hühnern und Eiern fragen; von Herzens-Angelegenheiten scheinen die so wenig zu wissen, als ihre Kühe. Aber — um zu meiner Friesländerin zurückzukehren — Eines muss ich ihr doch zum Ruhme nachsagen, dass sie keinen Anstand genommen, mit der Frau des Kapitäns wahre Samaritanerdienste an mir zu verrichten. Denn sonst würden meine Kleider schändlich verdorben sein.

Aber — von Schelmenaugen gesprochen — wer weiss, was für Schelmenaugen ihre Samaritanerin gemacht hat, als sie den soeben noch so reizenden Schmunzler nun als einen „bleichen, hohlwangigen Werther" durch die Luke in die Kajüte herabrutschen sah, den sentimentalen Schwärmer im Mondschein nun mit allen Symptomen der Verzweiflung —

Ach, machen Sie keine schlechten Witze! Von solchen Dingen haben Sie keinen Begriff.

Mich verlangt auch gar nicht damit bekannt zu werden; Sie gewiss auch nicht, Herr Inspector? Die Seekrankheit kann mir —

Die meine ich nicht; von Naturschönheiten, meine ich.
Und schalkhaften Bauernmädchen? Das müsste die
Frau Justizräthin hören! Warten Sie!
Ach, dummes Zeug! Bleiben wir bei der Sache. Da
lag ich also jämmerlich.
„Ein aufgegebner Mann."
Ja, ganz so, wie es in Schiller heisst:

> Da lag ich
> Wehrlos, ein aufgegebner Mann — nicht hofft' ich,
> Das frohe Licht der Sonne mehr zu sehn
> Der Gattin und der Kinder liebes Antlitz,
> Und trostlos blickt' ich in —

„Die Wasserwüste."
Nein, in den — etcetera.
Ich weiss schon. Aber, Herr Inspector, ist's nicht
interessant, den Herrn Justizrath erzählen zu hören?
Der Herr Justizrath wissen einen immer so recht in
die schönsten Umgebungen und Situationen hineinzu-
versetzen, zuerst in Leiden in die engen Gassen und
jetzt —
Natürlich, und zwar einzig und allein, um auch Ihrem
Geschmacke gerecht zu werden. Denn von Gemälden
z. B. oder schmucken Bauernmädchen wollen Sie ja
nichts hören. Aber jedem das Seine, also —
Danke schön. Sie haben aber Recht, an Ihnen ist
wirklich ein Maler verloren gegangen, und zwar einer
von denjenigen niederländischen, von denen sie soeben
gesprochen haben.
Wohl möglich, und dann würde ich jedenfalls Sie
zur Stafage meiner Bilder gewählt haben.

Sehr viel Ehre! Aber fahren Sie jetzt gefälligst fort. Ich möchte Sie doch nicht gerne länger in der so schön beschriebenen Situation sehen, trostlos blickend in den —. Wie ging's weiter?

Früh Morgens um sechs Uhr erreichten wir wohlbehalten, ich aber jedenfalls mehr einer Leiche, als einem Menschen ähnlich, den Hafen von Lemmer in Friesland.

Und damit hatte aber auch die Seekrankheit ihr Ende erreicht, nicht wahr?

Ja, beinahe unmittelbar. Sobald man nur wieder festen Boden unter sich hat, ist es vorüber; und ein paar Tassen starken Kaffee's brachten mich wieder in den *status quo ante.*

Nun, das war eine gute Magenkur und ersparte Ihnen den *tartarus emeticus.*

Allerdings, benahm mir aber doch die Lust, meine Entdeckungsreisen an den Südseeküsten fortzusetzen. Statt also Harlingen, den Helder u. s. w. zu besuchen oder anzuthun, wie die Holländer sagen, fuhr ich sogleich noch am Nachmittage desselbigen Tages wieder nach Amsterdam zurück, und zwar jetzt auf einem Dampfschiff.

Also doch wieder zur See?

Ja, aber jetzt ging's besser. Wir hatten das herrlichste Wetter von der Welt, und die Fahrt dauerte jetzt nur ein paar Stunden. Da fühlte ich nicht die geringste Anwandlung von Seekrankheit und auch von den übrigen zahlreichen Passagieren niemand, ausser einem kleinen Kinde. Merkwürdig! ein Kind von ungefähr anderthalb Jahren war bei völliger Windstille seekrank von Anfang bis zu Ende; ein Kind, das Stun-

den lang in der Wiege hin- und hergerüttelt wird und
dabei ruhig einschläft, dem wird übel, wo es nicht den
hundertsten Theil der Bewegung empfindet.

Sonderbar! Daraus sollte man also doch in der That
ableiten dürfen, was ich einmal habe behaupten hören, dass man diese Krankheit schon von der Seeluft,
ja sogar schon vom Anblicke der See bekommen könne?

Keines von beiden; das sind — mit Ihrer Erlaubniss — Märchen.

Doch, ich habe es gehört; Sie, Herr Inspector?

Verzeihen Sie, ich möchte es auch mit dem Herrn
Justizrath in Zweifel ziehen. Es ist doch etwas stark.

Und doch, Herr Justizrath, ich versichere Sie, ich —

Nun meinetwegen; aber wie gesagt, ich habe nie
etwas davon gehört. Jedoch, halt! — da fällt mir doch
etwas ein, ja, was sogar noch stärker ist. Sie können doch Recht haben. Unser Maier-Hirsch, der Doctor — Sie kennen ihn — der will die Seekrankheit
auch einmal gehabt haben, und behauptet steif und
fest, er habe sie dem Anblick eines Achenbach'-
schen Sturmes zu danken gehabt. Ist das nicht noch
stärker? Ja seit der Zeit sei schon eine wogende See
von Gudin, wenn er ihr zu nahe komme, im Stande,
eine leise Anwandlung von Uebelkeit in ihm zu er-
wecken.

Warum nicht gar!

Noch auf der letzten *Tentoon*stellung, ich will sagen — Gemälde-Ausstellung habe ich bemerkt, dass
er, wenn er an ein Seestück kam, jedesmal schnell
vorüberging, oder wenigstens seine Hosenschnalle fe-
ster anzog.

Warum?

Das Schnüren des Leibes soll ein Präservativ gegen die Seekrankheit sein.

Ach was! Sie halten uns zum Besten.

Nein, wirklich; auch mich wandelt dabei jedesmal ein unheimliches Gefühl an. Das thut die Einbildungskraft, Ihre Ideenassociation.

Nun, wenn das wahr ist! Wiewohl die Einbildungskraft — man kann ja vor lauter Einbildung seinen Hut vor einer ausgestopften Fledermaus aufsetzen.

Darum — also! Habe ich doch unlängst etwas noch Unbegreiflicheres in einer holländischen Zeitung gelesen, dass sich nämlich eine Dame an einer K o e k o e k'-schen, oder, wie Sie sagen, Kökökschen Sommerlandschaft von wegen der Intensität des Sonnenscheins den Teint total verdorben und die fatalen Sommer*sproeten,* ich will sagen — Sommersprossen geholt habe.

Warum nicht gar den Sonnenstich! Hab' ich es nicht gedacht, dass Sie uns einen Bären aufbinden wollen.

Und einem älteren Herrn, der sich einer S c h e l f-h o u t'schen Winterlandschaft zu nahe gesetzt und sich allzu sehr in sie vertieft habe, sei der grosse Zehen am linken Fuss erfroren.

Aber ich versichere Ihnen, Herr Justizrath, ich habe es gehört, wenigstens das von der Seeluft.

Wohl möglich; aber erzählen Sie es fortan nicht mehr, es ist nicht wahr. Aber — um wieder auf die Südersee zurückzukommen —

So? Sind Sie noch nicht genug gewitzigt?

Mehr als genug. Aber ich muss Ihnen doch noch sagen, dass diese See von wegen der Seekrankheit

berüchtigt ist, indem selbst Leute von vieljähriger See-
praxis, die sonst auf offenem Meere von dieser Krankheit nichts mehr zu leiden haben, wenn sie auf die
Südersee kommen, davon ergriffen werden.

Sonderbar! Wie kommt das?

Man schreibt es ihrem kürzeren Wellenschlage zu.

Giebt's denn kein Mittel dagegen?

Kein einziges. Man kann Alles ihr zu Liebe thun
und Alles ihr zu Liebe lassen und, wie der Maier-Hirsch,
seine Hosenschnalle so straff anziehen, wie man will —
es ist und bleibt ein malitiöses Wesen; das eine ver-
söhnt sie so wenig, wie das andere.

Zum Glück ist sie nicht gefährlich, wie ich mir habe
sagen lassen.

Das heisst, nicht lebensgefährlich, Herr Inspector,
aber sonst —

Wie so?

Man hat mir doch in Holland, während meines zweiten Aufenthalts daselbst, erzählt, dass sie den verstor-
benen Herzog Bernhard von Sachsen-Weimar, General in holländischen Diensten, ein Auge gekostet
habe, auf seiner Rückreise von Amerika.

Wie kam das?

Durch die Anstrengung beim Erbrechen sprang ihm
eine Ader im Auge, das Blut ergoss sich in die Pupille
und weg war das Gesicht.

Was, dieser Herr?

Ja; haben Sie ihn gekannt?

Gewiss. Er besuchte Dresden einmal. Ich war aber
damals noch ein kleiner Knabe. Aber was, diese He-
roengestalt? Nun, wenn diese Krankheit solche Consti-

tutionen dergestalt angreifen und zurichten kann, dann
möchte am Ende von mir gar nichts übrig geblieben
sein. Dann habe ich also von Glück zu sagen.

Und Sie auch, Herr Justizrath.

Ich? — Ich habe sie ja gehabt, *in folio.*

Ja, aber dass Sie so gut davon gekommen sind. Wie
leicht hätte bei Ihnen auch etwas bersten können.

Ach was! *flauwiteit!* Das geschieht auch nicht alle
Tage. Aber diese verdammte Krankheit ist es doch, die
mich abhält, nach England hinüberzugehen. Ich möchte
sonst London so gerne einmal besuchen. Aber es giebt
eben kein anderes Mittel hinüberzukommen, als zu Schiffe.

Mit einem Luftballon, Herr Justizrath, mit dem Herrn
N a d a r und C⁰.

Den überlasse ich Ihnen, Herr Landsmann. Sie sind
wie zum Fliegen gemacht, ich nicht.

Danke schön! Mich verlangt gar nicht nach London.
Ich denke an unsern Schneider von Ulm:

> „Der Schneider von Ulm, der hat's Fliegen probirt,
> Da hat ihn der Teufel in d' Donau 'neingführt."

Und dass ich nicht dazu tauge, das habe ich erfahren,
als ich noch nicht die Hälfte der Höhe erreicht hatte.

Wie so, Herr Justizrath?

Was schwindlig werden heisst, davon weiss ich auch
eine Geschichte zu erzählen, die mir ebenfalls in Holland passirt ist. Darum bleiben wir ruhig hier auf unserem Continent.

Aber was war das, Herr Justizrath?

Ja, solch ein Aëronaut — der muss auch *aes triplex*

circum pectus, eine Courage von Stahl und Eisen haben.
Gerade als ich zum zweitenmale in Holland war, habe
ich daselbst auch einen Luftballon aufsteigen sehen,
und zwar so, auf einem Standpunkte, wie ich es in
meinem Leben nicht wieder erleben werde, habe zugleich aber auch einen Schrecken dabei ausgestanden,
der nicht allein einen Pendant zu ihrer Kröten- und
Spinnengeschichte bilden, sondern sie noch weit über-
treffen dürfte.

Ei? Mich verlangt —

Wie so, Herr Justizrath?

Für's erste, was den seltenen Standpunkt betrifft,
den ich dabei einnahm, so müssen Sie wissen, dass
ich mich zwischen dem Erdboden und dem Luftballon
befand, von beiden zo ziemlich gleichweit entfernt.

Und zwar? — Auf einem Berge?

War ich dann etwa nicht auf dem Erdboden?

Auf einem Thurme wahrscheinlich?

Aufzuwarten, Herr Inspector; ja auf dem Thurme
des Utrechter Doms.

Den kenne ich aus Abbildungen; das muss ein ziemlich hoher Thurm sein.

Der höchste in Holland; wenn ich nicht irre, ist er
330 Fuss hoch. Man hat nicht weniger als 500 Stufen
zu ersteigen, anfangs steinerne, dann hölzerne und am
Ende geht's, um auf den dritten Umgang zu kommen,
gar an Leitern hinauf. Keine Kleinigkeit! Ich war damals zu solchen Parforcetouren noch aufgelegter als
jetzt, aber es war auch damals kein Spass; es kostete
manchen Schweisstropfen, und die Kniee! die Kniee!

Das weiss ich, Herr Justizrath; ich muss so oft auf

unseren Thürmen herumklettern, wenn Reparaturen vorzunehmen sind. Das senkrechte Steigen ist äusserst ermüdend. Ich habe vorgestern noch eine Probe davon erfahren, indem ich den Dom in Köln bestiegen habe. Die Herren sind doch wohl auch einmal droben gewesen?

Auf dem Dom? — bitte.

Sie auch nicht, Herr Kameralverwalter?

Nein.

Das ist Schade. Man sollte es doch eigentlich nicht versäumen. Die Mühe des Ersteigens wird durch die entzückende Aussicht, die man oben hat, doppelt, ja ich möchte sagen, dreifach belohnt. Freilich sind es zweihundert dreiundvierzig Stufen!

Und wenn man soeben vom Niederwald oder vom Ehrenbreitstein oder Drachenfels gekommen, kann man dann auf dem Dom noch etwas Schöneres zu erwarten haben?

An Aussicht freilich nicht, aber an — Einsicht, wenn ich so sagen darf.

Wie so?

Indem man von dem inneren Chorumgang aus das Innere der Kirche nun auch von oben herab übersieht. Dadurch gewinnt man auf's Neue und — ich möchte sagen, noch eindringlicher — die Ueberzeugung von der Grossartigkeit des Riesenbaues; denn so, gleichsam aus der Vogelperspective gesehen, kommt einem der Dom noch viel grösser vor. Und hat man diesen Eindruck gewonnen, dann nimmt man leicht auch den Spaziergang auf dem Umgang an der Aussenseite des Chores mit, wo man unter den Strebepfeilern von Steinlaubwerk hinwandelnd, das schöne Panorama von den Bergschen Höhen bis zum Siebengebirge vor sich hat und zu seinen Füssen Köln und Deutz und den silberblanken Rhein. Ich darf Ihnen versichern, auch wenn man soeben vom Drachenfels gekommen, noch immer eine entzückende Aussicht.

Was muss das aber erst eine Aussicht werden auf den Thürmen, die noch ein paar hundert Fuss höher werden. Die müssen ja eine Höhe von fünfhundert Fuss erreichen.

Vierhundert vierundsiebzig, Herr Justizrath, ist die genaue Zahl.

Ich meinte auch fünfhundert; so habe ich immer sagen hören.

Ja, Herr Kameralverwalter, so sagt man gewöhnlich, der Kürze halber, oder weil die runde Zahl leichter zu behalten ist.

Nun, dann hätte ich sie, um das Behalten noch mehr zu erleichtern, auch noch um achtzig Fuss höher gemacht.

Warum, Herr Kameralverwalter? Sie bekommen doch schon eine anständige Höhe; auch so werden sie die höchsten Bauwerke der Erde.

Aber 555 wäre doch noch leichter zu behalten. So haben wir ja auch auf der Schule immer gelernt: Cyrus 555, Pericles 444, und Alexander der Grosse 333. Dann wäre der zu Utrecht Alexander, der in Köln Cyrus, und wer müsste dann Pericles sein?

Das wäre der Strassburger, und da trifft die Zahl auch ganz genau zu; der hat gerade eine Höhe von vierhundert vierundvierzig Fuss.

II.   6

Nun, so schreiben Sie an den Dombaumeister, vielleicht hilft's; vornehmlich, wenn Sie auch die Gründe dabei angeben, warum Sie sie gerne so hoch haben wollen.

Ja, ich habe doch auch ein Wort mitzusprechen; ich bezahle ja dem Dombau-Verein auch jährlich meinen blanken Thaler.

Aber *alle gekheid op een stokje,* sagen die Holländer, Scherz bei Seite! — ich möchte es doch noch gerne erleben, dieses Prachtwerk vollendet zu sehen.

Wäre es auch nur des langen Lebens willen, nicht wahr?

Auch das! — Das wird aber noch eine gute Weile anstehen.

Nun — dann um so besser.

Und noch ein Heidengeld kosten.

So, wie jetzt daran gearbeitet wird, Herr Justizrath, kann es noch etwa zwanzig Jahre dauern; bei reicherm Zufluss an Baumitteln könnte er aber schon in zwölf Jahren fertig werden.

Was muss er denn noch kosten?

Noch ein paar Millionen Thaler, Herr Kameralverwalter.

Nun, ist das nicht eine horrende Summe? Und was hat er nicht bereits schon gekostet!

Wenn er fertig dasteht, der ganze Dom mit beiden Thürmen bis zu den wuchtigen Laubkronen hinauf, dann ist's ein Gebäude von zehn Millionen Gulden, ungerechnet, was er vor der Restauration, in früheren Jahrhunderten, gekostet hat.

Aber, wenn der letzte Stein droben ist, Herr Inspector, wenn er einmal vom Kopf bis zu den Füssen fertig dasteht —

Und seine beiden Fühlhörner herausstreckt.

Was meinen Sie damit, Herr Kameralverwalter?

Gewiss wieder eine Barbarei. Ich sehe es ihm schon am Gesicht an.

Nun, dann kann ich es auch für mich behalten.

Bitte, Herr Kameralverwalter, was wollten Sie sagen?

Ich wollte sagen, dass es beim Dom viel darauf ankommt, welchen Standpunkt man sich bei seiner Betrachtung wählt.

Aber wie so?

Dass es mich, so oft ich ihn von der Brücke aus betrachte, immer bedünken will, als ob er mit seinen stachlichten, dornichten Auswüchsen viele Aehnlichkeit hätte mit jenen krausborstigen Ungeheuern der Vorwelt, mit einer antidiluvianischen Riesenschnecke, die da liege und mit der Zeit auch noch ihre Fühlhörner, die Thürme, herausstrecken werde.

Habe ich's nicht gesagt? Mit Ihren Profanationen! Ich möchte doch wissen, was Ihnen Respect einflössen könnte. — Unser Ulmer Münster, Herr Inspector, das ist auch ein Koloss! Den kennen Sie gewiss auch?

Dass heisst, aus Zeichnungen und Grundrissen. Ich bin nie in Würtemberg gewesen, aber ich weiss, dass es die grösste deutsche Kirche ist. Wie viel ihr Quadratgehalt beträgt, das fällt mir jetzt nicht ein, aber, wie Sie wissen, hat man berechnet, dass sie, gedrängt voll, wenn Mann an Mann stünde, mehr als achtundzwanzig tausend Menschen fassen könnte. Indessen hat sie den grossartigen Chor des Kölner Doms nicht,

und auch kein Querschiff. In dieser Hinsicht steht sie
unter diesem. Auch mag sie, wenigstens nach den Zeichnungen zu urtheilen, ein etwas schwerfälliges, düste-
res und gedrücktes Aussehen haben.

Von aussen, ja, aber von innen nicht; da erscheint
sie leicht, hell und aufstrebend. Sie soll ja auch, das
müssen Sie am besten wissen, ein Muster gothischer
Bauart sein.

Allerdings, unstreitig.

Und kennen Sie auch die Steinbildnerei und die
Holzschnitzkunst, womit sie ausgeschmückt ist?

Ja gewiss, Herr Justizrath.

Z. B. das Sacramentshaus, der Taufstein, der Weih-
wasserkessel, die Kanzeltreppe — das sind prächtige
Gebilde der Steinmetzkunst.

Und das Chorgestühl, wenn ich mich recht erinnere.

Ebenfalls; ein Werk der Holzschneider S y r l i n. Ja,
diese Brustbilder von heidnischen Weisen, von Apo-
steln und Heiligen, von Sibyllen und alttestamentlichen
Frauen sind prachtvoll, voll Wahrheit, Leben, Schön-
heit und Anmuth.

Welche sich besonders auch am Untertheile der Sitze
und an den Lehnen verräth, nicht wahr?

Dachte ich es nicht? Dachte ich es nicht gleich, Sie
würden auch hier wieder einen Ihnen angemessenen
Standpunkt auffinden?

Was meinen der Herr Kameralverwalter mit — wiewohl, ich ahne es schon, das sind —

Er meint die neckischen Winke am Untertheile der
Sitze und an den Lehnen, die auf den Geist der Zeit
und die Sitten des Klerus anspielen. Mein Herr Lands-

mann hält sich eben immer, wie seine Käfer, am liebsten in den dunkeln, dumpfigen Regionen auf. Wo Andere ihre Blicke an der Erhabenheit und Harmonie der Architectur oder an den wundervollen Gebilden der Sculptur und Malerkunst weiden lassen, da kriecht er unter Stühle und Bänke nach dem, was seines Geschmackes ist, und ersteigen wir die hohen Münster, dann schleicht er hinten herum und sucht sich seinen entomologischen Standpunkt. Nun — *elk zijn meug*, sagt der Holländer, *chaqu'un à son goût*.

Der Thurm Ihres Ulmer Münsters würde, wenn er vollendet wäre, den in Köln noch um mehrere Fuss überragen.

Das müsste auch eine Aussicht geben, wenigstens nach Süden, bis an die Schweizer und Tyroler Alpen. Auf dem Dom zu Utrecht aber hat man sie gleich frei nach allen Himmelsgegenden. Da hat man wirklich ein Panorama im vollsten Sinne des Worts. Denken Sie sich Holland, das Land ohne Berge, eine endlose Scheibe, und in der Mitte derselben einen dreihundert Fuss hohen Kegel und auf der Spitze desselben —

Der Hahn.

Ach, still doch! — da steht man. Welch eine Aussicht!

Das will ich glauben.

Nur muss man, wenn man sich nicht sehr starker Nerven zu erfreuen hat, nicht thun, was ich gethan habe, nämlich nicht über die steinerne Brustwehr senkrecht hinabsehen wollen! Dadurch verdirbt man sich das ganze Vergnügen. So ist es wenigstens mir gegangen.

Wie so, Herr Justizrath?

Es überläuft mich noch, wenn ich daran denke. Ich musste mich augenblicklich zurückziehen; der Blick

senkrecht in die Tiefe hinunter ist sinnverwirrend,
besinnungsraubend. Andern Besuchern, die mit mir
droben waren, ging es ebenso.

Aber das fernere Vergnügen benehmen — wie so?

Weil man des empfangenen Eindrucks, indem es
einem vorkommt, als neige sich der Thurm mit einem
vorüber und wolle umfallen, nicht mehr erwehren kann.
Man kann ihn nicht verwinden; auch wenn man zu-
rückgetreten ist und sich mit dem Rücken an die
Mauer stemmt, hat man noch immer das Gefühl, als
neige sich der Thurm vorüber. Zum Glücke hatte ich
bereits eine geraume Zeit der entzückenden Aussicht
genossen und die Zinne zweimal, dreimal umwan-
delt, auch zuvor noch, wie gesagt, das seltsame Schauspiel erlebt, dass ein Luftballon neben uns heraufstieg.
Auch eine sonderbare, unheimliche Erscheinung. Ein
Mädchen, das in meiner Nähe stand, verkroch sich hinter
mich, als das bauchige Ungeheuer da pfeilschnell her-
aufkam, als fürchte sie, von ihm mitgenommen zu
werden. Der Ballon strich so nahe an uns vorüber,
dass wir dem Wagehals in seinem Korbe hätten zurufen können. Es war jener Julio, der auch hier, als er
hoch über unserm Haupte war, aus seinem Korbe
stieg, sich an einer Strickleiter herabliess und — denken Sie sich — an zwei Seilen mit eisernen Ringen
die gewöhnlichen gymnastischen Künste machte!

Pfui! Man sollte solche halsbrechende, ruchlose Dinge
polizeilich verbieten.

Ja, es ist ein Anblick zum Entsetzen, und zwar ein
um so entsetzlicherer, als man selbst so hoch steht,
wenn man, dessen mit Schaudern sich bewusst, einen

andern noch weit, weit über sich in solcher Gefahr
schwebt sieht.

Das lässt sich denken..

Und nun, voll dieses schauderhaften Eindrucks, folge
ich unglücklicher Weise dem Beispiele eines neben
mir Stehenden und biege mich auch über die Lehne,
wobei ich mit einem Fusse auf das Steinlaubwerk der
Brustwehre treten musste, um an den Fuss des Thurmes hinabzusehen und — wie gesagt — aus war's mit
dem Vergnügen. Der Eindruck ist erschrecklich. Wäre
es irgend möglich gewesen, ich wäre köpflings hinab-
gestürzt. Das konnte aber nur geschehen, wenn ein Stein
der Lehne gewichen wäre; auch hielt mich zum Ueberfluss mein Nachbar noch am Rockzipfel. — Und auf
dieser Brustlehne, deren Oberfläche nicht über einen
Schuh breit ist, da soll — denken Sie sich — da soll
einmal, wie man mir versichert hat, ein Utrechter Professor, Namens Mohl, im Kreise herumgelaufen sein.

Entsetzlich!

Ich kann's kaum glauben, Herr Justizrath.

Ja, es gehört allerdings ein gewaltiger Muth und
darum auch ein gewaltiger Glaube dazu. Aber die Sage
geht. Dass aber den andern Tag ein Student herabgesprungen, das habe ich mit eigenen Augen gesehen.

Warum nicht gar! Vom Thurm herabgesprungen?

Ja.

Der wird verrückt gewesen sein.

Nein, nein. Es wurde voraus angekündigt, ein Student werde den anderen Tag zu einer bestimmten
Stunde vom obersten Umgange des Thurmes herabspringen, und wie denn der Glaube in Utrecht über-

haupt stark ist, so fand auch diese Ankündigung Glauben, und Tausende Neugieriger stellten sich auf dem Domplatze ein, und sahen schon eine Stunde zuvor mit langgereckten Hälsen, wie die Schneegänse, nach der Thurmspitze hinauf. Endlich erschien ein feingekleideter junger Mann auf der Zinne des Umgangs, wobei von der zahllosen Zuschauerschaar ein Schrei des Entsetzens ausging, und nachdem er einige Minuten so dagestanden und den Zuschauern der kalte Angstschweiss auf der Nase stand —

Sehen Sie, mir steht er in den Händen. Das ist ja entsetzlich! Aber es geschah natürlich mittelst eines Fallschirms.

Und weiter! Sprang er herab?

Ja, und ohne Fallschirm. Aber, als er unten war, war's — ein Strohmann, Herr Kameralverwalter.

O Sie!

Aber Sie haben, wie's scheint, auch einen starken Glauben.

Und Sie! Sie ja auch.

Ich? Ich habe nie daran geglaubt.

So? Und sind doch auch hingelaufen, um Zeuge davon zu sein.

Allerdings, aber nicht vom Herabspringen, sondern um zu sehen, was aus dem Spasse werden solle, wiewohl ich nicht läugnen will, dass ich die Strohpuppe, als sie auf dem Umgang erschien, doch wirklich auch für ein menschliches Wesen gehalten habe. Eine Frau aber, in deren Nähe sie zur Erde fiel, gerieth vor Schrecken in Ohnmacht. Sie kam nur wenige Schritte vor uns nieder.

Wie, auf offener Strasse?

Natürlich.

Ja, natürlich allerdings — aber was für eine Scene! Was machen solche Weiber aber auch dabei, wenn sie ihrer Niederkunft so nahe sind.

Was Niederkunft? Wer spricht von einer Niederkunft?

Sie selbst, von der Frau da, die in Ohnmacht fiel und —

Nein, ich spreche von der Strohpuppe, dem Strohmann, der vor ihr niederkam.

Nun noch schöner! Eine Frau in Ohnmacht und ein Strohmann in den Wochen!

Ach, dummes Zeug! Sie verstehen mich wohl besser.

Jetzt ja, jetzt sprechen Sie sehr deutlich. Aber anfangs, wie konnte ich wissen, von wessen Niederkunft die Rede· sei.

Das verzwickte Holländisch! Herabkommen ist im Holländischen *neer-* oder *nederkomen.* Aber Sie hätten mich auch gleich von Anfang an recht verstehen können, wenn Sie nur gewollt hätten, wenn es Ihnen nicht wieder um eine Wortfuchserei zu thun gewesen wäre, und um einen Standpunkt nach Ihrem Geschmack.

Da haben Sie's wieder, Herr Inspector. Sehen Sie, ich muss immer an Allem schuld sein. Aber — um wieder auf den Thurm hinaufzukommen, von welchem wir soeben in Gedanken n i e d e r gekommen sind —

Ja, es wird Zeit. Denn nach dem durch das senkrechte Hinabsehen erhaltenen Schreckenseindruck konnte ich es nicht länger droben aushalten. Ich machte daher, dass ich wieder an die Innenseite des Thurmes kam, und weiter in aller Eile hinunter, und mit jedem Schritte war mir's, als fiele mir ein Stein vom Herzen.

Es muss also doch nicht so ganz richtig sein mit dem, was ich einmal in einer Erklärung zu Goethe's „Erlkönig" gelesen habe, dass ein langsam an uns herantretender Schauer eine angenehme Empfindung sei.

Warum nicht? — Aber war denn das, was mich überkam, ein langsam herannahender Schauer? Es packte mich ja plötzlich bei den Haaren. Mich über die Lehne hinausbiegen, hinunterschauen und zusammenschaudern war Eins; und hinein und hinunter, das war Numero Zwei, und, wie gesagt, mit jeder Treppe, die ich zurücklegte, wurde mir's leichter um's Herz.

Das will ich glauben.

Unterwegs hatte ich aber doch noch einen zweiten gewaltigen Schrecken auszustehen.

Wie so?

Ich war meiner aufgeregten Stimmung noch lange nicht ganz los, als ich in dem Theile des Thurmes anlangte, wo das Glockenspiel hängt, das aus etwa vierzig Glocken besteht. Da, wie ich mitten unter den Glocken bin und an nichts denke, fangen die auf einmal zu spielen an, oder, besser gesagt, fangen die mit fürchterlichem Gerassel ihren höllischen Spectakel an. Sie müssen nämlich wissen, dass in Holland jede einigermaassen bedeutende Stadt auf ihrem Kirchthurme solch eine Musik hat, die, mit dem Uhrwerk in Verbindung stehend, vor jedem Glockenschlag länger oder kürzer präludirt, vor dem Schlage der halben und der vollen Stunde aber entweder einen Choral oder ein weltliches Stückchen spielt. Diese Glockenspiele oder Carillons

nehmen sich da, wo Alles im Tacte zugeht — was jedoch nicht überall der Fall ist; bisweilen muss man's
zehnmal gehört haben, ehe man weiss, wo's hinaus-
will — in einiger Entfernung und zumal in stiller Mitternacht nicht so ganz übel aus, aber so in der nächsten Nähe, wie ich es jetzt vernahm, mitten unter den
Glocken, und so unerwartet, klingt es erschrecklich.
Es ist einem, als bekomme man auf einmal von allen
Seiten Ohrfeigen. So müsste es etwa einer Spinne zu
Muthe sein, Herr Inspector, die sich in eine Bassgeige
verkrochen, wenn man diese auf einmal zu streichen
anfinge.

Oder einer Fledermaus.

Auch gut, Herr Kameralverwalter! Ich muss wenigstens gestehen, dass ich im ersten Augenblick nicht
wenig erschrak.

Nun, nach allen diesen Schreckenscenen werden Sie
froh gewesen sein, als Sie wieder zur ebenen Erde
waren.

Allerdings. Jedoch mit dem beschämenden Gefühle
eines in's Bockshorn Gejagten wollte ich den Dom doch
auch nicht verlassen. In demselben Verhältnisse, als ich
hinunterstieg, stieg mein Muth wieder hinauf. Ich trat
daher doch noch einmal auf den zweiten Umgang
hinaus, ob ich den Luftballonisten noch erblicken
könne; der war aber nirgends mehr zu sehen. Und
auf der Höhe des ersten Umgangs, wo der Thürmer
wohnt und eine kleine Wirthschaft hält, machte ich
abermals Halt, um eine kleine Herz- und Magenstär-
kung einzunehmen, denn ich hatte von dieser angrei-
fenden Himmelfahrt Hunger und Durst bekommen;

Ruhe lassen. Ueberhaupt ist — wie ich Ihnen schon
mehrmals gesagt — niemand auf Ihre Randglossen
gesteld, ich will sagen — darnach begierig.

Aber die Glockenspiele, Herr Justizrath?

Ja, diese Glockenspiele lassen sich bei festlichen Gelegenheiten, z. B. an des Königs Geburtstag, auch noch
extraordinär vernehmen, zuweilen dreimal des Tags,
jedesmal eine Stunde. Dann werden die Glocken, wie
man's nennt, bespielt, indem nämlich die Hämmer nicht
mittelst des gewöhnlichen Walzwerks gehoben werden,
sondern von einem, Glockenist genannten, Angestellten. Der bespielt die Glocken, indem er mit leder-
nen Fäusten aus Leibeskräften auf einer Art Klaviatur
herumhämmert.

Klingt das schön?

Je weiter man davon ist, desto schöner.

Ah so.

Mich könnte man damit zur Stadt hinausjagen.

Aber finden es denn die Holländer schön?

So wenig, wie wir.

Je nun, warum schaffen sie es denn nicht ab?

Was soll man dazu sagen? — Die Glocken hangen
nun einmal da droben und haben schon so lange da
droben gehangen, jetzt lässt man sie eben auch noch
länger hangen, und hangen sie einmal, so lässt man
sie auch spielen, und wo bei solennen Anlässen *publice*
und *ex officio* Spectakel gemacht werden muss, da müssen die Glocken halt auch mitthun, so gut wie die Soldaten auf der Parade. — Zugleich denke ich mir, dass
die Holländer das gewöhnliche Gebimmel von Viertelstunde zu Viertelstunde gar nicht mehr hören; und

das mag wohl der Hauptgrund sein, dass sie dieser Musik noch nicht den Garaus gemacht haben. — Ich liesse aus den Glocken lauter Pfennige schlagen. Auch das Läuten hätte ich schon lange abgeschafft, wenn es in meiner Macht stünde.

Ihnen geht es also auch, wie G o e t h e; der hörte es auch nicht gern [1]). Natürlich: *les beaux esprits se — se —*

Ja, verschlucken Sie sich nur nicht an Ihren schlechten Witzen! — Aber, Herr Inspector, wie ist es Ihnen gegangen, als Sie den Kanal passirten?

Sehr gut, Herr Justizrath. Mit mir scheint die Seekrankheit sich nicht befassen zu wollen. Aber gesehen habe ich genug davon, die fahlen Wangen, die spitzen Nasen, die gläsernen Augen, als Vorboten, und dann — was folgt. Ich sehe sie noch, so dass ich —

Allen Appetit verloren habe? Ja, wir hätten diesen Discurs auch zum Nachtisch ersparen können.

Oder, noch besser, bis nach Tisch.

Bitte, Herr Justizrath, nein, so arg ist's nicht.

Aber es ist Ihnen doch der Appetit vergangen, wie es scheint.

O nein, darum nicht.

---

[1]) GOETHE:

> Wer läugnet's! Jedem edlen Ohr
> Kommt das Geklingel widrig vor.
> Und das verfluchte Bim-Baum-Bimmel,
> Umnebelnd heitern Abendhimmel
> Mischt sich in jegliches Begegniss,
> Vom ersten Bad bis zum Begräbniss,
> Als wäre, zwischen Bim und Baum,
> Das Leben ein verschollner Traum."

Oder halten Sie nicht auf —

Lammscotteletten? — Die Wahrheit zu gestehen — an Lamm's- und Schöpsenfleisch habe ich, seitdem ich es in England beinahe tagtäglich zu essen bekommen, allen Geschmack verloren.

Ja, dort mag es freilich etwas ganz Anderes sein, als hier zu Lande.

Sie sind also durch die englische Küche etwas verwöhnt geworden, Herr Inspector.

Behüte, meine Herren! Nein, ich meine gerade das Gegentheil. Die englische Küche wäre gerade die meinige nicht. Die kann mir, wenn ich so sagen darf, eigentlich gestohlen werden.

Ah so? Schaut's da heraus? Wiewohl — das wundert mich so sehr nicht. Das habe ich schon mehr gehört.

Ja, Herr Kameralverwalter, die englische Küche ist — um es rund herauszusagen — herzlich schlecht.

Ei? Das hätte ich nicht gedacht. Ich habe immer gemeint, die englische Küche sei ganz ausgezeichnet, und besonders gerade das Hammelfleisch?

. Sie verzeihen, Herr Justizrath, im Gegentheil. Nein, wenn man seinen heimischen Tisch nach seinem vollen Werthe schätzen lernen will, dann braucht man nur nach England zu gehen, wenn man nämlich daselbst — das darf ich nicht vergessen — auf die gewöhnlichen Restaurationen angewiesen ist, wie das bei mir der Fall war. Da ich nämlich nicht in einem Hotel logirte, sondern ein Zimmer in einer Privatwohnung gemiethet hatte, so kann ich über die Tafel in den Hotels nicht urtheilen, auch nicht über die in

den Clubs oder geschlossenen Tischgesellschaften. Da
mag man sich, weil da englische und französische
Küche, so zu sagen, Hand in Hand gehen, eines besseren Tisches erfreuen, aber in den Restaurationen, in
der englischen Vollblutküche, ist es, nehmen Sie mir's
nicht übel, herzlich schlecht. Nein, in kulinarischer
Hinsicht, möchte ich behaupten, geht eben nichts über
unser Sachsen.

Und unser Schwaben — nicht zu vergessen! — Aber
wie so, Herr Inspector? Warum ist denn die englische
Küche so schlecht?

Das will ich Ihnen sagen, Herr Justizrath, wenn Sie
nur die Güte haben wollen, mich in Gedanken in eine
dieser englischen Restaurationen zu begleiten. Da sitzt
man an kleinen Tischen, nicht an einer gemeinschaftlichen Wirthstafel, wie bei uns, sondern jeder hat
seinen eigenen Tisch.

Wie weiland die Homerischen Helden.

In Holland gleichfalls. Da geht's auch so ungesellig zu.

Nun legt man einem die Speisekarte vor, man mustert sie durch und —

Fängt beim Anfang, d. h. mit der Suppe an, natürlich.

Aufzuwarten, Herr Justizrath. Aber — was soll ich sagen? — die Suppe taugt, wenigstens meinem Geschmacke
nach, nicht viel. Auf ein erbsengrosses Stückchen Liebig-
schen Fleischextracts ein Eimer Wasser, so kam es mir
wenigstens vor, aber Pfeffer darin — löffelweis. — Gut.

Nein, ich sage schlecht! Ein schlechter Anfang für
uns Deutsche, die wir ja bekanntlich ohne Suppe nicht
leben können.

Sie haben ganz Recht, Herr Justizrath. Aber wir

II.   7

dürfen eben auch wieder nicht vergessen, dass bei den Engländern die Suppe — wie soll ich sagen? —

Zu den Allotriis und Adiaphoris gerechnet wird. Das ist mehr oder weniger auch in Holland der Fall. Auch da spielt, wenigstens in den Privathäusern, die Suppe eine sehr untergeordnete Rolle. Wenigstens kommt sie da bei weitem nicht so alle Tage vor, wie bei uns, und auch nur in geringer Auswahl. Schildkrötensuppe, Nudel- oder, wie sie dort heisst, Vermicellisuppe, Reisssuppe, Sagosuppe, Gemüsesuppe, französische Suppe genannt, Kerbelsuppe — das ist so ziemlich das ganze hollän- dische Suppenrepertorium. Eine Krebssuppe habe ich da nie erlebt, wohl aber — dass ich es nicht vergesse — eine herrliche Aalsuppe und dann noch eine sogenannte Kerrisuppe.   .

Was ist Kerri?

Kerri? Ein ostindischer Pfeffer.

Nun, die wird aber dann auch gepfeffert sein, wenn sie Pfeffersuppe *per excellentiam* heisst. Trifft sich's doch schon bei uns bisweilen, dass sie so verflucht gepfeffert sind, dass einem schon beim dritten Löffel der helle Schweiss ausbricht. Wie muss die erst —

Nicht doch, nicht übermässig; denn dieser Pfeffer ist bei weitem nicht so scharf, wie der ordinäre oder wie der spanische Pfeffer. Er hat eine schöne braun- gelbe Farbe, etwa wie Brüsseler Erde oder wie das Tuch à la Bismark am Spenzerchen des Kleinen da drüben, und ein äusserst liebliches Aroma.

Hier in den rheinischen Hotels dreht sich's übrigens auch immer um eine und dieselbe Trias von Suppen herum. Nein, Herr Inspector, da müssten sie einmal zu uns nach Schwaben kommen — drei Wochen lang alle Tage eine andere. Nicht wahr, Herr Justizrath?

Drei Wochen lang? — Drei Monate lang, müssen Sie sagen. Wissen Sie denn nicht, dass in unserer Schriftstellerin allein achtundsechzig verschiedene Suppenrecepte stehen? [1])

Die angebrannten und versalzenen wahrscheinlich mitgerechnet?

Nein, nein, im Ernst. Achtundsechzig, und eine immer schmackhafter, als die andere. Da haben Sie z. B. unsere gebrannte Mehlsuppe.

Nun, Herr Justizrath, da ist ja schon eine von den gebrannten.

Aber keine angebrannte. Das „gebrannte Mehlsuppe" ist so eine Ausdrucksweise, wie „wilder Schweinskopf" oder „lederner Handschuhmacher." Die Suppe wird mit gebranntem Mehl bereitet. Ferner unsere Flädlessuppe, unsere Baumwollensuppe —

Die wird jetzt auch wohl theurer sein, als vor dem nordamerikanischen Kriege.

Ja, lachen Sie nur. Ich wollte wir hätten sie hier vor uns; nicht wahr, Herr Kameralverwalter? — Ferner unsere Linsensuppe, unsere Kartoffelsuppe —

---

[1]) Was hier zu Lande „*Aaltje*" ist, das ist in Würtemberg die „Löfflerin," ein von Altersher sehr geschätztes Kochbuch. Die Verfasserin, Frau Löffler, ehemalige Landschafts-Köchin, beginnt aber ihre Vorrede mit den Worten: „Nie würde ich wohl als Schriftstellerin aufgetreten sein, wenn mich nicht viele Gönner und Freundinnen fortwährend dazu aufgefordert hätten;" daher sie im Scherze auch wohl die „Schriftstellerin" genannt wird.

Die sind bei uns auch bekannt.

Dann kommt unsere Mandelschnittensuppe, unsere grüne Kernsuppe, unsere — ja, wenn ich sie alle herzählen wollte, dann hätte ich einen halben Tag zu thun. Wie gesagt, drei Monate lang alle Tage eine andere. Aber warum lachen Sie? Es ist in der That so, ich versichere Sie.

Oh, Herr Justizrath, daran zweifle ich keinen Augenblick. Es ist nicht darum. Nehmen Sie mir's nicht übel, aber ich muss lachen, denn da fällt mir ein Büchlein ein, das ich einmal gelesen habe, von den sieben Schwaben auf der Hasenjagd. Darin kommt auch einer vor, der hiess der Suppenschwab.

Dass Sie das Mäusle beiss!

Und da heisst's, die Schwaben ässen täglich fünfmal, und zwar fünfmal Suppe und zweimal dazu Knöpfle oder Spätzle, daher sie denn auch Knöpflesschwaben genannt würden. Dann ist freilich eine grosse Auswahl erforderlich.

Ja, und weiter, Herr Inspector? — Es ist noch nicht aus.

Wie so, Herr Justizrath?

Fahren Sie nur fort, es ist noch nicht aus. Frisch von der Leber weg! Wir Schwaben nehmen nichts übel; nicht wahr, Herr Landsmann?

Ei, warum nicht gar! Beim Wein geht Alles drein.

Also, Herr Inspector, herausgerückt!

Mehr weiss ich nicht, Herr Justizrath, wahrlich nicht, ich versichere Sie.

Nun, dann will ich es Ihnen sagen — das gehört noch hinzu — man behauptet auch, wir Schwaben hätten zwei Mägen, aber kein Herz.

Nein, das sage ich nicht. Gott behüte! Dazu sind Ihre Landsleute viel zu gemüthlich und treuherzig.

Nun, um denn wieder auf die englischen Restaurationen zurückzukommen — die Suppe war also schlecht. Was folgt dann?

Dann kann man sich etwa einen Seefisch geben lassen.

Bravo! Einen Kabeljau oder Tarbot oder Zunge oder Butt, nicht wahr? — Das ist in Holland etwas Delicieuses. Und unter den Süsswasserfischen daselbst der Barsch! Der Mund wässert mir schon darnach — die Holländer sagen: *ik waterland er al naar* — wenn ich nur daran denke. Damit ist gar nichts zu vergleichen. Ich ziehe ihn noch unseren Forellen vor, bei weitem vor. Gewöhnlich isst man ihn ganz einfach in einem reichlich mit Petersilie versehenen Salzwasser abgekocht, unter Begleitung eines dünnen Butterbrödchens, aus süssem Schwarzbrod bestehend, und mit einem Glase Muscatwein.

Aber sind die Fische in England gut?

Sehr gut, Herr Kameralverwalter; Ehre dem Ehre gebührt. Aber Fische — wenn ich so sagen darf — sind eben nur Fische.

Ganz richtig. Darum sagt auch der Holländer, obgleich er ein rechter Ichthyophage ist: „*visch laat den mensch zoo als hij is.*" Auch ich kann nie so viel Fisch essen, dass ich nicht noch eine Schnepfe oder ein Rebhuhn oder eine halbe Ente oder ein Cotteletchen hintendrein verzehren könnte. — Auf den Fisch folgt?

Fleisch, Gemüse und Kartoffeln.

Aha, der Roastbeef wahrscheinlich?

Oder der Muttonsaddle, von dem die Engländer stets so viel Aufhebens machen?

Nun, das muss doch etwas Delicieuses sein. — Nicht?

Das kö n n te etwas Delicieuses sein, Herr Justizrath.

Wie so?

Wenn es auf deutsche Art zubereitet wäre; denn das Fleisch an sich ist gut genug und wird in prächtigen, kolossalen Stücken, fast einem Blumauer'schen Tafelstück ') zu vergleichen, aufgetragen, aber — es thut mir leid, dass ich es sagen muss — das Ochsenfleisch ist leider! ohne Gewürz und das Hammelfleisch sogar ohne Knoblauch zubereitet.

Und was ist Hammelfleisch ohne Knoblauch!

Und das Gemüse?

Das ist wo möglich noch geschmackloser, weil es bloss abgekocht oder abgebrüht wird, ebenfalls ohne Gewürz und sonstige Zuthat. Es thut einem ordentlich leid um das prachtvolle Fleisch und um die schönen Gemüse, dass sie nicht — wie soll ich sagen? —

Nach Würden behandelt werden. Ja, in Holland wollten mir die Gemüse auch nicht so gut gefallen, wie bei uns; sie sind mir da auch durchgängig zu einfach, zu simpel, wie soll ich sagen? — zu naiv; zu jungfräulich zubereitet. Z. B. den Bohnen fehlt das lieblich

---

') Blumauer „Travestirte Aeneis."

„Ein ganzer Ochs war s' Tafelstück.
Und Spargeln, wie mein Arm so dick.
Und Austern, gross wie Teller."

duftende Bohnenkraut, dem Blumenkohl die Parmesan-
käse, den Brockelerbsen die Zwiebeln, dem Weisskraut
der Kümmel, dem Sauerkraut die Wachholderbeeren
u. s. w. Aber, was in Holland ausgezeichnet ist — das
Fleisch, unter andern das Beefsteak, das dort viel
schmackhafter ist, als bei uns, weil man dickere Stücke
dazu verwendet, sie nicht so völlig durchbraten lässt
und zum Braten — die Holländer sagen richtiger:
bakken — gesalzene Butter verwendet. Und ferner die
Kartoffeln dazu, und zwar besonders eine Sorte derselben, die man bei uns in Deutschland gar nicht
kennt — man nennt sie, wahrscheinlich ihrer Gestalt
nach, Mäuschen; denn sie sind länglich und nicht
grösser, als eine kleine Maus, auswendig glatt, inwendig
aber, wie lauter Semmelmehl.

Ah, nun merke ich — da haben Sie mich soeben
wieder recht zum Narren gehabt mit ihren Aardmäu-
sen. Das sind Kartoffeln.

Das auch nicht; aber auch keine Mäuse.

Nun, was denn?

Ein essbares Knollgewächs, das vier bis fünf Fuss
tief unter dem Boden wächst und — Sie wollen ja
doch immer *het naadje van de kous weten*, sagen die
Holländer, d. h. Alles auf's Tipfelchen hin wissen —
wie Kartoffeln gekocht und mit Butter gegessen wird.
Auf Deutsch heissen sie Erdnüsse, auch Ackereicheln,
wiewohl ich sie in Deutschland nie gesehen habe.
Kennt man sie bei Ihnen, Herr Inspector?

Ich glaube nicht. Ich habe sie wenigstens nie
nennen hören.

Schmecken sie gut?

Den Liebhabern, ja; die ziehen sie selbst den Ka-
stanien vor. Ich habe sie nur einmal versucht. Von den
holländischen Kartoffeln aber nimmt es einen nicht
Wunder, dass sie ein stehendes Gericht auf der Mit-
tagstafel ausmachen.

Unser Voss scheint sie auch gekannt zu haben,
denn in seiner „Luise" kommen unter andern auch
Kartoffeln vor,

„Klar wie Kristall, in der Hüls', an Geschmack
                              Kastanien ähnlich,
Aus holländischer Saat."

Aber, klar wie Kristall? — Ich fürchte, Herr Inspector, ich fürchte, unser Voss hat die rechten nicht
gekannt, und ich hoffe nur, dass der ehrwürdige Pfarrer von Grünau seine holländische Saat nicht theuer
bezahlt hat. Denn die speckigen und zumal die kristallhellen, die durchsichtigen, die *verglaasten*, wie sie in
Holland heissen, die sind bei mir das ganze Jahr
unentgeltlich zu bekommen.

Ach, das „klar wie Kristall" wird nur so eine poetische
Floskel sein, so ein —

Epitheton ornans, wollen Sie sagen, und dann kommt
es nicht so genau darauf an, ob sie passt oder nicht? —
Das ist auch etwas Neues. Von meinem Landsmann
kann man allerlei lernen, nicht wahr, Herr Inspector?
Der ist, wie die Holländer sagen, *van alle markten
thuis*, in allen Fächern zu Hause. Aber schweifen wir
nicht auf's Gebiet der Stilistik ab, sondern bleiben wir
hübsch in der Küche. Die holländischen Kartoffeln,

wie gesagt, sind ausgezeichnet und werden nie in der
Montur aufgetragen, wie bei uns. Man kocht sie, nachdem sie geschält sind. Darum sind sie da auch nicht so
kratzend für die Kehle, wie bei uns. Dagegen trifft man
dort nichts von unseren Mehlspeisen an, womit wir die
Kartoffeln ersetzen, keine Rahmnudeln, keine Spätzle,
keine Maultaschen, keine Dampfnudeln, keine Schwede-
knöpfle, keine Bairischen Knödel, keine Leberklösse,
keine Kaiserkuchen u. s. w., nichts von der Art.

Aber, womit muss man denn dort die Kinder an
ihrem Geburtstage tractiren, wenn es keine Rahmnudeln und Rahmstrudeln, keine Leberklösse, keinen
Reissbrei u. dergl. giebt?

Das weiss ich nicht. Uebrigens Reissbrei und
Grützenbrei u. dergl. giebt's dort auch; aber wieder
keinen Wälschkornbrei, mit dem für Kinder so wohl-
schmeckenden Schärricht. Auch haben sie ihre Pfannen-
küchen, *flensjes* oder Flädlein, ihre Omeletten und was
sonst zu diesem Genus gehört; aber, wie gesagt, unsere
herrlichen Rahmnudeln — „man nimmt zwölf Eier"
u. s. w. — und die Maultaschen und dergleichen edle
Mehlspeisen kennt der Holländer nicht. Die armen Kinder
dort müssen sich darum eben in Ermanglung dessen mit
einem Surrogat von Rahmtorten oder derartigem behelfen.

Sie wissen sich also doch zu entschädigen.

Ja, lassen Sie sich um jener kleinen Schelmen willen keine grauen Haare wachsen. Es giebt ja ein holländisches Sprichwort: In Ermanglung des Brotes isst
man Krusten von Pasteten.

Auch gut! Die verstehen's also.

Auch das Rindfleisch, das bei uns auf die Suppe

Ehre nachsagen, es ist bei uns nur e i n e Stimme darüber, dass sie sich vom Obersten bis zum gemeinsten Tambour herab überall höchst anständig aufgeführt haben — kam aber doch einmal der Fall vor, dass ein Einquartierter sich grob und widerwärtig aufführte, dann war es auch regelmässig, wenn ich so sagen darf, ein Hungerleider von Hause aus und einer aus der Hefe des Volkes, der Veranlassung zur Beschwerde gab.

Natürlich.

Auch möchte ich wissen, was dieselben Leute — des Abends waren noch ein Paar dazugekommen — was die ihrer vier den ganzen Abend immer und ewig zu lachen gehabt haben. Jedenfalls, wenn der Rest dessen, was ihnen so viel Stoff zum Lachen gegeben, nicht komischer gewesen ist, als das, was ich von Zeit zu Zeit verstanden habe, dann bewies ihr unaufhörliches Gelächter wenig für ihren Verstand. Der Idiot lacht nicht, aber wer über Alles lachen kann, ist auch nicht viel besser. So erzählte z. B. einer von ihnen, er habe eines Morgens in Cleve verkehrte Stiefel vor seiner Thüre gefunden und zwar Damenstiefelchen, worauf ein schallendes Gelächter erfolgte.

Warum?

Ja, warum? — Hätten sie es nur wenigstens für ein gutes Omen angesehen, der betreffenden Dame etwa geheime Absichten dabei in die Schuhe geschoben, dieselben mit einem *billet-doux* beantwortet oder etwas der Art — aber nichts von dem allen. *Zoo hoog schenen zij geen last te hebben*, d. h. so weit schien ihr Witz nicht zu reichen. Und doch das Gelächter! — Und was noch hinzukam! — Das Lachen fing bei diesen

Erzählern gewöhnlich schon an, ehe man noch in der Ferne errathen konnte, warum.

Während der Spass noch unterwegs war.

Für den Zuhörer auch nicht sehr amüsant, möchte ich sagen.

Ein anderer erzählte, ebenfalls als einen Kapitalspass, er sei auf einem Esel nach dem Oelberg geritten und da sei wahrhaftig! seinem Esel unterwegs der Bauchgurt gebrochen. Wiederum ein berstendes Gelächter.

Wie kann man aber darüber lachen?

Ja, das fragte ich mich auch. Und als einer gar erzählte, er habe in Düsseldorf dem Kellner seine Stiefel zum Putzen gegeben und ihm dabei eingeschärft, dem Hausknecht zu sagen, dass er gute „Schmier" dazu nehme, und der Hans Michel von einem Hausknecht habe sie mit Karrensalbe eingeschmiert, da war's, als wollten sie sich vor Lachen ausschütten.

Wie so?

Stiefelwichse ist nämlich im Holländischen *schoensmeer*. — Nun, hier bestand allenfalls Stoff zum Lachen, hier war wenigstens eines der Erfordernisse zum Lächerlichen vorhanden, nämlich eine, wenn auch von Seiten der Lacher bloss eingebildete, Ungereimtheit und Zweckwidrigkeit, die das Zwerchfell kitzeln konnte. Denn der Geschmierte ahnte natürlich nicht in der Ferne, dass der Kellner und der Hausknecht ihn schon lange zuvor ausgelacht hatten, indem dieses Salben und Schmieren ohne Zweifel ein absichtlicher Missverstand gewesen.

Eine Eulenspiegelei, so zu sagen.

Oder ein Schwabenstreich im umgekehrten Sinne.

Ja, ohne Zweifel. Drauf erzählten sie sich noch ein Langes und Breites, was für tolle Streiche sie in Emmerich verübt hätten, wie sie sich daselbst „*met die opgewonden standjes, die moffen, verdomd goed*" amüsirt hätten u. s. w., wesshalb ich vermuthe, dass es Liedertäfler gewesen, die von dem am vorigen Tag allda abgehaltenen Sängerfeste gekommen. — Das Widerlichste an ihrem Gelächter war aber das, dass sie sich dabei jedesmal auch im ganzen Saale umsahen, bald als lachten sie auch über alle Anwesenden, und als hielten sie sich für die einzigen Vernünftigen im Lande der Barbaren, bald als meinten sie, ihr von Zeit zu Zeit eingestreutes, und, wie es schien, absichtlich *geradbraakt*, ich will sagen — geradebrechtes Deutsch müsse auch uns lustig und possierlich vorkommen, bald als erwarteten sie, dass Alles von der überquellenden Fülle ihrer Heiterkeit hingerissen, schon *van de weeromstuit*, ich meine, der Spur nach mitlache, als ob Alles in der Runde nur von dem einen Gedanken erfüllt sein könne: *wat zijn dat vrolijke, geestige snuiters*, lustige, witzige Gesellen! — Kurzum, ich konnte am Ende das Gewieher um nichts und wieder nichts nicht länger anhören und setzte mich hinaus auf die Terrasse, durch und durch verstimmt und ärgerlich. Denn solche Laffen sind es, denen es die Holländer zuzuschreiben haben, dass man ihnen bisweilen ein Prädicat ertheilt, das doch sonst wahrhaftig niemand weniger verdient, als sie, das aber freilich jetzt von einem der Kellner mit vollem Rechte auf diese Bursche angewendet und von den anwesenden Deutschen entschieden beifällig vernommen wurde. Denn so himmelweit auch der Unterschied ist zwischen

zoo zijn ze und *zoo zijn er*, ich will sagen — zwischen
so sind sie und so giebt's welche, so ist man doch
bekanntlich überall nur allzu geneigt, von einzelnen
Fällen Schlüsse auf das Allgemeine zu machen, einzelne
Erscheinungen zu ideellen Formen oder zu Typen zu
erheben, die jedem Individuum dieses oder jenes Landes zu Grunde liegen.

Ganz richtig, Herr Justizrath. Wenn ich z. B. weiss,
was für eine Landsmännin die dahinten ist, welche so
mit ausgestreckten Beinen und der Cigarre im Munde
in ihrer Ecke nachlässig, so zu sagen, hingegossen liegt
und auf das Gehudel um sie her nur halbe Blicke wirft,
dann komme ich wenigstens sogleich in Versuchung,
auch in allen ihren Landsmänninnen solche — wenn
ich so sagen darf — Extravaganzen vorauszusetzen.

Ja, so eine — die kann einem die Lust zum Heirathen
schon benehmen.

Allerdings; aber so sind sie nicht alle. Das entschul-
digt Sie nicht, Herr Hagestolz. Die brauchten Sie ja
nicht zu nehmen. — Aber Sie haben Recht, Herr Inspector, und darum ärgerten mich auch diese Bursche so.

Ebenso, Herr Justizrath, geht es auch mir mit den
Engländern, wenn ich sie holzbockig und gar grob
schelten höre. Mir sind sie in England nirgends so
vorgekommen. Im Gegentheil. Immer haben sie sich
mir sehr höflich, zuvorkommend und dienstfertig bewiesen, so oft ich ihre Hülfe in Anspruch nehmen
musste. Von Unartigkeit oder gar von Grobheit habe
ich, die Wahrheit zu sagen, beim wirklichen Gentle-
man nirgends die geringste Spur entdeckt, und darum
sollte man eigentlich auch jeden im Auslande sich wider-

wärtig benehmenden Engländer sogleich im Namen und
im Interesse seiner Landsleute tüchtig *coram* nehmen,
wenn ich so sagen darf, damit er bessere Sitten an-
nehme und seinen Landsleuten fortan nicht mehr zur
Unehre gereiche.

Ganz richtig, Herr Inspector! Wenn Grobheit bei
uns keine gangbare Münze ist, so dürfen wir sie auch
ausserlands nicht ausgeben wollen. — Dieses Alles
ging mir fortwährend im Kopfe um, so dass ich, als
ich mich spät Abends noch mit zwei Herren aus Holland
in eine Unterhaltung einliess, nicht umhinkonnte, sie
vor allen Dingen auf dieses Benehmen ihrer Landsleute
aufmerksam zu machen. Da erhielt ich von einem derselben, einem ehrwürdigen alten Herrn — ich hörte ihn
des andern Tags Professor tituliren — folgenden Auf-
schluss darüber, der mir sehr annehmlich vorkam. „Was
soll ich Ihnen darauf antworten, mein Herr?" — sagte
er —

„Es muss auch solche Käuze geben."

Ueberdiess erinnere ich mich da eines treffenden Wortes von einem ihrer witzigsten, geistreichsten Schriftsteller, der das Lachen einen Naturausdruck der Freude
nennt und zugleich behauptet, dass das Lachen die
Freude erhöhe. Nun ist für diese Leute dadrinnen der
Ausflug, den sie machen, wahrscheinlich ein so seltener und darum so überschwänglicher Genuss, dass sie
sich in einem Zustande der Ueberreiztheit befinden,
wo das durch den Lachkitzel in Bewegung gesetzte
Zwerchfell sich gar nicht mehr beruhigen lassen will.
Auch ist bekanntlich das Lachen ansteckend, wie das

Gähnen, daher man in einer heitern Gesellschaft über
hundert Dinge lachen kann, die einem, wenn man sie
gedruckt zu lesen bekäme, oder auch, wenn sie einem
bloss erzählt würden, kein Lächeln abgewinnen würden. So weiss ich es auch nur diesem Umstande
zuzuschreiben, dass z. B. in den Vaudeville-Theatern
Leute von Geschmack ausser den guten Witzen auch
die platten und schlechten mit beifälligem Lächeln
aufnehmen können, so wie, dass ich in der Stadt, wo
ich wohne, nun schon seit vierzig Jahren, so oft im
Theater beim Aufziehen des Vorhangs oder beim Ver-
schieben der Coulissen etwas hapert, immer und ewig
von den Studenten ein mit einer unauslöschlichen Heiterkeit begleitetes „*bis!*" vernehmen muss, das oft kein
Ende nehmen will. Sonst sollte man doch denken,
man müsste dieses abgedroschenen Witzes endlich
einmal müde werden. Und so wird wohl auch das,
worüber diese Leute da drinnen lachen, schwerlich viel
zu bedeuten haben." Ich theilte ihm nun mit, was ich
davon vernommen hatte, worauf er folgendermaassen
fortfuhr: „Ja, mein Herr, gute Witze sind bei uns eine
Seltenheit. Darum behelfen diese Leutchen sich eben
mit schlechten. Unsere Urtheilskraft ist nun einmal
nicht so dazu aufgelegt, wie das z. B. besonders bei
den Franzosen der Fall ist, die Aehnlichkeiten und
wechselseitigen Beziehungen der Gegenstände, selbst
der verschiedenartigsten, zu entdecken und aufzufassen.
An Verstand fehlt es uns nicht, auch Scharfsinn und
Tiefsinn dürfte sich bei uns so gut finden, wie nur
irgendwo, aber die natürliche, durch die Einbildungskraft gesteigerte und wie ein unmittelbares Gefühl

II.   8

wirkende Richtung des Geistes, die wir *vernuft* oder
geestigheid, Sie Witz nennen, die auch die Quelle der
Allegorien, Metaphern und Gleichnisse ist, die fliesst
bei uns nur sparsam. Auch kommt uns dabei die
Sprache nicht so zu Hülfe, wie z. B. den Franzosen.
Bonmots und Calembourgs fallen bei uns nur selten
vor und selbst die sogenannten Rebus gehen bei uns
fast nie, ohne der Sprache Gewalt anzuthun, gerade
wie im Deutschen auch. Treffende, piquante, scharf-
und tiefsinnige, auch mitunter paradoxe Vergleichungen, wie man sie z. B. bei Ihrem L i c h t e n b e r g ,
W e b e r und J e a n P a u l findet, können Sie bei unsern Schriftstellern auch finden. Aber was man so
eigentlich gute Witze nennt, die sind bei uns, wie gesagt, eine Seltenheit. Um nur ein paar Beispiele der Art
anzuführen. Wenn der verstorbene König L u d w i g
von Baiern dem seines Geizes wegen berüchtigten S a -
p h i r mit dem Worte „Filz?" an den Hut rührt, und
dieser, an des Königs wässerige Gedichte denkend, zur
Antwort giebt: „Ja, wasserdichter," dann ist das ein
köstlicher Witz, bei dem Jedermann lachen muss.
Oder als jener Tyroler beim Schützenfeste in Frankfurt einem Festgenossen, der einmal über's andere
die „Vaterland" geheissene Scheibe verfehlte, mit den
Worten A r n d t's zurief: „Dein Vaterland muss grösser
sein," dann konnte sich gewiss keiner der Umstehen-
den des Lachens enthalten." — Aber, fiel ich ihm in's
Wort, dergleichen Witze macht man bei Ihnen ja
auch. Ich hrauche Ihnen bloss ein Paar mitzutheilen,
wie ich sie erst unlängst noch hinter einander in
Ihrer Hauptstadt gehört habe. Als ich letzthin den

neuen Amsterdamer Fischmarkt besuchte, hatte gerade eine der Fischweiber Zwist mit einem Manne und wollte dem mit folgenden Worten Stillschweigen auferlegen: *„houdt jij je maar stil!"* schrie sie, schweig du nur still; du bist ein Kerl gerade wie dein Vaterunser, an dem auch weder Kraft noch Herrlichkeit ist." — Verstehen Sie das?

Nur halb.

Ich wohl, Herr Justizrath; denn es betrifft meine Confession. Unser Vaterunser eindigt nämlich, wie Sie wissen, mit der siebenten Bitte: „Sondern erlöse uns von dem Uebel," während bei Ihnen noch die Worte folgen: „Denn dein ist das Reich und die Kraft und die Herrlichkeit" u. s. w.

Nun verstehe ich.

Dieser Witz mag aber schon sehr alt sein, denn er gemahnt einen an jene finsteren Zeiten, wo solche Spott- und Schimpfreden auf Andersdenkende von beiden Seiten noch an der Tagesordnung waren.

Aber wie kommen die Leute darauf?

Ja, wie kommt man darauf — so kann man bei jedem Witze fragen, und bei den besten drängt sich diese Frage am ehesten auf. Dieser Witz klingt freilich roh genug, aber die Vergleichung an sich ist frappant und überraschend und darum unstreitig witzig. Und nun Numero zwei — kaum war ich einige Schritte weiter gegangen, als ich einen zerlumpten Kerl, dem ein Hemdzipfel zur Hose heraushing, einem Matrosen auf dessen spöttische Bemerkung: *„zeg er es, maat, je vlag hangt uit je broek,* deine Flagge hängt dir zu den Hosen heraus," zur Antwort geben hörte: *„ik wou dat* *er hondert ellen uithingen* ich wünschte, es hingen hundert Ellen heraus." Und diese beiden Witze hörte ich in der Zeit von ein paar Minuten; hätte ich mich länger aufgehalten, wer weiss, was ich noch zu hören bekommen hätte? — „Sie haben ganz Recht, mein Herr, erwiderte er, dergleichen Witzworte hört man bei uns allerdings auch nicht selten und zwar gerade in dieser Sphäre, bei den Marktweibern, Eckenstehern und Matrosen u. s. w. Ja, wer es wagt, mit diesen anzubinden, der kann sich darauf gefasst machen, dass er auf seine Frage oder Bemerkung nicht bloss eine schlagende Antwort erhält, sondern auch leicht noch einen derben Witz in den Kauf obendrein mitnehmen muss. Aber auch in andern Schichten fehlt es nicht an guten Einfällen und komischen Anecdoten. So haben wir auch einmal an einem meiner Collegen in Utrecht einen zweiten Saphir gehabt, der sich die Witze auch dutzendweise vom Leibe schüttelte. Als er z. B. eines Tages gegen das Ende des Semesters in seinem Hörsaale einige Studenten erblickte, die sein Colleg zwar belegt, aber nie besucht hatten, die aber jetzt, auf das Sprüchlein: Ende gut, Alles gut, vertrauend, weil sie demnächst ihr Examen zu machen vorhatten, sich im Collegium zeigten, sagte er mit einem Spruch aus der Apostel-Geschichte: „*in het laatste der dagen zullen wij vreemde gezichten zien.*" Im Holländischen ist nämlich zwischen „Gesichte" und „Gesichter" kein Unterschied, ebenso wenig als zwischen „Worte" und „Wörter," „Bande" und „Bänder" u. ähnlichen. „Auch von einem Rotterdamer Pfarrer," fuhr er fort, „sind noch eine Menge solcher Witzworte im Umlauf. Zur Zeit, als unsere Trekschuiten noch florirten, wo zwischen der Entfernung von einer Wegstunde und einer Fahrstunde noch wenig Unterschied war, wo man beim Fahren an Zeit nur wenig, sondern eigentlich nur an Gemächlichkeit gewann, da fanden die Redseligen, die z. B. in Utrecht an der Waard einstiegen, um in Amsterdam *aan de heerebijt* wieder auszusteigen, auf der acht Stunden langen Fahrt Zeit und Gelegenheit genug, sich mit einander zu unterhalten und sich gegenseitig auszufragen, konnten aber den, der lieber still in sich hineingeguckt und sich mit sich selbst unterhalten hätte, auch oft recht herzlich langweilen. Das erfuhr denn eines Tages auch dieser Pfarrer, als er mit solch einem Red- und Fragseligen in einer *trekschuit* fuhr und trotz der einsilbigsten Antworten, die er gab, doch von seines Reisegefährten Schwatz- und Fragelust unsäglich molestirt wurde. Jedoch ertrug er's geduldig, bis endlich der lästige Compagnon, am Orte seiner Bestimmung angelangt, indem er sich zum Aussteigen fertig machte, auf seine tausend und eine Frage auch noch die folgen liess: „Fahren der Herr Pfarrer noch weiter? Ich muss hier aussteigen. Ich bin im Westlande zu Haus." So heisst eine Gegend beim Haag. Da konnte sich doch unser Pfarrer nicht enthalten, dem guten Freunde einen Treff zum Abschied zu geben. „Ja, das hab' ich schon lange gedacht," sagte er, „denn die Weisen kamen aus Osten."

Sehr gut.

Die Holländer müssen sehr bibelfest sein, denn die meisten ihrer Witze scheinen in Anspielungen auf dieses Terrain zu bestehen.

Allerdings, und darum wissen Sie auch, und — wohl
verstanden! — auch mit Hülfe ihrer maritimen Kenntnisse auf alle biblisch-nautischen Fragen, sie mögen
so subtiler und intricater Art sein, wie sie wollen, immer die beste Antwort zu geben.

Zum Beispiel, Herr Justizrath?

Z. B. wenn man Sie fragte, an welcher Seite der
Arche haben Noah und seine Frau gesessen, was würden Sie dann antworten, Herr Inspector? Sie sind
zwar kein Schiffbaumeister, aber auch als Bauverstän-
diger im Allgemeinen könnten Sie es vielleicht errathen. — Wissen Sie's, Herr Landsmann? — Auch nicht?
Trotz Ihrer Virtuosität in der Silbenstecherei. Mir hat
es der Sohn meines Freundes in Leiden aufgegeben,
der *adelborst*, d. h. Kadett bei der Marine ist.

An welcher Seite?

Ja, an welcher Seite der Arche sass Noah mit seiner Frau? Oder, wie's im Holländischen heisst, *aan
welke kant?* — Antwort: *aan de binnenkant*, an der
Innenseite, denn aussen war ja das Wasser.

Aha!

Sie haben Recht, das kann natürlich niemand so gut
errathen, wie der Holländer, der sein Leben lang entweder innerhalb oder ausserhalb seiner *trekschuit*
sitzt.

Oder gesessen hat, wollen Sie sagen; denn die *trekschuiten liggen*, wie man im Holländischen sagt, schon
lange *op het gijpen*, sie pfeifen auf dem letzten Loch.

Wissen Sie noch mehr solche geistreichen Räthsel?

Geistreich oder nicht geistreich — Sie haben Sie
doch nicht errathen.

Die gehören zu denen, womit der Jude in Hebel's „Schatzkästlein" seine Zwölfer verdient hat !).

Ja, da fällt mir noch eines ein, das ich ebenfalls in Holland, in einer fröhlichen Gesellschaft, wo man auch Pfänder spielte und Räthsel aufgab, aufgegabelt habe, und womit ich nun auch Ihre Bibelkenntniss auf die Probe stellen will. Wissen die Herren auch, welche Stimmlage David gehabt hat?

Welche Stimme?

Ja, ob er einen Tenor, Baryton oder Bass gehabt hat? — Niemand nicht? — Eine Bassstimme hat er gehabt, denn er sagt ja selbst im hundertunddreissigsten Psalm: „Aus der Tiefe rufe ich, Herr, zu Dir," oder wie es bei Ihnen, in Ihrer Vulgata, heisst: *ex profundis.*

Das heisst aber doch nicht sehr respectvoll mit der Bibel umgehen, möchte ich sagen.

Ach, das sind ja unschuldige Spässe, Herr Inspector, die der Würde der H. Schrift keinen Eintrag thun können. Wer wollte daran ein Aergerniss nehmen?

Und zu Ihrer Beruhigung kann ich Ihnen auch noch sagen, dass ich den Spass aus dem Munde eines sehr würdigen Geistlichen zuerst gehört habe. Aber wir brauchen uns nicht auf dieses verfängliche Gebiet zu beschränken. Auch auf weniger stichtlichem, ich meine, erbaulichem Boden wissen die Holländer ihre Witze zu erhaschen, wie z. B. jener Contre-Admiral beweisen kann, von welchem mir dasselbe Kadettchen folgende originelle, aber freilich auch ziemlich seemännisch-ungenirte Antwort erzählte. Als Kapitän-zur-See in Ruhe-

---

1) Hebel „Schatzkästlein." Einträglicher Räthselhandel.

stand versetzt, und zwar, wie gewöhnlich — *pour dorer la pillule* — mit Rangserhöhung, mit dem Rang eines *Schout-bij-nacht*, d. h. Contre-Admirals, hatte er das Recht bekommen, einen Federbusch auf dem Hute zu tragen, zugleich aber freilich auch eine bedeutende Verringerung seines Gehalts erlitten. Nun heisst im Holländischen „einem eine Feder aus dem Schwanze ziehen" so viel wie: einem einen empfindlichen Verlust *berokkenen*, ich will sagen — zufügen. Als er daher zum König zur Audienz kam, um für seine Beförderung seinen unterthänigsten Dank abzustatten und der seiner Leutseligkeit wegen allgemein so beliebte König W i l h e l m I, ihn mit den Worten anredete: „Nun Admiral, *heb ik je niet een mooie pluim*, einen schönen Federbusch, auf den Hut besorgt?" antwortete der alte Robbe: „Ja, aber auch eine schöne Feder aus dem Steiss gerupft!"

Originell!

Nicht übel war es auch, dass vor einigen Jahren ein Student in Leiden seiner langen, magern Gestalt wegen bei seinen Kameraden den Beinamen „*Holland-op-zijn-smalst*" führte, d. h. Holland, wo es am schmalsten ist. So heisst nämlich der schmale Landstrich in Nordholland, zwischen Haarlem und Alkmaar, der gegenwärtig durchgegraben wird, um Amsterdam mittelst des IJ auf dem nächsten Wege mit der Nordsee in Verbindung zu bringen. Und — um noch ein paar Altersstufen weiter hinabzusteigen — originell ist auch die Vergleichung, die jener Schüler zwischen seinem Lehrer und der Thurmuhr anstellte. Weil nämlich der Schulmeister oft an den Spielen der Kinder Theil nahm, am

Ende aber gar oft den Spass auch wieder verdarb, indem er, wenn es ihm zu bunt wurde, zur Wiederherstellung der Ordnung kurzweg Ohrfeigen austheilte,
so sagte der Kleine: „Der Herr Lehrer macht's gerade
wie die Uhr; erst spielt er, dann schlägt er." — Also,
sagte ich, das bisher mit dem Herrn Gesprochene resu-
mirend, also Herr Professor, habe ich ferner nicht
nöthig, den Vertheidiger Ihrer Landsleute zu machen.
„Auch etwas Seltenes," versetzte er, „dass ein Deutscher
den Handschuh für einen Holländer aufhebt! Nun —
ich bin weit entfernt, meinen Landsleuten Unrecht
thun zu wollen, vielmehr will ich auch noch gerne zu-
geben, dass wir Ihnen, den Deutschen, im Punkte des
Witzes nicht nachstehen, aber, fuhr er fort, auf den
„Kladderadatsch" weisend, der auf dem Tische lag, wenn
ich doch diesen betrachte — wir haben eine Wochen-
schrift, die, obschon nicht humorisch-satyrischer Ten-
denz, sondern eine Literaturzeitung und Intelligenz-
blatt, doch, wie der da, auch mit einem satyrischen
Kupfer erscheint. Aber unter den zweiundfünfzig Num-
mern des Jahres giebt es kaum zehn, die einen wirklich guten, piquanten, überraschenden Einfall bräch-
ten, oder einen ächt-komischen, der des Lachens werth
wäre. Die meisten dieser Witze leiden an dem Fehler,
dass sie entweder zu allgemein, zu vague gehalten sind
und der epigrammatischen Spitze und des Stachels der
Satyre ermangeln, oder auf schon zu lang vorüberge-
gangene Ereignisse sich beziehen und oft gar auch
noch so tief liegen, dass sie eines Commentars zu ihrem
Verständnisse bedürfen. Wenn aber der Witz nicht
einschlägt, wie der Blitz, dann taugt er nichts. Das

kann man bei uns alle Tage gerade an diesem Blatte
sehen. Da kommt z. B. einer, nimmt es in die Hand
und betrachtet eine gute Weile das lustig sein sollende
Bild, legt es aber — ich habe hundertmal darauf Acht
gegeben — mit derselben Miene wieder weg, ohne den
Mund auch nur im Geringsten zu einem Lächeln zu
verziehen. Ein Zweiter kommt, ein Dritter und ein
Vierter, aber alle thun dasselbe, bis endlich ein Fünf-
ter kommt, dem die in der Tiefe verborgene *vis co-
mica* des Kupfers aufgeht, denn seine Mundwinkel fangen an sich in die Höhe zu ziehen, jedoch immer auch
erst nach ziemlich langer Betrachtung. Aber jetzt hat
er's, der Stein der Weisen ist gehoben und mit triumphi-
renden Blicken tritt er zu seinem Nachbar: „Haben
Sie's schon gesehen?" — „Ja." — „Verteufelt artig, d. h.
witzig! nicht wahr?" — „Wie so? Ich habe es nicht finden können." Und jetzt kehren auch wohl die vorigen
Betrachter zurück, um noch einmal hineinzusehen, während jener den Ausleger macht. Aber wiederum lacht
niemand herzlich dazu, wiederum sieht man sie sich
nach einander ebenso gleichgültig, wo nicht noch gleich-
gültiger wieder entfernen, als das erste Mal, und wenn
einer doch lacht, dann lacht er dem lachenden Inter-
preten zu lieb. Natürlich. Sobald ich mich frage, warum
ich lache, hört mein Lachen unfehlbar auf, und ebenso
kann auch das bei einem Andern unmöglich Lachen
erregen, was ich ihm erst als eine Lächerlichkeit vor-
demonstriren und zergliedern muss. Ein anderes Blatt,
ein sogenanntes humoristisches Album, enthält aus
eigener Fabrik ebenfalls meist schales Zeug, während
auswärts entlehnte, grösstentheils schon längst bei Ihnen

oder bei den Franzosen, in den „Fliegenden Blättern"
oder im „Journal amusant," im „Charivari" oder
„Punch," ausgespielte Trümpfe den Rest bilden." Aber
vergessen Sie nicht, entgegnete ich ihm, wie viele Tausende bei uns an solchen Blättern mitarbeiten, indem
ein guter Einfall, er werde gefunden wo er wolle, sogleich dem Kladderadatsch zugesandt wird. Sie brauchen bloss den Briefkasten des Kladderadatsch einzu-
sehen. „Das ist allerdings wahr," fuhr er fort, „und
so will ich denn auch in diesem Stücke mit meinen
Landsleuten nicht zu streng verfahren, wiewohl ich
dann immer noch fragen darf: Warum Häuser bauen
wollen, wie der reichere Nachbar, wenn man nicht
genug Material hat? Aber das lasse ich mir nicht nehmen, dass bei uns viel schiefes, verfehltes, mattes Zeug
gedruckt und von der Lesewelt verschluckt wird, nämlich in unsern sogenannten humoristischen Schriftstellern. Die Belege dazu könnte ich Ihnen zu Hunderten
liefern. Da nennt z. B. einer eine unregelmässige Treppe
ein Meisterstück, woran der Zimmermann die ganze
Trigonometrie habe anschaulich machen wollen, ein
Anderer eine Stadt einen Ocean von *straatsteenen*, ich
will sagen — Pflastersteinen, den Verstand einen *kor-
kentrekker* d. h. Pfropfenzieher der Wissenschaft, wieder
ein Anderer spricht von dem *kachelpijphoed der bescha-
ving*, vom Ofenrohrhut der Cultur, und sta't zu sagen,
er habe seinen Freunden beim Billardspiel zugesehen
und zugleich Acht gegeben, ob der Marqueur auch
richtig addire, sagt er: Ich übernahm die Rolle eines
Controleurs op de arithmetica van den marqueur u. s. w.
Solch schiefes, fades, läppisches Zeug soll witzig und

geistreich sein. Geistreich sind freilich diejenigen
Schriften, in welchen dem Leser neben dem Hauptge-
danken noch ungesucht und gleichsam spielend eine
Menge belebender, auffallender, Interesse erweckender
Vorstellungen, Vergleichungen und Bilder zugeführt wer-
den, aber Controleure und Arithmetiken sind so inter-
essante Bilder nicht, und auch keineswegs so poëtisch,
dass sie die erbärmliche Situation solch eines Auscul-
tanten zu einem erträglichen Anblick machen könnten.
So nannte sich auch zur Zeit einer meiner Collegen einen
„Conducteur auf einer akademischen Diligence," seine
„Kakographie" einen „*negativen Guide des Voyageurs
op de reis door het taal- en stijlgebied,*" die octroyirte
Orthographie „*eene spellingskerk,*" d. h. wörtlich eine
Rechtschreibungskirche, und was dergleichen Einfälle
mehr sind, bei denen man, auch mit dem besten Willen, nicht lachen kann, weil sie nicht überraschend,
nicht gefunden, sondern gemacht, aus der Feder ge-
kaut sind. Auch bei uns ziehen sich die Humoristen
am liebsten auf das Still- und Kleinleben zurück, wie
Ihr Jean Paul, umhängen es aber, wie gesagt, in der
Meinung, dadurch dem trivialen, für den Leser höchst
gleichgültigen Zeug, das sie zu erzählen haben, Interesse zu verleihen, mit solchen bunten Lappen volltö-
nender Worte und weit hergeholter und zugleich meist
schielender Vergleichungen, und glauben dann mit
solchem seichten Witz, nebst peinlicher Schwatzhaftig-
keit und aus allen Löchern mit ihrem „Ich" heraus-
guckender Selbstgefälligkeit sich einem Swift oder
Sterne an die Seite setzen zu dürfen, nicht ahnend,
welche ungeheure Kluft zwischen ihnen befestigt ist.

Denn während jene ächten Humoristen grosse Gedanken und kleine Dinge zusammensetzen, setzen diese
kleine Dinge und grosse Worte zusammen, wodurch
nur Schwulst und Aufgedunsenheit erzeugt wird." —
Auf diese Weise unterredeten wir uns noch eine gute
Weile recht angenehm, und ich hatte auch jetzt wieder
Gelegenheit, an diesem Herrn dieselbe zwiefache Bemerkung zu machen, die ich auch schon in Holland
mehrfach gemacht hatte, nämlich erstens die, dass, wie
es unter den Holländern viele giebt, die mit ihrem Vaterlande so übertrieben eingenommen sind, dass sie
sich nur schwer überzeugen könen, dass etwas anderwärts besser sei, als bei ihnen, so auf der andern
Seite auch wieder Andere ihre Landsleute in mancher Hinsicht zu streng beurtheilen, wie eben der Herr
da, dass aber zweitens dieselben strengen Kritiker in
der Regel nur so lange auf ihrem Urtheile beharren,
als man ihm widerspricht oder Zweifel dagegen erhebt,
indem sie, wenn man ihnen beipflichtet oder gar den
Schein annimmt, als wolle man sie im Tadel ihrer
Landsleute noch überbieten — ein Spass, den ich mir
mehrmals gemacht habe — sogleich wieder umsatteln
und ebenso eifrig ein Stück ihres Tadels nach dem andern wieder zurücknehmen, bis am Ende nichts mehr
davon übrig bleibt.

Jedenfalls eine höchst ehrenwerthe Gesinnung.

Allerdings, nur macht sie auf den, der die Debatte
als Unparteiischer überschaut, leicht einen komischen
Eindruck. — Ich habe dabei oft gedacht, ob es nicht der
Mühe werth wäre, zu untersuchen, zu welcher Klasse
von Einwohnern diese Art von Beurtheilern gehöre,

ob zu den Aborigines oder, um mich des Mommsen'-
schen Monstrums zu bedienen, zu den „Vonanfang-
anern," oder zu den von deutschen Einwanderern Ab-
stammenden.

Wie so, Herr Justizrath?

Ob denselben nicht noch etwas von der in uns Deutschen wurzelnden Unart, das Heimische schlechter, das
Fremde besser zu finden, im Magen stecke, das aber
doch allmählig von holländischer Art verdrängt zu
werden anfange, indem sie in ihrem Urtheil auf deutsche Manier beginnen, um auf holländische zu endigen.
Ich bin überzeugt, dass das auch bei diesem Herrn
am Ende noch der Fall gewesen wäre, wenn wir uns
noch länger bei diesem Thema aufgehalten hätten. Indessen trug er *voor als nog*, ich meine — vor der Hand,
als wir auf die Stegreifgedichte, oder, wie die Holländer sie nennen, auf die *extempore's* oder *gedichten voor
de vuist* zu sprechen kamen und ich behauptete, ein
von ihm angeführtes, einem gewissen Dichter Boddaert zugeschriebenes derartiges Gedicht sei eine Annexion eines Schubart'schen, wiederum keinen Augenblick Bedenken, meiner Ansicht beizutreten, und zwar
entschiedener, als ich ihr selbst traute.

Und zwar — was war das, Herr Justizrath?

Die Holländer erzählen nämlich dasselbe von ihrem
Boddaert, was man sich bei uns von Schubart
erzählt, es sei einmal in einer lustigen Gesellschaft
einer der Gäste auf den Einfall gerathen, ein Goldstück in Boddaert's Glas zu werfen, mit dem Bedeuten, wenn er, ohne sich zu besinnen, einen Vers
darüber mache, so dürfe er dasselbe behalten, und Bod-

daert, so wie er das letzte Wort aus dem Munde des
Gastes vernommen, habe das Glas ergriffen und ganz
geläufig und wie in einem Athem gesprochen:

> *„Twee Goden in een glas — wat zal ik daarvan maken?*
> *'k Steek Plutus in mijn zak, en Bacchus in mijn kaken."*

Kaken? Was ist das?

Ja, das klingt in deutschen Ohren ziemlich platt.
Kaken sind die Kinnladen. In Schubart's Fassung,
wo aber von einem Ring die Rede ist, lautet es edler:

> „Zwei Götter können sich zusammen nicht vertragen,
> Drum Plutus an die Hand und Bacchus in den Magen."

Und wie lautet der zweite Act im Holländischen?
Da besteht der Spass nur aus einem.

Bei Schubart, wenn ich mich recht erinnere, folgt
noch die Zurückgabe des Ringes?

Aufzuwarten. Nachdem Schubart den Ring ein
paar Augenblicke lächelnd betrachtet hatte, zog er ihn
wieder vom Finger und gab ihn dem Eigenthümer
zurück mit dem Worten:

> „Nicht das Metall, das glatt durch schmutz'ge Hände rollt,
> Dem Dichter ziemt des Weins, der Saiten reines Gold.
> Dies nur gewähre mir, Apoll, und bleib mir hold!
> Und hier, Herr Amtmann, hier! — behalten Sie Ihr Gold!"

Schön! Es ist doch etwas Wunderbares um die Gabe
der Improvisation, um diese Schnelligkeit des menschlichen Geistes, so in einem Nu zwischen zwei, wenn
ich so sagen darf, ganz heterogenen Dingen, wie hier
zwischen einem Glase Wein und einem Ring, eine

witzige Beziehung zu finden und diese auch sogleich in eine entsprechende metrische Form einzukleiden.

Allerdings, Herr Inspector. Aber wissen Sie auch, woran dieses Impromptu einen erinnert.

Wie so, Herr Justizrath? Wenn ich bitten darf.

An eine Romanze von Goethe.

Von Goethe?

„Der Sänger."

Es ist wahr, Sie haben Recht.

Ist es nicht, als hätte Goethe dieses Schubart'sche Impromptu bei seiner Romanze vor Augen gehabt?

Ja, ja. Der König schenkt dem Sänger eine goldene Kette, der aber lehnt sie ab mit den Worten:

> „Die goldne Kette gieb mir nicht.
> Die Kette gieb den Rittern,
> Vor deren kühnem Angesicht
> Der Feinde Lanzen splittern;
> Gieb sie dem Kanzler, den du hast,
> Und lass ihn noch die goldne Last
> Zu andern Lasten tragen.

> Ich singe, wie der Vogel singt,
> Der in den Zweigen wohnet;
> Das Lied, das aus der Kehle dringt,
> Ist Lohn, der reichlich lohnet.
> Doch darf ich bitten, bitt' ich eins:
> Lass mir den besten Becher Weins
> In purem Golde reichen."

Ein schöner Gedanke, der sowohl diesem Goethe'-schen Gedichte, als diesem Schubart'schen Impromptu zu Grunde liegt, dass der wahre Lohn des Dichters in der Freude des Schaffens bestehe! — Nun ist aber die Frage, welchem von beiden, dem holländischen oder dem deutschen Stegreifsänger, die Ehre der Priorität zukomme, wer den andern annectirt habe. Hätte Schubart gleichzeitig mit Boddaert gelebt, dann würde ich keinen Augenblick Anstand nehmen, ihm die Ehre zuzuerkennen, weil Schubart den holländischen Dichter gewiss nicht gekannt hat, der holländische aber ohne Zweifel den deutschen, wie wir ja bis auf den heutigen Tag von der holländischen Literatur wenig oder keine Notiz nehmen, die Holländer aber mit der unsern sehr vertraut sind, und Schubart's Schicksale sowohl, wie seine Gedichte, sind zu ihrer Zeit in Holland sehr bekannt gewesen. Nun hat aber Schubart nach Boddaert gelebt. Boddaert ist schon i. J. 1760 gestorben, als Schubart erst zwanzig Jahre alt war. Wie nun? Es ist nämlich jedenfalls undenkbar, dass dasselbe Impromptu zweimal hinter einander gemacht worden.

Könnte es nicht etwa so zugegangen sein, dass das Schubart'sche, in's Holländische übersetzt, in Holland allmählig dergestalt einheimisch geworden wäre, dass man es, mit leichter Verwechslung der so ähnlich lautenden Namen Boddaert und Schubart, am Ende dem ersteren zugeschrieben hätte?

Dieselbe Vermuthung stellte auch der holländische Herr auf. Nur habe ich meinestheils dann noch immer den Scrupel, dass die ersten Zeilen des zweiten Stückes von Schubart viel weniger auf einen Ring, als auf ein Goldstück passen. Man kann doch von einem Ringe

II.

nicht wohl sagen, dass er durch die Hände gehe. Und
gar die „schmutzigen" Hände! Goldene Ringe und
schmutzige Hände reimen nicht zusammen, und jedenfalls wäre dieses Epitheton zu allererst kein Compliment für den Herrn Amtmann gewesen, weder im
wörtlichen, noch, oder vielmehr am allerwenigsten, im
tropischen Sinne. Ich weiss nicht, was ich zu der
Sache sagen soll. Mit andern Worten: *hic haeret aqua*,
oder, wie die Holländer sagen, *hier staat de lezer stil*.

Oder noch besser: Hier stehen die Ochsen am Berge.

Gut, Herr Landsmann! Und treten Sie dann auch
nur gleich in Reih' und Glied. Denn Sie wissen doch
auch nicht zu helfen.

Hier hat immerhin eine Annexion stattgefunden, sollte
ich meinen.

Allerdings, Herr Inspector, aber von wem? Das ist
die Frage: Hat Heinz den Kunz oder Kunz den Heinz
annectirt?

Wollten Sie auch mich einmal fragen, dann —

Warum nicht, Herr Landsmann, lassen Sie hören.

Dann wäre mein unmaassgeblicher Vorschlag in dieser
hochwichtigen Angelegenheit, in welcher es sich um
die Ehre zweier Nationen handelt —

Nun, was wird da herauskommen?

Wir stellten uns vor allen Dingen auf einen ganz
neutralen Standpunkt.

Ah so, haben Sie wieder einen Standpunkt?

Allerdings. *Da mihi pou sto*, sagte jener Philosoph,
gebt mir nur einen Standpunkt. Das ist auch mein
Grundsatz.

Nun denn! Was meinen Sie also?

Dass ich vorläufig und bis auf Weiteres, bis vielleicht ein glücklicher Zufall in dieser Sache mehr Licht verbreitet, annehmen möchte, dass Beide Schuld haben, dass Einer den Andern annectirt hat?

Dachte ich's nicht!

Der Herr Kameralverwalter sind eben für den Frieden, wie es scheint.

Mit dem andern Herrn — das war ganz bestimmt ein Vonanfanganer — hatte ich schon einen härteren Stand, zumal als er unter andern auch einmal gewaltig gegen Jean Paul zu Felde zog, indem er zwar allerdings zugab, was ich und sein Landsmann den Holländern in der Humoristik vorgeworfen, die Schuld aber hauptsächlich dem Einflusse Jean Paul's zuschreiben wollte. Der habe seine Landsleute mit seinem „geschmacklosen Blümeln und Haschen nach Metaphern, mit seinem Bilderluxus und Arabeskenkram, mit seiner Breitgeschwätzigkeit und Stilverwilderung" u. s. w. auf diesen Holzweg gebracht. Wiewohl nur mit halbem Herzen, nahm ich mich doch zum Schein alles Ernstes unseres Jean Paul an, ja sogar des confusen und profusen Hippel, um den ich sonst, unter uns gesagt und mit dem alten Fritz zu reden, keinen Schuss Pulver gebe.

Und ich — keine Prise Tabak, und zwar schon darum, weil er sich mit der Emancipation der Weiber abgegeben hat.

So führten wir in der kühlen Trinkhalle noch eine gute Weile ein recht lebhaftes Gespräch, liessen uns jedoch von dem Feuer unserer Debatte keineswegs so weit hinreissen, dass wir nicht schliesslich noch

zur Annexion eines herrlichen Rehbratens geschritten
wären.

Das war zehnmal gescheiter, als über solche gelehrte
Quisquilien zu nergeln und zu quengeln. Meinetwegen
mögen die Holländer — um wieder auf meinen un-
parteiischen, auch die grösstmögliche Toleranz in-
volvirenden —

Standpunkt, wahrscheinlich?

Zurückzukehren, den ganzen Schubart mit Haut
und Haar annectiren. Ich habe nichts dagegen; Sie,
Herr Inspector?

Sie verzeihen, Herr Kameralverwalter, das möchte
ich doch nicht so — unbedingt — Schubart —

Sehr gut, Herr Inspector! Denn mit Schubart
würden uns die Holländer bei weitem nicht das
Schlechteste nehmen. Unser Schubart war, wie kein
alltäglicher Mensch, so auch gar kein gewöhnlicher
Dichter. Im Gegentheil sind mehrere seiner Gedichte
von der Art, dass sie unseren besten Dichtern zur
Ehre gereichen könnten. Aber das ist *lol daaraan loe*,
sagt der Holländer, d. h. lassen wir das vorläufig da-
hingestellt und auf sich beruhen und —

Bleiben wir beim Rehbraten.

Mit Vergnügen, wenn das auch Ihr Geschmack ist,
zugleich aber auch darum, weil derselbe Rehbraten
uns auch noch zu einem andern interessanten Gespräche
Veranlassung gegeben hat, das ich Ihnen auch noch
mittheilen will. Unterm Essen kamen wir nämlich, so
wie hier soeben, so auch damals der respectiven Na-
tionalküche so nahe, dass sich unwillkürlich auch
zwischen diesen Herren und mir ein Gespräch dar-

über entspann, woran sich nun hauptsächlich auch wieder der letztgenannte Herr eifrig betheiligte, der ebenfalls in London und auch in Paris gewesen war. Auch
er war so ziemlich Ihrer Meinung, Herr Inspector,
was die englische Küche betrifft, liess auch unserer deutschen alle Gerechtigkeit widerfahren, fasste
aber das Ergebniss seiner zwischen der holländischen
und deutschen Küche angestellten Vergleichung, die
den gründlich-erfahrenen Kenner verrieth, zuletzt in
diesen Worten zusammen: „Unsere holländische Küche,
mein Herr, neigt sich im Allgemeinen mehr zur französischen, als zur deutschen hin, gleichwie auch unsere
nationalen und politischen Sympathien mehr auf französisches, als auf deutsches Wesen gehen."
Ei?
Wie so?
Das will ich Ihnen erklären.

———

Aber, Herr Justizrath, Sie versäumen das Essen ganz, wenn ich so frei sein darf, Sie daran zu erinnern.

Ach, ich bin schon so ziemlich fertig. Etwas Suppe und etwas Rindfleisch — damit kann ich's bei der gegenwärtigen Hitze weit bringen.

Aber der Durst, Herr Landsmann, der Durst! Nicht wahr?

Ja, der setzt mir gewaltig zu. Drum schenken Sie auch ein. Also zur Hauptsache. Sie müssen wissen, dass wir Deutsche als Politiker bei den Holländern nicht sonderlich hoch angeschrieben stehen. Sie lassen unserem Verstande, unserem Geist, unserem Fleisse, unseren Kenntnissen, unseren Leistungen in Kunst, Wissenschaft, Industrie u. s. w. alle Gerechtigkeit widerfahren, ja sie haben in dieser Hinsicht allen Respect vor uns, aber von unserem politischen Verstande haben sie keine hohe Meinung, so wie auch nicht von unserem Character.

Was sagen die Holländer denn von unserm politischen Verstande?

Darauf kann ich Ihnen am besten mit den Worten
eben dieses Herrn dienen, der sich, als wir auch auf
die denkwürdigen Jahre 1848 und 1849 und über den
letzten Krieg zu sprechen kamen, schliesslich folgendermaassen vernehmen liess: „Mit e i n e m Worte," sagte er,
„kein Volk auf der Welt versteht die Kunst, eine günstige Lage der Dinge sich gründlich zu verderben, so
gut, wie ihr Deutsche. Ja, im Schwärmen, im Festefeiern,
im Redenhalten und gelegentlich auch im Schimpfen
auf uns leistet ihr was Tüchtiges, das muss man gestehen. Wenn es aber auf's Handeln ankommt, wenn
ihr in einer nationalen Frage Entschluss und *vastbe-
radenheid*, ich meine — Entschiedenheit und Festigkeit
an den Tag legen sollt, dann wissen wir schon voraus,
wie's endigen wird — wie das Hornberger Schiessen.
Das haben wir im Jahre 48 gleich prophezeit. Da
hattet ihr das Heft in Händen, habt aber, statt zu
handeln, ellenlange Reden gehalten, ganze Abhandlun-
gen vorgelesen u. s. w. Darum stünde es euch jetzt
auch weit besser an, dass ihr dem Manne, der die
Kraft und den Muth besitzt, sich an den sausenden
Webstuhl der Zeit zu setzen und allein ein Stück
eurer Geschichte zu weben, statt zu fluchen, höchlich
danktet, dass er euch der Mühe des Handelns über-
heben will." — „Ferner," sagte er, „in eurem eigenen
Hause lasset ihr, 40 Millionen, euch nach wie vor von
Euren Ministern, Junkern, Muckern u. s. w. ich weiss
nicht was alles gefallen, seid aber sogleich bereit mit
euren Nachbarn, z. B. den Dänen, Händel anzufangen,
wegen einer Handvoll, wie es hiess, gedrückter Hol-
steiner, oder mit uns, wegen eines Häufchens Luxem-

burger. Da hallet ihr in Berlin zu ihren Gunsten
Volksversammlungen, wo es wohl wieder an schönen
Phrasen und poëtischen Floskeln: „So weit die deutsche Zunge klingt" — es ist, Gott sei bei uns! eine
schöne deutsche Zunge, die Luxemburgische — und
gewiss auch an Scheltworten auf Minheer nicht gefehlt
haben wird. Sogar die Baiern haben sich über ihr
Bier hinaus verstiegen und den Luxemburgern ihre
Sympathie bezeugt, die Hannoveraner aber haben sie
im letzten Krieg schön im Stich gelassen. Mit e i n e m
Worte, immer schiesset ihr über's Ziel hinaus. Fegt
doch zuerst vor eurer eigenen Thüre und lasset eure
Nachbarn in Ruhe. Machet zuerst eurer eigenen Zerrissenheit ein Ende, ehe ihr an eines Andern Zeug etwas flicken wollet." — Was sollte ich dagegen sagen?

Nun, Herr Justizrath, was unsere Zerrissenheit betrifft — davon ist durch den preussischen Ausfall doch
ein gutes Stück verschwunden. Wir gehen ja der Einheit im Galopp entgegen.

Ach, bleiben Sie mir doch mit dem Thema vom
Leibe!

Sie haben Recht, Herr Justizrath. Nein, Herr Kameralverwalter, darin möchte ich Ihnen auch nicht
unbedingt beipflichten. Das ist mir eine schöne Einheit, wo die einen, die Hannoveraner, die Hessen, die
Nassauer und die Frankfurter bei den Haaren herbei-
gerissen und die andern, wie z. B. wir Sachsen, so zu
sagen, mit dem Bajonett auf der Brust zum Bündnisse
gezwungen worden, um von unseren östreichischen
Brüdern gar nicht zu reden, die für immer aus dem
Bunde gleichsam hinausgetreten worden sind.

Aber was haben die Holländer denn an unserem
Charakter auszusetzen?

Nichts Geringeres, als dass sie uns Hochmuth und
kriechendes Wesen zur Last legen.

Wie so? Hochmuth und Kriecherei? Wie soll das
zusammenreimen? Das sind ja Extreme.

Dem Scheine nach, ja, aber in Wahrheit nicht. Da
passen sie sehr gut zusammen. Müssen wir uns den
Vorwurf des Hochmuths gefallen lassen, dann müssen
wir auch das andere Compliment hinnehmen.

Aber ich dächte, Herr Justizrath, das wären zwei
einander ebenso — ich möchte sagen, direct- oder con-
trär-entgegengesetzte Eigenschaften, wie Geiz und Verschwendung.

Nicht doch, Herr Inspector. Mit dem Hochmuth ist
ja nothwendig Geringschätzung Anderer und das An-
sinnen verbunden, dass Andere ihre Achtung gegen
uns durch Wegwerfung ihrer selbst bezeigen sollen.
Der Hochmüthige verräth demnach immer auch eine
geheime Niederträchtigkeit, da er andern nicht ansin-
nen würde, sich in Rücksicht auf ihn zu erniedrigen,
wenn er sich nicht in veränderten Verhältnissen einer
gleichen Erniedrigung fähig fühlte. Nun mag es nach
dem, wie wir gewöhnlich auf die Holländer aus der
Höhe herabsehen, indem wir sie bald die Chinesen
des Westens nennen, bald des engbrüstigsten Egoismus,
des kleinlichsten Krämergeistes beschuldigen, bald sogar
das berüchtigte „canaux, canards, canaille" aufwärmen, in
Bezug auf den Hochmuth seine volle Richtigkeit haben,
was aber das kriechende Wesen betrifft, so mag das
Meiste bei den Holländern doch wohl auf einem Miss-

verstande beruhen. Kommt nämlich der Holländer dem Deutschen, der ihn nicht näher kennt, steif, eckig, ja wohl gar bäurisch vor, weil er ihm zu wenig Complimente macht, so kommt der Deutsche dem Holländer leicht zu unterthänig und kriechend vor, weil er ihm deren zu viele macht. Z. B. Titulaturen und Redensarten, wie sie bei uns in Briefen üblich sind, als: „Hochgeborner Graf, gnädiger Graf und Herr! Ich eile Euer Hochgräflichen Gnaden pflichtschuldigst Bericht zu erstatten," oder „Hochwohlgeborner Freiherr, gnädiger und hochgebietender Herr! Euer Hochfreiherrlichen Gnaden haben mein unterthänigstes Gesuch in Gnaden stattfinden lassen," — „ich ersterbe in tiefster Ehrfurcht," oder wenn einer statt: Empfehlen Sie mich Ihrer Frau Gemahlin und Fräulein Tochter, schreibt: „Legen Sie mich Ihren Damen zu Füssen" u. dergl. — das lässt sich gar nicht in's Holländische übersetzen, und bei der Anrede: „Allerdurchlauchtigster, Grossmächtigster König, Allergnädigster König und Herr!" kann kein Holländer sich des Lächelns enthalten.

Wie lautet denn bei ihnen solch eine Anrede.

Mit einem Worte: „Sire!" Bei Bittschriften aber bleibt auch das weg und wird bloss obenhin gesetzt: „An seine Majestät den König!" und unmittelbar darunter: *„Geeft met verschuldigden eerbied te kennen N. N., dat* —" u. s. w. folgt der Inhalt des Bittschreibens. Und die Schlussformel lautet: *„'t welk doende enz. N. N.;"* weiter nichts.

Und dieses *'t welk doende?* Was soll das bedeuten?

Das heisst eigentlich und ursprünglich: *„hetwelk doende, zult gij wel doen,"* d. h. mit andern Worten,

wenn Eure Majestät das thun, um was ich bitte, dann
werden Eure Majestät wohl thun. Unter Tausenden
weiss aber jetzt kaum einer, dass diese Worte das
ursprünglich bedeutet haben. Jetzt sind sie zur blossen
Schlussformel geworden, etwa wie bei uns in gewöhnlichen Briefen das „Mich damit u. s. w."

Nun, das ist Alles kurz genug.

Dieselbe Einfachheit herrscht auch in der Sprache des
Umgangs. Hat z. B. einer in Holland einem angesehenen
Herrn eine Bitte vorzutragen und der Herr erscheint,
dann kann er so anfangen: „*Uw dienaar, Mijnheer! Neemt
mij niet kwalijk,* d. h. nicht übel, *dat ik u een oogenblik lastig val. Ik heb een verzoek,* ein Gesuch, *aan
u.*" — „*En dat was?*" lautet die Antwort. Oder, wenn
man in Rang und Stand dem Herrn näher steht, dann
sagt man etwa: „*Uw dienaar, Mijnheer N.! Hoe vaart
gij? Doe ik u ook voor een oogenblik belet?*" d. h. haben
Sie ein paar Augenblicke für mich? *Ik wilde u iets
verzoeken;*" und dann lautet die Antwort: „*Neemt plaats,
Mijnheer.*"

Nun, mehr sagen wir ja auch nicht.

Nicht mehr? — Dann will ich Ihnen einmal ein
Exempel und Muster vom Gegentheil mittheilen, womit letzthin ein junger Candidat seine Bitte um meine
Verwendung für ihn eingeleitet hat. Der fing so an:
„Gehorsamster Diener, Herr Justizrath! Darf ich mir
die Freiheit nehmen, Sie einige Augenblicke mit einem
Ansuchen zu incommodiren? Als ein völlig Unbekann-
ter sollte ich freilich grosses Bedenken tragen, Ihnen
beschwerlich zu fallen, allein ich habe schon so viel
von Ihrer herablassenden Güte und nachsichtsvollen

Denkungsart gehört, dass mein Vertrauen zu Ihrer
gütigen Verzeihung ebenso gross sein muss, als meine
Hoffnung auf Ihre wohlwollende Berücksichtigung der
Bitte, welche ich Ihnen vorzutragen wünsche."

Nun, das war ja nicht übel stilisirt.

Allerdings, und ich muss aufrichtig gestehen, dass
der junge Mann mit seinem Complimente gar keinen
ungünstigen Eindruck auf mich gemacht hat, vielmehr
einen ebenso günstigen, als er — um in seiner Con-
struction zu bleiben — auf einen Holländer gewiss
einen ungünstigen gemacht haben würde.

Warum, Herr Justizrath?

Weil das eben in seinen Ohren entweder zu unterthänig oder zu schmeichlerisch klänge und alle Unter-
thänigkeit und Schmeichelei ihm zuwider ist. Dieser
unser gedrechselter Complimentenstil, nebst unserer
pflichtschuldigen, in seinen Augen aber ebenfalls zu
submissen, Haltung im Umgange mit Höhergestellten,
trägt gewiss das Meiste zu dem ungünstigen Urtheile
bei, das er in Bezug auf unsern Character über uns
fällt. Nur allzu leicht hält der Holländer eine solche
captatio benevolentiae, wie die meines Candidaten, für
flikkeflooierij, d. h. für Fuchsschwänzerei, und die de-
müthige, devote Haltung, in welcher er sie vorbrachte,
für Kriecherei.

Aber das ist es ja doch eigentlich nicht. Man wirft
sich ja beim Gebrauche solcher und ähnlicher Höflichkeitsformeln und Anstandsgebärden noch nicht
weg, wenn sie auch etwas unterthänig lauten und
aussehen.

Natürlich. *Verba valent sicut nummi.* Jeder weiss ja,

was der Cours solcher Worte ist, wie weit sie wörtlich oder nicht aufzufassen sind.

Das ist ja lauter Mode und Convenienz. Darin möchten uns die Holländer doch Unrecht thun, Herr Justizrath.

Gut. Aber eben darum haben auch wir unsererseits
wieder das Recht nicht, den Holländern darum, weil
es bei ihnen die Mode mit sich bringt, der *beleefdheid*,
ich meine — der Höflichkeit zu Liebe nicht so viel
Worte zu verlieren und die Farben des guten Schicks
nicht so hoch aufzutragen, das vorzuwerfen, was unter
andern im „Conversations-Lexicon" von ihnen gesagt
wird, nämlich, dass sie weniger mit der feinern Lebensart vertraut seien.

Das ist freilich auch wieder kein Compliment.

Wenn bei uns eine Dame ihre Schmachtlocken oder
ihren von vorne zerzausten, von hinten ausgekämmten
Chignon eine Elle lang über den Rücken hangen lässt,
wie ein Curassier seinen Rossschweif, eine Holländerin
dagegen sich mit einer halben Elle begnügt, so können
darum beide dennoch gleich fein frisirt sein. Viel
Worte machen und mit ausgesuchten Phrasen um sich
werfen, macht ja den guten Ton nicht aus, und auch
das Ceremoniöse und Geschniegelte thut es ja nicht.
Im Gegentheil pflegt man sich ja in den Kreisen, wo
der feinste Ton herrscht, in Hinsicht auf Ceremoniell
und Phraseologie gerade auf ein sehr geringes Maass
zu beschränken und sich in Worten sowohl als in Ge-
bärden immer am freiesten und ungezwungensten gehen
zu lassen. Und dasselbe habe ich auch immer in
Holland gefunden. Nein, wenn irgendwo, so weis man

dort, was zur feineren Lebensart gehört. Es müsste ja auch wunderlich zugehen, wenn ein Volk, das einmal solch einen hohen Rang unter den Nationen Europa's eingenommen hat, das sich solch eines bedeutenden Wohlstandes erfreut, und sich desselben nicht erst seit heute und gestern erfreut, das nicht aus einem zusammengewehten Haufen von Abenteurern und Parvenu's besteht, die gestern hinter dem Schubkarren gelaufen haben und heute in einer Equipage sitzen, das an der grossen Heerstrasse des Weltverkehrs wohnend, mit aller Welt in Berührung kommt, Reisende aus allen Weltgegenden bei sich ein- und ausziehen sieht und das selbst gerne reist, wo von jeher auf die Erziehung und Bildung der Jugend, und nicht am wenigsten auf ihre äussere, auf den Schliff, die sogenannte Politesse, die grösstmögliche Sorgfalt verwendet wurde und noch verwendet wird, wenn die ihren Nachbarn an feinerer Lebensart nachstehen sollten. — Sonderbar, dass wir in unserm Urtheil über die Holländer immer so ungerecht sind. Wir sind immer zehnmal eher geneigt, den Franzosen und den Engländern Gerechtigkeit widerfahren zu lassen, als ihnen. Hat es doch beinahe den Anschein, als wollten wir sie recht geflissentlich zu Feinden machen. Und wir könnten doch die besten Freunde an ihnen haben. Denn so wie ich die Holländer kennen gelernt habe, bin ich überzeugt, dass sie jeden Beweis von Zuneigung unsererseits mit einem zwiefachen ihrerseits beantworten würden.

Aber die Holländer machen es ja mit uns auch nicht besser, Herr Justizrath.

Wie so?

Wir stehen ja, wie Sie selbst sagen, bei ihnen auch nicht sonderlich gut angeschrieben.

Das danke Ihnen der Kukuk! Wir machen es auch darnach. „Die Leute halten nicht auf mich," sagte Eulenspiegel, „ich verdiene es aber auch nicht um sie." Dasselbe könnten auch wir von uns sagen, wenn von der Abneigung der Holländer gegen uns die Rede ist. Unsere ewigen Sticheleien und Witzeleien auf „Minheer" — wiewohl — dabei zucken sie höchstens die Achseln, und, so viel ich weiss, hat es noch keiner für der Mühe werth gehalten, die Feder zu ergreifen und darauf zu antworten, aber wenn es geschieht — und das ist leider, zu unserer Schande muss ich es sagen, schon mehr als einmal vorgekommen — dass Leute hinterher über sie spotten, die Jahre lang ihrer Gastfreundschaft, ihres Zutrauens und Wohlwollens genossen haben, dann sind sie freilich so gutmüthige Narren auch nicht, dass sie die Niederträchtigkeit solch eines undankbaren, perfiden Betragens nicht von ganzem Herzen verabscheuten und sich darüber ärgerten.

Und das von Rechtswegen.

Das meine ich auch, Herr Justizrath. Wem sollte da die Galle nicht überlaufen? Und da muss eben wahrscheinlich auch wieder der Unschuldige mit dem Schuldigen leiden.

Wie verstehen Sie das, Herr Inspector? — Dass man es unsere in Holland ansässigen Landsleute entgelten liesse? Als ob die Deutschen in Holland nicht wohl gelitten wären? — Keineswegs, nicht in der Ferne.

Auch solcherlei Kränkungen können dem Edelmuthe der Holländer keinen Eintrag thun. Dessenungeachtet schätzt und liebt man den Deutschen, den man von guter Seite kennen gelernt hat, im Lande ebenso sehr, wie jeden Eingebornen auch, und macht selbst, wie unter andern die vielen an höheren und niederen Lehranstalten angestellten Deutschen bezeugen können, in keinerlei Hinsicht, z. B. bei Besetzung von Aemtern, wenn sie sich einmal da eingebürgert haben, den geringsten Unterschied zwischen ihnen und den eigenen Landsleuten. Aber den Deutschen im Allgemeinen, der Raçe, so zu sagen, ja, der ist man eher abgeneigt, als geneigt; aber auch nicht weiter, nicht mehr. Wenn daher S c h e r r in seiner allgemeinen Geschichte der Literatur und die „Kölnische Zeitung" der letztverflossenen Jahre behaupten, die Holländer seien gegen die Deutschen feindselig gesinnt, dann ist das in Bezug auf S c h e r r eine höchst sonderbare Behauptung, in Bezug auf die „Kölnische" aber eine Insinuation, die einen in Versuchung bringen könnte, an die Taktik derer zu denken, die ihren Feind, ehe sie ihn anfallen, erst gehässig und verächtlich zu machen suchen. Es ist wahr, die Holländer fühlen, wie gesagt, keine Sympathie für uns, ihre stammverwandten Brüder, und haben, wie ich Ihnen soeben auch gesagt, auch gar keine Ursache, in uns verliebt zu sein, aber die „feindselige Gesinnung" muss ich entschieden zurückweisen, denn nicht allein habe ich selbst niemals die geringste Spur davon entdeckt, sondern auch von allen meinen dortigen Freunden, die meist schon eine geraume Zeit im Lande wohnen, habe ich nie mit einer Silbe darüber klagen hören. Ueberdiess irrt sich Scherr auch darin gewaltig, dass er den Grund dieser, wie er meint, feindseligen Gesinnung der Holländer zum Theil in derselben Gesinnung ihres berühmten Dichters Bilderdijk sucht, der um die Wende dieses und des vorigen Jahrhunderts gelebt hat. Dieser Dichter, der die deutsche Literatur mit dem verknöcherten Hasse eines Hypochonders gehasst habe, der habe den Holländern grossentheils diese feindselige Gesinnung eingeflösst. Ein komischer Einfall. Das kann, gesetzt auch, es hätte mit der feindseligen Gesinnung seine Richtigkeit, schon darum nicht wahr sein, weil es diesem Dichter bei seinen Landsleuten gerade so gegangen ist und noch geht, wie unserem Klopstock bei uns, dass er nämlich zwar von Jedermann himmelhoch erhoben, aber von Niemand gelesen wird. Von meinen vielen Bekannten in Holland kannte ihn wenigstens keiner weiter, als beim Namen. Ja ein oder das andere Gedicht hatten sie hie und da, vielleicht in einer Anthologie gelesen, von seinen prosaischen Werken aber — und in diesen müssten die Invectiven gegen uns stehen — wusste mir niemand etwas zu sagen. Nein, statt die Schuld bei den Holländern zu suchen, sollte man lieber zuerst bei uns nachfragen. Dann könnte man, wenn nun doch einmal einzelne Personen die Schuld tragen sollen, diese zu Dutzenden bei uns finden. Dann hatte Scherr unter andern sich selbst zuerst fragen sollen, ob denn die Holländer, denen seine Literaturgeschichte zu Gesichte kommt, worin er mit bitterer Ironie nicht nur über einen ihrer bedeutendsten und beliebtesten Schriftsteller, sondern auch über sie im Allgemeinen spricht, das nur so lammherzig hinnehmen können, ohne sich dadurch tief gekränkt zu fühlen. Dann braucht man, um von früheren, z. B. von Wienbarg u. A., nicht mehr zu reden, nur an die „Kölnische Zeitung" und den „Kladderadatsch" zu denken. Wie hatten es die zur Zeit der Luxemburgischen Affaire auf die Holländer versehen! Aber das Alles ist noch nichts bei dem, was einer der guten Freunde in Berlin — und wenn ich mich recht entsinne, war es sogar im Norddeutschen Parlement — sich zu sagen erfrecht hat: da man keine Kolonien habe, so müsse man eben auch Holland annectiren! — Da mag der Teufel gut Freund bleiben! — Ja, dass sie's darnach gelüstet, nach solch einem fetten Bissen, ja, das glaube ich gerne, und dass sie den Wunsch es zu besitzen, laut werden lassen, das ist verzeihlich — schon Varnhagen van Ense in seinen Tagebüchern hat so ein Wörtchen darüber fallen lassen; aber dass ein Abgeordneter sich so weit vergessen und in solch einer Versammlung, alles Gefühl für Recht verläugnend, es wagen kann, solch einen, an einem friedlichen Nachbar zu verübenden Raub zur Sprache zu bringen, das ist unverzeihlich.

Allerdings, Herr Justizrath, ganz richtig!

Wo soll da eine freundschaftliche Gesinnung herkommen, wenn man so von sich sprechen hört?

Ja, solche Freunde können mir auch gestohlen werden.

Und Holland preussisch! Das wolle Gott verhüten.

Das gäbe Mord und Todtschlag, vom Morgen bis zum Abend. Wenn's noch sächsisch oder schwäbisch wäre — ich bin überzeugt mit Ihren Landsleuten und mit uns

vertrügen sich die Holländer sehr gut; auch mit den
Rheinländern würden sie sich leicht ,verbrüdern; aber
das ächt-preussische Regiment, das straffe, rücksichts-
lose Commando — das ginge nie und nimmermehr gut.

Nun, das steht ja noch im weiten Felde.

Ist zu hoffen.

Das wäre ja eine förmliche Usurpation, die mit gar
nichts zu entschuldigen wäre.

Das meine ich auch. Einen friedlichen Staat und
einen Staat, der eine so ruhmreiche Vergangenheit
hat, nur so mir nichts dir nichts aus der Reihe der
selbständigen Staaten streichen zu wollen — da würden doch gewiss die andern europäischen Grossmächte,
vorab Russland, das in Bezug auf Holland ein dank-
bareres Gedächtniss hat, als andere, auch ein Wort
drein reden. Und in jedem Falle wäre es ja noch lange
so gewiss nicht, dass Preussen bei einer Annexion Hollands auch das bekäme, was es dabei hauptsächlich
im Auge hätte, die schönen holländischen Kolonien.
Da wäre es ja gar nicht unmöglich, dass die Engländer oder die Franzosen oder die Nordamerikaner —
um der preussischen Gais den Schwanz nicht zu lang
wachsen zu lassen — ihnen diese Kolonien vor dem
Munde wegnähmen, vorläufig im Namen der Holländer
in Verwahrung, schlimmsten Falls in Besitz. Was
hätten die Preussen aber an Holland allein? — Nichts
anderes, als was die Oesterreicher an Venedig gehabt
haben und die Engländer an Irland haben, einen Block
am Beine. Auch darf man, gesetzt, dass es je einmal
geschehen sollte, dass Preussen seine Hand nach den
Niederlanden auszustrecken wagte, darauf gefasst sein,

dass die Niederländer sich nicht *zonder slag of stoot*, d. h. ohne Schwerdtstreich, werden annectiren lassen. Ob sie freilich jetzt noch im Stande wären zu thun, was sie schon einmal in der Verzweiflung Vorhabens gewesen, nämlich die Seedeiche durchzubrechen, ihr Land den Meereswogen Preiss zu geben und ein neues Vaterland zu suchen, das weiss ich nicht, aber so weit kenne ich die Holländer, so phlegmatisch sie auch sein mögen, wenn es sich um Freiheit und Unabhängigkeit, um König und Vaterland handelt, dann sind sie jeder Aufopferung, jeder Anstrengung, jedes Wagnisses fähig. Einen leichten Stand wird man mit ihnen gewiss nicht haben. „Lieber türkisch, als papistisch!" war einmal ihr Wahlspruch — auf dem Dache des Leidner Rathhauses sieht man noch auf einigen zur Verzierung dienenden thurmförmigen Spitzen kleine aus jener Zeit herrührende Halbmonde als Wahrzeichen — *„liever turksch dan paapsch!"* Dann hiesse es, wo nicht: Lieber versoffen, als preussisch, doch gewiss: „Alles lieber, als preussisch! Dann noch lieber, wenn es nicht anders sein kann — französisch!"

Aber ich glaube nicht, Herr Justizrath, dass man in Berlin jemals daran gedacht hat, auch Holland annectiren zu wollen.

Ich auch nicht.

Und hoffentlich wird man auch niemals daran denken. Indessen ist es schon nicht angenehm, einen so streitfertigen Nachbar neben sich zu haben, der bei jeder Gelegenheit, weil er zehnmal stärker ist, die Faust erheben und dreinzuschlagen wenigstens drohen kann, und wenn er einmal wirklich Händel anfangen will, leicht in der Nachbarschaft einen Vorwand vom Zaune brechen kann. Man ist darum auch in Holland, wie überall, auf seine Vertheidigung gegen den Störefried bedacht, und darum jetzt, seit dem letzten Krieg und seit der Luxemburger Affaire auf die Preussen — aber, wie gesagt, nicht auf die Deutschen im Allgemeinen — nicht gut zu sprechen. Ist es ja doch schon ärgerlich genug, dass man sich, eigentlich um nichts und wieder nichts, bloss um eines gefährlichen Nachbars willen, in Vertheidigungszustand und in Kriegsbereitschaft setzen, und, ohne auch nur in der Ferne an Krieg gedacht zu haben oder je denken zu wollen, Millionen, die zu weit besseren Zwecken zu verwenden wären, an Kriegsmaterial verschleudern muss.

Ganz natürlich, Herr Justizrath! Das ist ja auch die Stimmung bei uns in Deutschland im Allgemeinen. — Sie wollten so eben von der deutschen Einheit oder Einigung sprechen, Herr Kameralverwalter — die Aspecten sind — wenn ich mich nicht sehr irre — keineswegs darnach. Man braucht nur auf die erfreulichen Anzeichen dieser Einheit und Cordialität zu achten, auf die allseitigen Rüstungen, wodurch ganz Deutschland in ein grosses Uebungslager verwandelt zu sein scheint; überall ein, ich möchte sagen, fieberhafter Drang zur Einholung des früher Versäumten, zur Beschaffung möglichst besten Kriegsmaterials, zur Erfindung möglichst schnell wirkender Vertilgungswerkzeuge, zur Verstärkung der Heere und Verbesserung der Heeres-Einrichtungen u. s. w.

Ganz richtig, Herr Inspector! In den nächstfolgenden Jahren wird Deutschland eine grosse Kaserne und unser Volk, das sich so gerne ein Volk von Denkern nennen hörte, ein Volk von Soldaten sein. Hatten wir früher lustige Turner- und Schützenfeste, so bekommen wir jetzt Exercir- und Manövrir-Uebungen nach preussischem Schnitt, an welchen kein ordentlicher Mensch Freude haben kann. Mich wenigstens ekelt Alles an, was auch nur in der Ferne an den Krieg erinnert. Statt darauf bedacht zu sein, wie man ihn für immer unmöglich machen könnte, scheint er jetzt erst recht in die Mode kommen zu müssen. Da haben Sie z. B. die allgemeine Dienstpflichtigkeit, die jetzt überall nach dem Muster Preussens, eingeführt wird! Früher konnte, wer am Gamaschendienst und Kasernenleben keinen Gefallen hatte, sich freikaufen; jetzt aber soll jeder das Metzgerhandwerk lernen.

Und doch, Herr Justizrath, — das ist ja gerade das beste Mittel zum ewigen Frieden zu gelangen, dass man sich, und zwar das ganze Volk bis zum letzten Mann, in eine Verfassung setzt, die seinem Nachbar Respect einflösst.

Sie wollen sagen, die alte Regel lautet: „*Si vis pacem, para bellum*" [1]. Eine traurige Nothwendigkeit! Denn das Respecteinflössen — was kostet das! Das ist ja fast noch ärger, als der Krieg. Der nimmt doch einmal ein Ende, die Respecteinflösserei aber ist eine ewige Auszehrung. Wie können Sie doch so etwas in Schutz nehmen? Was sagen Sie dazu, Herr Inspector?

Was mich betrifft, Herr Justizrath — ich möchte allerdings —

---

[1] Wenn du Frieden willst, so rüste dich zum Kriege.

Lassen Sie mich nur gefälligst ausreden. Ich will ja
die formidabeln stehenden Heere nicht vertheidigen,
die des Landes Mark verzehren. Im Gegentheil. Gerade
weil ich diese so viel wie nur immer möglich verrin-
gern und dem Soldaten-H a n d w e r k ein Ende machen
möchte, stimme ich für die allgemeine Dienstpflichtigkeit. — Ueberdiess möchte ich Sie noch auf eine andere gute Seite derselben aufmerksam machen.

Und die wäre? Haben Sie wieder einen Standpunkt?

Nein, aber ich habe einen Neffen, der ist Hauptmann
beim dritten Infanterieregiment, der meint, obschon
er sonst nichts weniger, als preussisch gesinnt ist, wir
könnten den Preussen nicht genug danken, dass sie
die Veranlassung geworden sind, eben die allgemeine
Dienstpflichtigkeit überall hervorzurufen. „Jetzt," sagte
er, „dient da, wo das Einstehersystem besteht, nur
die geringste Volksklasse, daher beim meisten Militär
ein Geist der Rohheit herrscht, der abscheulich ist.
Das soll sich auch wieder im letzten Kriege gezeigt
haben. Wo die Baiern oder die Hessen hinkamen, als
gute Freunde, da sollen die Leute noch schlimmer
daran gewesen sein, als wenn sie die Preussen, ihre
Feinde, in's Quartier bekamen.

Wie so? Wie kam das?

„Das kommt daher," sagte mein Vetter, „bei den
Preussen dient Jedermann und so sind ihre Regimenter
aus Leuten alles Ranges und Standes zusammenge-
setzt. Kommen nun ihrer drei oder vier zusammen
irgendwo in's Quartier, dann ist leicht ein anständiger
Mensch darunter, der unter seinen Kameraden seines
besseren Standes und seiner Ueberlegenheit in Kennt-

nissen halber so viel Ansehen und Einfluss hat, auch
ohne eine Charge zu bekleiden, dass die Andern sich
hüten, in seiner Gegenwart etwas Ungebührliches zu
thun, oder ein einziges Wort von ihm ist hinreichend,
sie von Rohheiten abzuhalten. Dagegen bei den andern —
um nur ein Beispiel aus den vielen, die mir mein
Neffe erzählt hat, anzuführen — da kommt einmal
im letzten Kriege ein Haufe, ich weiss nicht mehr
waren es Baiern oder Würtemberger oder Hessen, in
ein hessisches Dorf, und stürmt in ein Wirthshaus
hinein, bestellt ein ganzes Fässchen Bier nebst Eiern,
Brod u. s. w., sauft drauf los, bis sie so ziemlich betrunken sind, und wie sie nicht mehr essen, noch trinken können, werfen sie einander mit den Eiern, verschütten das Bier muthwillig und stossen am Ende
gar den Zapfen aus dem Fass und lassen das Bier auf
den Boden laufen.

Die Schlingel!

Zuletzt, als es an's Bezahlen gehen sollte, was thaten
sie? — da fangen sie, wie das wohl geschieht, wenn
man nicht gesonnen oder nicht im Stande ist, zu bezahlen, zum Scheine Händel an und werfen einander
zur Thüre hinaus und ziehen ab. Aber als die zwei
letzten sich ebenfalls auf diese Weise abführen wollten, stellt sich der Wirth unter die Stubenthüre und
verlangt die Bezahlung der Zeche, und als sie in bar-
schem Tone antworteten, sie hätten nichts bestellt,
sondern die Andern, da ruft der Wirth einen vorübergehenden Lieutenant von diesen Marodeurs zu Hülfe.

Also zu Hülfe gegen seine eigenen Verbündeten.

Der Lieutenant kommt auch mit seinem Schleppsä-

bel hereingerasselt und fragt einen der Kerle nach
seinem Namen, bekommt aber keine Antwort, und wie
er zum zweitenmal fragt, guckt ihn der Kerl nur über
die Achsel an, mit dem unverschämtesten Gesicht von
der Welt. Erst beim drittenmal, wobei der Lieutenant
mit einem Kreuzdonner-etcetera seinen Säbel klir-
rend auf den Boden stösst, nennt er sich Schwärmle
oder so etwas. „Und du?" fragt der Lieutenant den
andern, „wie heissst du?" — „I heiss grad wie der,"
und damit standen sie auf und torkelten zur Thürr
hinaus, und liessen den Lieutenant stehen „in seines
Nichts durchbohrendem Gefühle" und mit seinem ein-
gekniffenen Glas im Auge, und wahrscheinlich hat der
Wirth nie einen Kreuzer bekommen, sind die Schlingel auch nie zur Strafe gezogen worden und der Lieutenant wurde ohne Zweifel hintendrein von ihnen noch
brav ausgelacht.

Eine schöne Mannszucht!

So etwas, sagte mein Neffe, ist gewiss bei der preussischen Armee unerhört. Es ist darum, was die allgemeine Dienstpflichtigkeit betrifft, eine zwar missliebige,
weil unerbetene, und überdiess sehr kostbare Lection,
die wir von den Preussen in diesem Punkte bekommen
haben, aber eine sehr nützliche, in ihren Folgen un-
schätzbare.

Ja, in so fern mögen Sie Recht haben, wenn Sie
die allgemeine Dienstpflichtigkeit in Schutz nehmen.
Dadurch kann allerdings solcher Rohheit und Zügel-
losigkeit einigermaassen gesteuert werden.

Und, um nun noch einmal auch auf unsere zu-
künftige Einigung und Einheit zurückzukommen —

Ach was Einheit! Gehen Sie mir doch mit Ihrer
Einheit. Es ist Ihnen ja doch nicht Ernst damit.

Nein, mein voller Ernst.

Nun, und mein voller Ernst ist, dass ich dafür halte,
dass die Kluft zwischen Norden und Süden noch niemals so weit gewesen ist, als im Augenblicke, und selbst
so, dass es mich gar nicht wundern sollte, dass, wenn
die Franzosen heute über den Rhein kämen, ganz Süd-
Deutschland sie mit offenen Armen empfinge, nur um
den Preussen ihren ungebetenen Besuch von letzthin
heimzugeben und auch einmal aufzutrumpfen. Was sagen Sie dazu, Herr Inspector?

Ich weiss nicht, Herr Justizrath, ich möchte doch —
Sie verzeihen — das wäre doch —

Da müssten wir ja alles Gedächtniss verloren haben.
Sich den Franzosen in die Arme werfen, das wäre ja
doch die Blindheit des Hasses selbst. Uebermuth ist
Uebermuth, aber ich ertrage doch lieber etwas preussischen, als den Hohn des französischen. Der Himmel bewahre uns zum zweitenmal vor solch einem Protectorat!

Und haben wir die Franzosen einmal im Lande,
dann sind wir ihrer nicht so bald wieder los. Nein,
Herr Justizrath, auch ich möchte —

Ach, kein vernünftiger Mensch kann darnach verlangen. Wir müssen nur die Sache von einem allge-
meineren Standpunkte aus betrachten, nicht von dem
unseres — wie wir es gewöhnlich lächerlicher Weise
nennen — engeren Vaterlandes.

Ach was Standpunkt! Der einzig wahre Standpunkt
ist der, dass wir nicht preussisch werden wollen.

Aber warum denn nicht? Wären wir nur erst Alle

preussisch! Ist nur einmal das Ganze da, haben wir
nur einmal ein Haupt und ein Parlament, lösen sich
nur einmal alle die particularistischen Sonderstaaten-
Interessen in einem allgemein-deutschen auf, dann
geht's mit dem Preussenthum von selbst zu Ende. Dann
wollen wir Süddeutschen uns schon gelten lassen und
den preussischen Uebermuth schon herabstimmen. Ohne
Preussen kommen wir aber nie zum Zweck. Erst Preussisch, dann Deutsch. Darum haben wir ja auch im
Jahre 49 dem Könige von Preussen die Kaiserkrone
angeboten. Nicht wahr? Wir schwärmen immer für ein
einiges Deutschland, wir seufzen immer über unsere
Zerstückelung und Kleinstaaterei, wir haben immer
den Bundestag in Grunds Boden hinein verflucht und
Oesterreich den Krebsschaden am deutschen Staats-
körper genannt — ist's nicht so?

Allerdings; das können wir nicht läugnen.

Je nun — und da kommt jetzt der König von Preussen und thut einen herzhaften Griff nach dem, was
sein Vorgänger nicht anzunehmen gewagt hat, vielleicht
auch nicht aus den Händen des Volkes, das nicht von
Gottes Gnaden ist, hat annehmen wollen, und führt
uns auf seine eigene Faust —

Indem er drei andere ebenso gottesgnädige, wie er,
verjagt!

Ein paar tüchtige Schritte weiter auf der Bahn der
ersehnten Einigung —

Des Preussenhasses, wollen Sie sagen.

Und bringt einige seiner Collegen und vor allen
Dingen den, dessen Streben es zu jeder Zeit gewesen,
mit Hülfe seiner Vasallen jeden politischen Fortschritt

in Deutschland zu hemmen und seinen Nebenbuhler im Reiche niederzuhalten, zum Schweigen — da schreit Alles Zetermordio über den Usurpator und klammert sich mit beiden Händen an seinem eigenen Herrchen fest. Das mag nun zwar ächt-deutsch sein, beweist aber gewiss wenig politischen Verstand in Anbetracht des grossen Ganzen. Wollen wir das Eine, dann müssen wir auch das Andere wollen. Einer nur kann Kaiser sein im Reich, und da kann natürlich keine Rede sein von einem Reuss-Schleiz-Greizer und wäre er der XXXste, noch von einem Waldecker oder Lichtensteiner; aber auch von keinem Zähringer, Wittelsbacher oder Welfen und auch von keinem Habsburger, sondern nur von Preussen. Das kann doch kein Mensch in Abrede ziehen, dass der mächtige, aufgeklärte, kräftige und rein deutsche preussische Staat die meiste Anwart-schaft auf die Ehre hat, an Deutschlands Spitze zu treten, nicht aber das zu zwei Dritteln aus Slawacken, Czechen, Polacken, Magyaren, Croaten und andern gegen das deutsche Element feindselig gesinnten Völ-kerschaften bestehende Oesterreich. Allerdings:

> „Das liebe, heil'ge römische Reich,
> Wie hält's nur noch zusammen?

Und das soll uns zur Einheit verhelfen? — Nein, ich wiederhole es — Preussen! Möge es darum nur bald gelingen, dass die Gemüther im Süden und Norden sich versöhnen, dann gehen wir einer schönen Zukunft entgegen — ein Kaiser, aber natürlich kein erblich preussischer — ein Fürstenhaus und ein Parlament, in welchem alle deutschen Stämme vergegenwärtigt sind. Dann nehmen wir unter den europäischen Staaten jenen providenziellen Rang ein, der uns von der Geschichte unzweifelhaft zugewiesen ist, den Rang eines wahrhaften Kulturstaats, blühend und stark durch die Künste des Friedens und weltbeherrschend durch das Beispiel von Bildung und Aufklärung, auf deren Grundlage alle privaten und öffentlichen Verhältnisse naturgemäss ruhen.

Schön gesprochen, Herr Landsmann!

Und hoffentlich, auch wahr! Jedenfalls ist das meine innigste Ueberzeugung. — Und dann können wir mit der ganzen Welt in Frieden leben; denn wer wird uns dann etwas anhaben wollen?

In Frieden, sagen Sie? — Allerdings wird uns dann niemand etwas anhaben wollen. Aber werden w i r nicht allerlei haben wollen? *Exempli gratia:* den Elsass, Luxemburg und Limburg, und *en passant* auch Holland und seine Kolonien und andere Stückchen der Art mehr, so weit die deutsche Zunge klingt? Ach, Herr Landsmann, ehe das tausendjährige Reich und der ewige Frieden anbricht? — Was sagen Sie dazu, Herr Inspector?

Was soll ich dazu sagen, Herr Justizrath? — Der Herr Kameralverwalter meinen es allerdings sehr gut mit uns.

Und sein nunmehriger Standpunkt ist allerdings erhabener, als seine bisherigen, nur will es mich eben bedünken, als hätte derselbe viele Aehnlichkeit mit dieser missrathenen *ommelette soufflée* da, die, an die Luft gebracht, zusammengesunken ist. Das *tertium comparationis* können Sie selbst finden.

Freilich, wenn Alle so dächten, wie Sie! Wenn es
lauter solche Pessimisten gäbe, dann —

Gäbe es wenigstens nicht so viele Utopisten. — Aber
wissen Sie was? Wir wollen dieses leidige Thema
lieber vorläufig aufgeben. Ich halte auch sonst nicht
auf's Kannegiessern; Sie gewiss auch nicht, Herr Inspector? — Darum lassen Sie uns lieber noch etwas
von Ihrer Londoner Restauration hören. Viel Erbauli-
ches ist davon zwar auch nicht zu erzählen, wie es
scheint, aber immer noch Besseres, als von der deutschen Politik. Damit verdirbt man sich den Appetit
ganz und gar.

Und zum englischen Tische, meine Herren, ist es gerade so unumgänglich nöthig, einen guten Appetit mitzubringen.

Und wahrscheinlich einen ebenso guten Magen, als
zur Verdauung der Politik meines Herrn Landsmanns.

Nun — dann war es ja recht am Orte, dass wir
zuerst über Politik gesprochen.

Wie? Wollen Sie wieder von vorne anfangen?

Ich? Ganz und gar nicht. Nein Sie! Sie ziehen ja
die Politik wieder bei den Haaren herbei. Ich will
bloss sagen, wenn die Kannegiesserei etwas Aerger
mit sich führt, dass sie dann doch den Nutzen hat,
die Verdauung zu befördern.

So?

Ja, denn Aerger reizt die Galle, und je thätiger die
Galle ist, desto leichter geht die Verdauung von Statten. Darum pflegte ja bekanntlich auch Börne seiner
Zeit jedesmal nach Tisch den französischen Moniteur
zu lesen.

Aber, zur Sache, Herr Inspector, wenn's gefällig ist
Also das Fleisch in jenen Restaurationen taugte nichts
Und das Gemüse auch nicht, und die Kartoffeln auch
nicht.

Was bleibt denn da noch übrig?

Käse.

Was, Käse?

Ja, der berühmte Chesterkäse, und der ist in der
That vortrefflich.

Ist zum grössten Theil aber gefärbter Holländer Käse,
wie man mir in Holland versichert hat. Weil die Engländer nämlich einmal für allemal keinen Käse für gut
halten wollen, es sei denn, dass er eine gewisse schmutzige Orangefarbe habe, so thun ihnen natürlich die
Holländer, die jährlich viele tausend Centner Käse auf
den englischen Markt liefern, gerne den Gefallen und
färben ihren Käse mit diesem oder jenem und machen
Chesterchees daraus.

Nun diesen Pseudochesterchees, wenn ich so sagen
darf, zu dem isst man dann nach Art der Engländer —
was denken Sie wohl? — Salat!

Käse und Salat? — Welch eine sonderbare Combination! — Wiewohl — isst man bei uns in Schwaben
nicht auch Sauerkraut und Stockfisch zusammen? —
Und das geht doch auch gut.

Zudem sollen die Engländer Virtuosen sein in der Sa-
lat-Bereitung. Ich habe mir wenigstens einmal von meinem Freund und Gönner, dem Oberappellationsgerichts-
präsidenten, Freiherrn von Zwingerle, erzählen lassen,
dass es in London Leute gebe, die sich eigens mit
Bereitung des Salats beschäftigen und zur Zeit des

Essens aus einem Hause in's andere gehen, um dieses
Geschäft zu besorgen.

Wohl möglich, Herr Justizrath; aber mir ist nie das
Glück zu Theil geworden, solch einem Virtuosensalat
zu begegnen, und nach dem, was man mir immer in
den Restaurationen zur Anmachung meines Salats ver-
abreichte, darf ich schliessen, dass es da eben überall
auch dieselbe Geschichte sein muss, wie bei uns: Essig
und Oel, Salz und Pfeffer, Senf und, wenn's hoch kommt,
Soja, und ein Paar Eier, dann 'den Salat dazu und
alles gut unter einander gerührt! — es wird eben doch
nichts anderes dabei herauskommen, als Salat. — Und
da haben sie nicht einmal unsern Dragon, Pimpernel
und Mariolan dazu!

Und wahrscheinlich auch unser lieblich duftendes
Schnittlauch nicht? Das kennt man in Holland auch nicht.

Auch in England keine Spur. — So sieht's also in
der englischen Vollblutküche aus, nämlich in den
Restaurationen gewöhnlichen Schlages. An den meisten
Tagen musste ich meinen Hunger mit dem — wie soll
ich sagen? — Kässalat oder Salatkäs stillen. Von den
leichten französischen Entrées und Entremets, von Ra-
gouts, Vols aux vents u. dergl. keine Spur.

Nein, da ist man doch in Holland in den Restaurationen zehnmal besser dran. In Amsterdam z. B., wenn
mir die Zeit zu lang wurde — denn vom Frühstück
bis zum Mittagessen, das man da füglich ein Nachtessen nennen könnte, ist es dort eine Ewigkeit, und
der Kaffee, den sie da um zwölf oder ein Uhr trinken,
taugt nichts für mich, er echauffirt mich zu sehr, da
machte ich auch regelmässig einen Abstecher in eine

der Restaurationen, die da leicht zu finden sind, indem
sie sich beinahe alle im Centrum der Stadt, in der
Nachbarschaft der Börse, befinden. Die meinige, einer
geschlossenen Gesellschaft angehörig, äusserst fashio-
nable und comfortable eingerichtet, hiess „Zeemans-
hoop." Ein paar Mal habe ich aber auch einem „alten
Baron," nein, ich will sagen — „alten Grafen," so hiess
es, die Ehre meines Besuches gegönnt. Da fand ich
den Speisezettel immer reichlich versehen, und das
Essen war recht gut und die Preise sehr mässig. Ich
machte aber in diesen Restaurationen nur meine Zwischenstation zwischen Frühstück und Mittagessen, und
zwar gewöhnlich bloss mit einer Schildkrötensuppe und
einem Glase Madera, oder einem Seekrebs oder einem
Stücke kalten Lachs mit Essig und Oel, oder — um
das Beste zuletzt zu nennen — mit einem neuen Häring. Denn das ist in der That das Herrlichste, was es
geben kann; so ein neuer Häring in seiner Heimath,
mit der Kapuzinerblume im Maul aufgetragen, schmilzt
einem ordentlich auf der Zunge.

Ei?

Ja, der ist allein eine Reise nach Holland werth, und
seitdem ich ihn dort kennen gelernt habe, kann ich
die unsern gar nicht mehr ansehen. Wenn wir sie zu
essen bekommen, dann haben sie ihre besten Tage bereits gehabt.

Und doch giebt's bei uns das ganze Jahr „Neue
Häringe."

Ja, so steht's wenigstens an den Läden geschrieben. —
Zu Mittag aber habe ich in einer Restauration nur
einmal gegessen, denn die Tafel in meinem Hotel war

zu vortrefflich, als dass ich da das Diner hätte versäumen wollen. Warten Sie einmal, ich habe, glaub' ich, noch das Menu vom letzten Diner bei mir; das wollte ich meiner Alten einmal zur Nachachtung mitbringen. Wollen die Herren sich nur einen Augenblick gedulden — es muss hier in meiner Brieftasche stecken — ich werde sogleich serviren. Sehen Sie, hier hab' ich's. Also:

Le Onka russe.

Turbot au Gratin.

Croquettes truffées.

Filet de boeuf à l'Indienne.

Légumes.

Dindonneaux à la Parisienne aux truffes.

Filets de soles sauce Homards.

Poulets à la Villeroi, sauce poivrade.

Darne de Saumon à la Genèvoise.

Laitues aux jus.

Rôti de Cailles de vigne;

Compôte.

Mayonnaise de Homards, salade.

Gelatine de Faisans aux truffes.

Pouding Chateaubriand.

Bavaroise à la Vanille garnie de biscuits glacés.

Macédoine de fraises frappée.

Dessert.

Glace russe.

Nun, Herr Justizrath, ich versichere Sie, da haben Sie es nicht schlecht gehabt.

Nicht wahr?

Und wenn Sie einmal auf den sublimen Einfall ge-

rathen und zu Hause ein Dacapo dieser Symphonie
aufführen wollen und Ihre Frau Gemahlin hat nichts
dagegen, dann brauchen Sie mir nur einen halben
Wink zu geben, dann haben Sie mich.

Gut; ich halte Sie beim Worte. Meiner Nichte zu
Ehren, der Louise, die künftigen Monat heirathet, werde
ich ein Diner veranstalten und da wollen wir denn
sehen, wie weit wir es mit einem Iteretur dieses Re-
cepts da bringen können. Ich habe eine Köchin, die
versteht das Kochen *in de perfectie*, aus dem FF. Ich
darf also auf Ihre Gegenwart rechnen?

Ganz bestimmt, mit allem Vergnügen. Solche Dinge
lasse ich mir nicht zweimal sagen, und ein Wort ein
Wort, ein Mann ein Mann. Sie brauchen mich auch
gar nicht mehr daran zu erinnern. Aber stossen
wir an! Ich gratulire Ihnen zum Voraus zu Ihrem
Gaste.

Bravo! Ihr Wohlsein! — Aber von einem Hochzeits-
mahle gesprochen — warten Sie, ich muss auch noch
das Menu eines Déjeuner dinatoire bei mir haben,
das in Leiden einem Brautpaare zu Ehren gegeben
wurde, und zu welchem ich auch eingeladen war. Ich
habe es der prachtvollen typographischen Ausstattung
wegen bewahrt. So etwas sieht man bei uns auch nicht
alle Tage. Da kommt's. Machen Sie jetzt die Augen
weit auf. O nein, das ist's nicht; das sind ein paar
Gedichte, die ich gleichfalls von Leiden mitgebracht.
Ja, die will ich Ihnen nachher zum Spass auch mittheilen, wenn Sie mich gefälligst daran erinnern wollen.
Aber zuvor noch — wo steckst denn? — da, da hab'
ich's. Sehen Sie — auf Porcellanpapier gedruckt, mit

goldenen Buchstaben, rechts und links in Blumenguir-
landen die Familienwappen der Brautleute, oben das
Wappen der Stadt Leiden, die gekreuzten Schlüssel,
nebst den Symbolen der Wissenschaft und des Han-
dels — die Braut war nämlich eine reiche Kaufmanns-
tochter, der Bräutigam ein junger Gelehrter — und
hier unten, Herr Landsmann — das ist etwas specia-
liter für Sie — Venus und Hymen und ein halbes
Dutzend Amoretten, um einen Altar herumgaukelnd,
auf welchem zwei mit einem Pfeil lardirte Herzen
gebraten werden, und was dergleichen Emblemata und
Symbola mehr sind.

Nur die Wiege fehlt noch.

Aber Sie sind doch ein recht prosaischer Mensch!

So? Ist das prosaisch? Das wusste ich nicht. Ja, wie
gesagt, in diesen Dingen bin ich, alter Hagestolz, ganz
unerfahren.

Darum, *ne sutor ultra crepidam!* ¹) Bleiben Sie lieber
bei Ihrer Politik.

Auch wäre ja eine Wiege ganz gegen das übrige
antike Costüm.

So, Herr Inspector, bekomme ich von Ihnen auch
noch einen Trumpf? — Ja, der Gerechte muss viel leiden.
Nun, dann darf ich wohl auch nicht von den Bass-
geigen sprechen, die die verliebten Leute am Himmel
sehen sollen; die vermisse ich hier auch. Aber wollen
wir nun auch einen Blick in das Innere des Heilig-
thums werfen?

---

¹) Schuster, bleibe bei deinem Leisten.

Aufzuwarten. Da heisst's:

Huitres;

Potage Kary au riz et Potage printanier;

Croquettes de Volaille Mongole;

Filet de boeuf aux laitues braisé;

Du riz sec —

Was? Trockener Reiss? — Was soll der nüchterne Reiss dabei? Saul unter den Propheten.

Ganz richtig, Herr Landsmann; so kam es mir auch vor. Es war aber, wie ich mir habe sagen lassen, einigen Gästen aus Japan zu Liebe geschehen, die bekanntlich grosse Liebhaber dieser Speise sind. Bei denen ist der Reiss das, was bei den Holländern die Kartoffeln sind und bei uns das Brod. Mir aber kann er gestohlen werden.

Mir auch; und Ihnen, Herr Inspector?

Ich möchte ihn, die Wahrheit zu gestehen, auch nicht gerade unbedingt loben.

Wir werden ihm noch ein paar Mal begegnen, dann aber nicht mehr so *in puris naturalibus*, so *spier* —, ich will sagen — fasernackt, sondern anständig gekleidet. Also: *du riz sec;* ferner:

Longe de Veau maréchale:

Salmis de Cailles aux truffes;

Côtelettes de mouton indienne;

Jambon à la jardinière;

Poulet sauté Américain;

Gelatine de Chapon truffé;

Sorbets à l'Impératrice:

Dindonneaux truffés;

Aspic de Saumon ravigotte;

Pouding de riz aux confitures;

Macédoine aux fruits;

Pêche au riz glacé;

Gâteau viennois monté;

Nougat monté;

Glaces au riz glacé à l'Eugénie;

Fraises;

Dessert.

Nun, das klingt wahrlich nicht übel.

Nicht wahr? Das lautet ganz anders, als Salat und Käse, Herr Inspector. Es war aber freilich auch in einem der vornehmsten Häuser der Stadt, *waar men eene goede keuken op nahoudt*, wie man in Holland sagt, wo gut gekocht wird, wo man auf einen guten Tisch hält. Die Holländer sind im Allgemeinen, wenn sie auch, wie das Conversations-Lexicon meint, die feinere Lebensart nicht verstehen sollen, in Hinsicht dieses Punkts jedenfalls feine Leute. Sie verstehen sich auf diese Art von Feinheit meisterlich, und, um sich in dieser Wissenschaft gehörig zu üben und hinter Niemand in der civilisirten Welt unterzuthun, ach was! — zurückzubleiben, meine ich, sind, zumal des Winters, die gegenseitigen Diners und Soupers befreundeter Familien an der Tagesordnung, und auch an Zweckessen ist kein Mangel. Alle solennen Zusammenkünfte ihrer Vereine und gelehrten Gesellschaften u. dergl. werden mit Mahlzeiten beschlossen, und da diese Vereine sehr zahlreich sind, sind auch diese Festmahlzeiten sehr häufig, und — um noch einmal auf den „Mangel an feinerer Lebensart" zurückzukommen — wer eines

Besseren belehrt sein will, der braucht nur einmal gerade solche Zusammenkünfte, z. B. einen internationalen Congress daselbst mitzumachen. Da giebt es Gelegenheit im Ueberfluss sich zu überzeugen, dass die Holländer es in der feineren Lebensart doch immerhin so weit gebracht haben, dass sie die Kunst, Gäste auf eine würdige Weise zu empfangen und zu bewirthen, meisterhaft verstehen, so gut, als Jemand auf der Welt.

Das weiss ich. Davon hat mir mein Schwager in Tübingen, der einmal einen Gelehrten-Congress in Haag mitgemacht hat, Wunder erzählt, wie sie da unter andern mit einem Concert von der weltberühmten Dunkler'schen Grenadiermusik, mit einer Illumination des Haager „Busch's," mit einem Feuerwerk am Curhause zu Scheveningen, mit Spazierfahrten in der Umgegend und mit tagtäglichen Prachtgastmählern seien gefeiert worden. Das müsse Tausende gekostet haben.

Ja, da fällt mir auch die japanische Gesandtschaft wieder ein, die vor sieben Jahren Holland besucht und sich da ungefähr einen Monat aufgehalten hat. Da soll die Bewirthung dieser Gäste die schöne Summe von nicht mehr und nicht weniger als siebenzigtausend Gulden betragen haben!

Potztausend!

Nun da wird auch nicht bloss *du riz sec* gegessen und Klingenberger getrunken worden sein.

Nein. Trotz ihrer gewohnten einfachen Lebensweise zu Hause liessen sich die Herren Japanesen die holländische Tafel vortrefflich schmecken, und auch dem Champagner und Consorten wussten sie bei Zeiten Geschmack abzugewinnen. Nun, dazu fanden sie dort

ebenfalls die beste Gelegenheit. Denn auch in der Wein-
probe sind die Holländer feine Kenner. Sie machen ihre
Studien in diesem Fache aber auch schon frühzeitig.
Es ist dort gar nichts Seltsames, junge Leute, z. B.
Studenten, mit einer Flasche Wein zu zwei, drei Gulden vor sich zu sehen. Man hört sie da von St. Ju-
lien, St. Estèphe, Pomies Agassac und Cantemerle
sprechen, wie man bei uns von einen Schoppen Zehner
oder Zwölfer spricht. So habe ich sie in ihrer Haupt-
kneipe, in ihrer Sprache „Krug" genannt, mehr als
einmal schon des Vormittags in Häufchen von sechs
bis acht um einen Tisch herumsitzen und Austern essen sehen, wovon das Hundert damals vier Gulden
kostete. In einem Nu waren mehr als tausend verzehrt,
und ebenfalls unter Begleitung feiner Weine. Andere
machten sich auf dieselbe Weise über eine Gansleber-
pastete oder eine Daube von feinem Geflügel her.
Auch vernahm ich damals, wie einige Zeit zuvor einer
der Freunde seinen Kameraden einen Eier-*lol*, — in
der holländischen Studentensprache das, was in der
unsern ein Eierwichs sein würde — und zwar von Kie-
bitzeiern, gegeben habe, als das Stück noch zwölf
Stüber, d. h. mehr als einen halben Gulden, gekostet. Nun
sind zehn solcher Eier für einen gesunden jungen Magen
keine grosse Zumuthung; es wurden daher von diesen
zehn oder zwölf jungen Lucullern schon zum Lunch
fünfzig bis sechzig Gulden verputzt, ungerechnet, was
dabei wieder an feinem Weine draufgegangen sein wird.

Nun, die verstehen's. Aber solche Söhnchen machen auf
des Herrn Papa Budget auch einen schönen Posten aus.

Noch üppiger ging es bei einer *promotiepartij*, d. h.

bei einem Doctorschmaus zu, zu welchem ich während meines ersten Aufenthalts eingeladen war. Er fand zu Lisse statt, einem Dorfe zwischen Leiden und Haarlem, wo damals ein Wirth wohnte, der „unsterbliche" Veldhorst, — so hiess er schon bei seinen Lebzeiten — dessen Tafel und Keller in einem klassischen Rufe stand. Wir fuhren unserer sechsunddreissig in vier vierspännigen Wagen hinaus. Das Diner fing um sieben Uhr Abends an und dauerte bis tief in die Nacht hinein. Da wurde von Anfang an nichts als Wein von der feinsten Sorte getrunken, die kostbarsten Sorten Bordeaux, Bourgogne, Roussillon, die feinsten Rheinweine bis zum Johannisberger hinauf, auch Frankenweine, als Steinberger Cabinet *alias* Bocksbeutel u. s. w. Der Wichs soll den neubackenen Doctor auf nicht weniger, als tausend Gulden zu stehen gekommen sein.

Horribel!

Ich habe nicht leicht etwas Luxurioseres gesehen, als diese Mahlzeit, und nicht leicht sah ich auch jemals mehr Wein vertilgen, als von diesen jungen Schlemmern, zugleich aber auch nie mehr verschütten. Es ging einem ordentlich an's Herz, wie am Ende der Tisch von Champagner troff, und wie zuletzt zwei der jungen Leute gar noch auf den ruchlosen Einfall geriethen, mit den Bouteillen der feinsten Weine zu thun, wie man zur Osternzeit mit den Eiern thut, nämlich sie auf einander zu schlagen und zu wetten, wessen Flasche die stärkere sei.

Mit vollen Flaschen?

Ja.

Nein, so etwas sieht man bei uns doch nicht leicht.

Was wussten wir aber auch von solchen kostbaren
Weinen oder überhaupt von Wein? Ich glaube nicht,
dass ich während meiner ganzen Studentenzeit mit
andern Studenten eine Maas Wein getrunken habe.
Das war eben Bier und wieder Bier und noch einmal
Bier und zur Abwechslung einmal Gerstensaft oder
Cerevisia und dann wieder Bier. Freilich das auch oft
im Uebermaass und Unverstand, aber solche kostspie-
lige Völlerei — die kannten wir nicht.

Nun, die kommt da auch nicht alle Tage vor. So
etwas gehört da auch unter die Seltenheiten, und zwar
aus dem einfachen Grunde, weil die Studenten, die
solche Summen zu verzehren haben, auch zu den Seltenheiten gehören.

Und dann immer die feinen Weine? Wozu das?

Das will ich Ihnen sagen. Zuvor aber — damit ich's
nicht vergesse — da fällt mir eine naive Antwort solch
eines jungen Sybariten ein, der, als er von seinem
Vater einen Besuch bekam, und der Vater, bemerkend,
dass sich in dem Büffette seines Söhnchens lauter Weine
und Liqueure von der feinsten Sorte befänden — die
Studenten haben dort nämlich ihren Wein- und Li-
queurkeller im Hause — ihn darüber zur Rede stellte
und ihm ein Kapitel über die Sparsamkeit lesen wollte,
dass er so theure Weine trinke, während er, der Vater,
sich mit weit wohlfeileren Sorten begnüge, zur Antwort gab: „Ja, Papa, *bij mij kan het eerder lijden*, bei
mir trägt sich's schon eher aus; ich habe auch keinen
Sohn, der Student ist."

Auch nicht übel.

Und wahrscheinlich hat's der Herr Vater dem Herrn

Grossvater auch so gemacht. Man sagt ja: Der Apfel
fällt nicht weit vom Stamm.

Leicht möglich. — Was aber den Ankauf der feinen
Weine betrifft, das kommt daher, weil im Allgemeinen
in Holland in der Regel feiner Wein getrunken wird.
Unsere leichten — auch wohl ziemlich sauern — Land-
weine, die wir nur so *voor even veel,* ich will sagen —
mir nichts dir nichts, bloss für den Durst trinken,
werden da nicht verkauft. Es wird aber so viel feiner
Wein · getrunken, weil die Eingangszölle, die Mauth,
und die Steuern daselbst so enorm hoch sind. Es ist
noch nicht zehn Jahre her, dass auf jeden Anker d. h.
auf je fünfundvierzig Bouteillen, circa zwanzig Gulden
Unkosten kamen, und zwar auf die ordinärsten Sorten
so gut, wie auf die kostbarsten. Von der Flasche des
grimmigsten Rachenputzers erhuben Staat und Stadt
ebenso gut ihren halben Gulden Steuer, als von der
Flasche des besten Johannisbergers oder Champagners.
Da *redeneerden,* ich will sagen — da schlossen die
Holländer so: Für den Anker ordinären Wein, das
eigentlich kein Wein ist, zu zwanzig Gulden muss ich
noch zwanzig Gulden Steuern bezahlen und für den
bessern zu sechzig Gulden auch, da nehme ich natürlich lieber Wein zu sechzig Gulden. Der ordinaire sogenannte Wein kommt mich dann mit der Steuer zwar
nur auf vierzig Gulden zu stehen und jener effective
allerdings auf achtzig; ziehe ich aber die vierzig Gulden des Pseudoweins, die ich eigentlich wegwerfe, von
diesen achtzig ab, so bezahle ich für den eigentlichen
Wein doch auch nicht mehr, als für jenen.

Eine pfiffige Rechnung.

Ein Anderer drückte sich, als ich gerade zugegen war, wie er, mit der Preissliste seines Weinhändlers in der Hand, sich Wein zu siebenzig Gulden bestellte, folgendermaassen aus: „*kom ik over den hond, dan kom ik ook over den staart*, d. h. den Schwanz, und kann ich für ordinäres Zeug vierzig Gulden bezahlen, dann kann ich ja noch viel leichter für den bessern Wein dreissig bezahlen.

Wie so dreissig?

. Nämlich *plus* vierzig.

Noch schöner!

„Ja," sagte er „vierzig Gulden, nämlich zwanzig für den Wein und zwanzig für Steuern, sind doch zum Teufel, denn ohne Wein kann ich nicht sein. Die vierzig rechne ich also nicht mit." — In neuerer Zeit sind aber diese Steuern bedeutend ermässigt, indem die städtischen, die Accisen, abgeschafft worden.

Wie sieht es aber bei den holländischen Studenten um dat Studium, den Privatfleiss und den Collegienbesuch aus?

Sie wollen sagen: „*plenus venter non studet libenter*" [1]). Ja, wenn solche Veldhorst-, Kiebitz-, Auster- und Ganzleberschmäuse tagtäglich stattfänden, dann möchte sich freilich zum Studiren wenig Raum finden lassen. Aber die Doctorschmäuse, die Disputfeste —

Was sind das für —?

Das werde ich Ihnen sogleich sagen. Die kommen, wie gesagt, nur selten vor, und laufen auch nicht ge-

---

[1]) Ein voller Bauch studirt nicht gern, oder, im burschikosen Stil: Mit vollem Ranzen ist nicht gut schanzen.

rade immer auf solche Bacchanalien hinaus, und das solenne Hauptbacchanal, das aber wirklich diesen Namen mit vollem Rechte verdient, der *dies natalis* der Universität, kommt natürlich nur einmal im Jahre vor. Wie so?

Wie so? fragen Sie. Kann man denn seinen Geburtstag mehr als einmal im Jahre feiern?

O, Sie sagten *dies natalis*, ich verstand *dies fatalis*.

Ja, was verstehen Sie nicht Alles! — Uebrigens ist dieser *dies natalis* wirklich für manchen Theilnehmer ein *fatalis*, wenn er den andern Tag mit dem fatalsten Katzenjammer zu thun hat.

Mit der Fata morgana, wie wir ihn auch nannten, weil es einem dabei ist, als stünde man auf dem Kopf.

Und, wie gesagt, auch die Ganzleber-Pasteten, und was sonst zu diesem *genus deliciarum* gehört, sind dort nicht an der Tagesordnung. Aber wäre das auch wirklich der Fall, so ist schon dafür gesorgt, dass sie den Studien keinen Eintrag thun, indem die gewöhnlichen Studententische auch dort ganz dazu eingerichtet sind, das etwaige Zuviel des Prandiums wieder in's Gleichgewicht zu bringen und zu verhüten, dass der Magen Gefahr läuft, sich zu überladen. Die Tische sind auch da, wie überall in der Studentenwelt, wenn man nicht hohe Preise bezahlen will, von der Art, dass einem jungen Magen immer noch ein kleiner Zuschuss, sei's *ante*, sei's *post coenam* zu gönnen ist. Darum, wenn einer dort nichts gelernt hat und *sjeest* —

Wie sagen Sie? Was heisst das?

Das werden Sie sogleich erfahren, wenn Sie nur einen Augenblick Geduld haben wollen, Herr Lands-

mann. Dann braucht solch ein *Gesjeesder* die Schuld
nicht auf die Austern und Kiebitzeier zu schieben.
Die Lebensweise eines holländischen Studenten, wie
sie gewöhnlich ist, erschwert das Studiren auf keinerlei Weise, und wenn er auch dann und wann einmal
über die Schnur haut, was schadet das? Oder haben
es die Nachtstühle, die Büffel, Leimsieder, Ochsenhäu-
ser und Korbsitzer zu unserer Zeit so viel weiter gebracht, als wir?

Nicht, dass ich wüsste.

Im Durchschnitt wird auf den holländischen Universitäten sehr gut studirt. Es giebt natürlich auch dort
hie und da einen, der entweder aus angebornem Wi-
derwillen gegen jederlei geistige Anstrengung oder aus
dem Grundsatz, dass er das Studiren nicht nöthig habe,
da er ja ohne diess Geld genug besitze um zu leben,
oder aus Mangel an Fassungskraft, oder aus Mangel
an Zeit, indem diese von andern, weit dringenderen Geschäften, z. B. vom Billard, vom Kartenspiel, von Ausfahr-
ten und Spritztouren, von Mädchen oder von anhaltendem
Katzenjammer in Anspruch genommen wird, das Studiren *ad calendas graecas*, auf den St. Nimmermehrs-
Tag, verschiebt, und lieber

> „Statt in dem Collegium
> Sich in den Kneipen treibt herum,"

oder der es wie weiland Studiosus Hieronymus Jobs
macht, gehend

> „Auch alle zwei Monat' einmal
> Zur Abwechslung in den Kollegiensaal."

Das sind aber nur seltene Ausnahmen. In der Regel arbeitet der holländische Student fleissig und, seinem National-Charakter getreu, mit Ernst, Bedachtsamkeit und Ausdauer, und wenn man den Holländern zähes Festhalten an altväterlichen Bräuchen, Weisen und Ordnungen vorwirft, so ist es wenigstens hier sehr lobenswerth, dass der holländische Student der guten, alten Sitte treu bleibt und nach dem Muster seiner Väter gerne in Gemeinschaft mit seinen Kameraden arbeitet, indem er sich in „Sodalitien" oder „Disputcollegien" zu gemeinschaftlicher Uebung mit einem Häufchen seiner Fachgenossen zusammenthut. Diese ziemlich zahlreichen Kränzchen, zum Theil schon von der Väter und Grossväter Zeiten herstammend, machen eine der schönsten Seiten des dortigen Studentenlebens aus. Sie tragen meist lateinische Namen, als *„Studiis sacrum," „Ad majora," „Utile dulci," „Erudiendo et oblectando," „Tandum fit circulus arbor"* —

Circulus?

Ach, ich verspreche mich — *surculus*, will ich sagen. Zu Leiden führt eines dieser Kränzchen auch einen hebräischen Namen *„Bereschith."*

Das heisst?

Im Anfang; es ist das Wort, womit die Bibel anfängt. Diese Gesellschaft besteht nämlich aus jungen Leuten, die sich auf die orientalischen Sprachen legen, und soll schon manchen tüchtigen Hebraicus, Chaldaicus, Syriacus oder Arabicus geliefert haben. — In solchen Kränzchen giebt's dann *een bestuur* oder einen Vorstand, nämlich einen Praeses, einen Ab-actis oder Secretär, der die Notuln hält, d. h. das Protocoll führt,

und einen Quaestor oder Rechnungsführer und Kas-
sier, der mit dem Präsidenten das Recht hat, Geldbussen aufzuerlegen, z. B. wenn einer die Versammlung
versäumt oder zu spät kommt oder sein aufgegebenes
Pensum, z. B. eine Abhandlung oder Rede, nicht aus-
gearbeitet hat, oder Holländisch spricht, wo er Latein
sprechen sollte.

Wie so? Sprechen sie unter einander Latein?

Ja, während der eigentlichen Verhandlungen. So war
es nämlich noch vor zwanzig, dreissig Jahren. Ob es
aber auch jetzt noch gebräuchlich ist, indem in neuester
Zeit die Collegien nicht mehr sammt und sonders in
lateinischer Sprache gelesen werden und auch die
Prüfungen nicht mehr in lateinischer Sprache stattfinden, das möchte ich sehr bezweifeln. In den literarischen Disputen aber, wo die Mitglieder aus jungen
Philologen bestehen, da wird man sich noch wohl an
die Sitte des Lateinsprechens halten müssen, um sich
die zum Respondiren in den literarischen Collegien
und bei den Prüfungen nothwendige Fertigkeit anzu-
eignen. In den andern Kränzchen aber wird das Lateinsprechen wohl so ziemlich abgekommen sein. —
Die Geldbussen, vom Quaestor eingetrieben und in der
Lade, „kist" genannt, aufbewahrt, werden am Ende
des Jahres zu einem gemeinschaftlichen Ausflug verwendet, wobei aber gewöhnlich noch ein bedeutender
Zuschuss aus dem Privat-Säckel erforderlich ist. Die
Zusammenkünfte, gewöhnlich um 6 Uhr Abends anfan-
gend, finden bei den Mitgliedern die Reihe herum statt.
Ausser der Bundeslade besteht das Inventarium der
Gesellschaft aus einem Pult für den jedesmaligen

Sprecher und aus dem eine bedeutende Rolle spielenden
Hammer des Präsidenten, womit dieser seinem „Si-
lentium!" und „Quos ego!" den gehörigen Nachdruck
verschaffen muss, wenn er die allzu ungestümen Wogen des Disputirens zur Ruhe bringen will, was zumal
in der Neuzeit da, wo das Lateinsprechen aus der Mode
gekommen ist, ungleich schwerer halten wird, als ehemals, wo die Herren noch den Kappzaum des Lateinischen im Munde führten und gewiss oft Mancher noch
Manches zu sagen und zu erwidern gehabt hätte, wenn
er seine Controverse nur schnell genug auf Lateinisch
hätte zusammenconstruiren können, wo dieser und
jener, der sonst gar nicht maulfaul gewesen, es dennoch in den ersten Tagen bei einem *porrige mihi fu-
misugium herbamque nicotianam, si placet,* oder bei einem
da mihi vinum, der andere bei einem *ecce buteilla, in-
fundas ipse, nisi pigrior es* [1]), bewenden liess, oder ein Anderer, der sonst Alles eher, als nachgiebig, sondern
ein rechter Haberecht und Streithammel gewesen, dennoch wegen des verdammten Umschweifs von *haud
scio an,* das er nicht recht anzubringen, oder von *si
verum est, quod nemo dubitat,* aus dem er sich nicht
herauszuwickeln wusste, lieber seine trifftigsten Argu-
mente *pro* und *contra* hinunterschluckte bis zur Pause,
bis mit dem fallenden Hammer des Präsidenten die
lateinische Stellfalle zu- und die holländische auf-
ging, und es in Aller Mund wieder Fluth wurde.

---

[1]) Sei so gut und gieb mir eine Pfeife und Tabak. — Gieb mir
Wein. — Da steht die Flasche, schenke dir selbst ein, wenn du
nicht zu faul dazu bist.

II.

Was wird aber in diesen Kränzchen verhandelt?

Sie theilen entweder ihre über ein aufgegebenes Thema verfassten Aufsätze mit und besprechen sie, oder lesen zusammen einen lateinischen oder griechischen Autor, wobei einer den Professor, die übrigen die Auditores, oder einer den Examinator, ein anderer den Examinandus macht; wieder andere üben sich im Declamiren, wobei auch wohl selbstgemachte Gedichte vorkommen, und üben gegen einander strenge Kritik aus.

Wie weiland unsere Hainbündler und Bremer Beiträgler.

Andere werfen Theses oder Sätze auf, die bekämpft und vertheidigt werden müssen, und was dergleichen nützliche Uebungen mehr sind.

Bravo!

Nach der halbstündigen Pause oder *post intercapedinem*, während welcher jeder frische Luft suchen kann, wo er will, und das Zimmer, worin man am Ende vor Tabaksqualm dem Ersticken nahe gewesen, gelüftet und aufgeräumt wird, kommt das Häufchen, gewöhnlich ihrer acht oder zehn, jetzt mit noch ein paar Gästen, entweder sogenannten *avunculis*, bemoosten Häuptern, die ehemals auch Mitglieder waren, jetzt aber blosse Ehrenmitglieder sind, oder mit einigen Candidaten vermehrt, wieder zurück und die Arbeiten werden fortgesetzt, gehen aber von den wissenschaftlichen am Ende in die wirthschaftlichen, nämlich in die Einsammlung der Beiträge und Bussen, und zuletzt in die annexionsgelüstlichen, d. h. in die Aufnahme neuer Mitglieder, über, wenn sich nämlich taugliche Subjecte angemeldet haben, und sind auch diese, nach vorhergegangener Ballotage

angenommen und feierlich in die Versammlung eingeführt, dann — ja — da habe ich aber noch vergessen,
ein Hauptstück vom *boedel* der Gesellschaft zu nennen —

Vom Pudel?

Ja, vom *inboedel.*

Was ist das für ein Pudel — ein Inpudel?

Ach! Von dem Hausrath, dem Inventarium, meine ich.

So? Gehört dazu auch ein Pudel? Je nun —

> „Dem Hunde, wenn er gut gezogen,
> Wird selbst ein weiser Mann gewogen,
> Ja unsre Gunst verdient er ganz und gar
> Er, der Studenten trefflicher Scholar."

Ach! Tolles Zeug! Hören Sie doch auf. Der *boedel*
oder *inboedel* ist im Holländischen der Hausrath, oder
umgekehrt, meine ich.

Das mag aber der Kukuk errathen, dass die Holländer den Pudel Hausrath nennen, oder umgekehrt, den
Hausrath Pudel.

Nein, nicht *poedel,* sondern *boedel.*

Nun, das meine ich ja, das ist ja dasselbe. Welcher Unterschied ist denn zwischen einem Pudel und einem Pudel?

Zwischen *poedel* und *boedel* — ein gewaltiger, wofür
Sie aber freilich kein Gehör haben. Aber kurz! — um
endlich *uit die boel,* aus dem Quark von *poedel en boedel* herauszukommen — ein Hauptstück ihres Inven-
tariums besteht in einem oder mehreren Pokalen —
unsere Trinkhörner habe ich da nie gesehen — einem
poculum maximum, einem *poculum minus* und einem
poculum parvum, welche jetzt vom Abactis in Schlachtordnung gestellt, gefüllt und auf das Wohlsein der

neuen Mitglieder geleert werden. So lange diese nun nicht allzu voll geschenkt werden und nicht allzu oft die Runde machen, geht es gut. Aber was weiss die Jugend von Maasshalten? In der Regel sind die Gäste, noch ehe es an's Nachtessen geht, das in der That ein Nachtessen genannt werden darf, weil es erst nach Mitternacht anfängt, schon ziemlich angetrunken. Um zwei Uhr stolpert die ganze Gesellschaft gewöhnlich nach Hause, um den Rausch auszuschlafen.

Das ist aber doch recht Schade, Herr Justizrath, dass solch ein nützliches, lobenswerthes Zusammenkommen solch ein Ende nimmt.

Allerdings. Leider ist das so ziemlich das gewöhnliche Ende vom Lied. Indessen findet dabei doch niemals das viehische Saufen statt, wie bei unseren Bierfehden und Bierscandalen, wo die Contrahenten mit e i n e m Glase anfangen und mit a c h t — sage acht vollen Gläsern endigen, die hinter einander hineingestürzt werden müssen. Sie trinken einander auch zu, aber nicht vor, und jedenfalls nie mehr, als höchstens e i n Glas; in der Regel bleibt es Jedem überlassen, mit wie viel oder wie wenig er dem Zubringenden Bescheid trinken will. Den „Gradus ad Parnassum" vom „Doctor" zum „Pabst," „Amtmann" und „Gottesacker" u. dergl. kennt man dort nicht. Wer dort trunken geworden ist, hat allerdings auch zu viel getrunken, aber sich nicht methodisch besoffen.

Wie sieht's aber sonst mit dem Studentenleben in Holland aus?

Gerade, wie überall, wie bei uns auch. Auch dort besteht die ideale Seite desselben, im Gegensatz zum

Philisterleben darin, dass man das Vorrecht geniesst,
unumschränkter Herr seiner Zeit zu sein und thun zu
dürfen, was man will, dass man des Morgens so lange
im Bett und des Abends so lange in der Kneipe bleiben darf, als man will — für die Studenten-Haupt-
kneipe giebt es nämlich keine Polizeistunde, sie können
bis an den hellen Morgen drin sitzen bleiben, wenn sie
wollen — dass man *op klaarlichten dag*, ich will sagen,
am hellen Tage laut lachend, singend und jubelnd,
ja sogar auch einmal betrunken über die Strasse gehen
darf, ohne seinem guten Namen dadurch merklich zu
schaden, auch dass man in seiner Kleidung an keine
Regeln der Mode gebunden ist, wobei ich jedoch bemerken muss, dass der holländische Student in seiner
Tracht sich nicht so weit vom Philister entfernt, dass
man in ihm schon auf fünfhundert Schritte den Musen-
sohn erkennen kann, wie bei uns. Z. B. zur Nachahmung
der Barette und langen, sogenannten altdeutschen Haare
unserer Burschenschafter oder der Mützen von der
Gestalt eines Blumenscherbenschüsselchens unserer
Corpsbursche, zu unsern Kollern, Pikeschen und Polo-
naisen, Kanonen und Pfundsporen, auch Renommireisen
genannt, unserer Schleppsäbel und Paradeschläger und
unserer ellenlangen buntbequasteten Pfeifen haben sie
sich noch nicht verstehen können. Wenn's hoch kommt,
trägt der holländische Student eine Phantasiemütze
auf dem Kopfe und ist z. B. sein gegenwärtiger Rock
einige Zoll kürzer, als der des Philisters, so dass er
bei dunkler Farbe und weissen Hosen so ziemlich eine
Tag- und Nachtgleiche darstellt. — Das sind die einzigen Prärogativen seines Standes.

Und nennen Sie das die ideale Seite?

Natürlich; was sonst? — Oder fanden Sie am Abrutschen von täglich fünf bis sechs Collegien einen Spass?

Wahrhaftig nicht.

Und am Einochsen und Einkameelen derselben gewiss auch nicht. Und was ferner das gepriesene sorgenfreie Leben betrifft, das ist, wenn auch der Beneidete dann und wann laut lachend und jubelnd über die Strasse zieht, doch auch nicht selten blosser Schein. Auch bei ihm heisst es oft, wenn er zu Pferde dahinstolzirt: *„post equitem sedet atra cura"* [1]). Auch er hat seine Ex- und Subsistenz-Sorgen, wie der Philister, wenn der Wechsel, der auf drei Monate ausreichen sollte, schon im ersten verputzt ist. Dann sitzt auch er *met de handen in het haar*, d. h. im „Pechverlag."

Nur mit dem Unterschiede, Herr Justizrath, dass es allemal seine eigene Schuld ist, möchte ich sagen.

Allerdings, Herr Inspector; nur macht das eben das Pech nicht besser. — In Bezug auf die Examens-Angst, auf das „Fegefeuer," ist er aber sogar noch schlechter dran, als der Philister, der davon nichts auszustehen hat.

Von der „verkehrten Welt," wie wir es auch nannten.

Verkehrte Welt, Herr Kameralverwalter?

Ja; denn das ist ja die gewöhnliche Geschichte eines Examens:

„Was man nicht weiss, das eben brauchte man,
Und was man weiss, kann man nicht brauchen."

Auch gut.

---

[1]) Hinter dem Reiter sitzt die finstre Sorge.

Eben darum habe ich eigentlich auch nie recht in das gewöhnliche Lob der Kinderjahre einstimmen können. Ein Schuljunge, der ein schlechtes Zeugniss nach Hause zu bringen hat oder gar ein Jahr länger in seiner Klasse sitzen bleiben muss, und ein Student, der beim Examen durchfällt, beide fühlen sich nicht weniger unglücklich, als ein alter Schreiber oder Copist, der wegen eines verderbten Stempelbogens von seinem Principal einen Wischer oder gar den Abschied bekommt, oder als ein Hauptmann, dem ein Anderer beim Avancement vorgezogen worden.

Ich bin vollkommen Ihrer Ansicht, Herr Justizrath. Nur auf e i n e n Umstand möchte ich mir die Freiheit nehmen, Sie aufmerksam zu machen.

Wie so?

Ob nicht d e r bedeutende Unterschied dabei obwalte, dass die Jugend das Herzeleid eher verschmerzt und vergisst, als das Alter.

Das allerdings. — Aber noch etwas, noch ein Prärogativ des Studenten besteht darin, dass es ihm erlaubt ist, mit stolzem Selbstgefühl, wohl gar mit edlem Hohn auf all das *ploerten*- und Philisterthum unter ihm herabzusehen, ohne dass es ihm ein Mensch übel nimmt. Jedoch findet sich dieses Selbstgefühl, dieses Bewusstsein höherer Menschenwürde gewöhnlich nur bei denen bis zur Anstössigkeit deutlich ausgesprochen, die selbst der *Ploerten*-Sphäre von Hause aus am nächsten stehen, während die jungen Leute aus den höheren Ständen sich gerade durch ein anständiges, höfliches Betragen gegen Jedermann, wess Standes und Ranges er sei, auszeichnen. Uebrigens sieht man's, wie gesagt, ge-

lassen an, es sei denn, dass es in förmliche Grobheit
ausartet, oder dass der junge Sansfaçon zum Renom-
misten oder „Drachen" wird und seinen burschikosen
Uebermuth gar zu Thätlichkeiten steigert, in welchem
Falle er aber in Holland ebenso gut, wie jeder Philister, dem gewöhnlichen Richter anheimfällt; denn einen
eximirten academischen Gerichtstand kennt man da
nicht, wie denn überhaupt in Holland von Standespri-
vilegien nirgends eine Spur zu finden ist. Die Studenten sind dort, wie jeder andere Mensch, dem allgemeinen bürgerlichen Gesetze untergeordnet. Man hört
aber auf den hollandischen Universitäten nur höchst
selten von Insolenzen, von Seiten der Studenten an
Philistern verübt, und von Holzereien mit Bürgern
oder Militär niemals.

Schön!

Und auch nichts von Duellen.

Auch schön!

Oder noch schöner, möchte ich sagen.

Weder mit Officieren, noch von Studenten unter einander. Im Gegentheil stehen dort die Studenten mit
den Officieren der Garnison, natürlich mit denen ihres
Alters, stets auf freundschaftlichem Fusse. Von unangenehmen Conflicten hört man daselbst nie.

Aber wenn ein paar Studenten mit einander Händel
bekommen, was unter jungen Leuten ja so leicht geschehen kann? Wie dann, Herr Justizrath?

Dann macht man's mit ein paar Maulschellen oder
Ohrfeigen ab. Zum eigentlichen Raufen und Balgen,
zum *vechten en plukharen*, sagen die Holländer, kommt
es selten, weil sich die beiderseitigen Kameraden jedes-

mal bald in's Mittel schlagen und die Hitzköpfe noch
bei Zeiten trennen. Der Streit endigt darum in der
Regel entweder mit einer Versöhnung oder mit einer
gründlichen Verachtung des Gegners, nebst Andro-
hung noch derberer Maulschellen im Wiederholungs-
falle. Von Duellen aber hört man nie sprechen. Von
dieser Lächerlichkeit und Abgeschmacktheit, von dieser
hellen Rohheit, die man am allerwenigsten auf den
Pflanzstätten der Bildung und Aufklärung antreffen
sollte, weiss man da glücklicherweise nichts.

Sie sind also auch nicht für das Duelliren, Herr
Justizrath?

Wahrhaftig nicht.

Aber der Herr Inspector will, glaube ich, mit seiner
Frage eigentlich etwas Andres sagen.

Ich, Herr Kameralverwalter?

Ja. Sie sahen bei Ihrer Frage so nach des Herrn
Justizraths Nase.

Ich?

Ja. Oder irrte ich mich? Ich meinte, Sie wollten
eigentlich fragen, wie denn der Herr Justizrath an
das schöne Andenken da komme, wenn er so gegen
das Duelliren ist.

Bitte doch, Herr Kameralverwalter! Daran habe ich
ja nicht in der Ferne gedacht. Auch wusste ich ja
nicht, woher die Narbe rühre.

· Nun freilich, das ist schon lange her, und mit den
Jahren ändert sich so manches im Menschen, an Temperament, Character, Ansichten u. s. w.

Sind Sie jetzt fertig?

Wie Sie befehlen. Nur das noch — aber ein Staatshieb war das jedenfalls. Wenn d e r nicht gezogen hat, wenn d e r nicht legal war!

Nein, gerade nicht! Ein Sauhieb war's, wenn Sie's wissen wollen!

Ei? Ein Sauhieb?

Ja, ein malitiöser Nachhieb! — Schon war Halt! commandirt, da paukt mir der noch eins auf die Nase. Ich hatte ihn natürlich bereits zweimal tüchtig angesch.... von einem Ohre zum andern.

Wo war das, Herr Justizrath?

In Heidelberg, wo ich einmal einige Tage der Osterferien zubrachte. Ich befand mich, glaube ich, noch nicht zwei Stunden daselbst, als ich schon losging. In einer Corpskneipe nämlich, wo ich auf einen Bekannten wartete, sah ich, wie einer Ihrer Landsleute, ein Fuchs, seinem ganzen Aeussern und Benehmen nach der harmloseste, friedfertigste Mensch von der Welt, von einem berüchtigten und jetzt noch überdiess tüchtig angedudelten, aus der Nähe von Heidelberg gebürtigen Raufbold auf's Korn genommen wurde.

Von einem „Kümmeltürken" also. So nannten wir diese Species; die Studio's der Universitätsstadt dagegen hiessen zu meiner Zeit „Pflastertreter."

Das ist ja ein Müssiggänger, Herr Kameralverwalter, der sich auf den Strassen herumtreibt?

Was man in Holland *een grove diamantslijper* nennt.

Allerdings, in der Sprache gewöhnlicher Menschen. Aber in der Sprache der Musensöhne bedeutet es einen Studenten, dessen Eltern in der Musenstadt wohnen. Nun, und der Kümmeltürke also? —

Ja, der warf dem Sachsenfuchse vor, er habe ihm

nicht nachgetrunken, ungeachtet er ihm doch gar nicht vorgetrunken hatte, wie ich ganz bestimmt wusste. Aber er wollte sich eben an ihm reiben. Ich nahm mich also des Gerüffelten an, weil ich überzeugt war, dass derselbe Recht hatte, zugleich aber auch, weil ich es für gemein ansah, dass ein älterer Student mit einem Fuchse anbinde und obendrein ein vierschrötiger, sechs Fuss langer Schlingel mit einem schmächtigen, einem Herbstfaden ähnlichen Kerlchen. Aber alles Hin- und Herreden verfing bei dem blutgierigen Paukhahn nichts. Darum machte ich dem Wortstreite bald ein Ende und brummte ihm kurz und gut einen „dummen Jungen" auf; und *op staanden voet*, stehenden Fusses, wurde losgegangen. Aber genug davon. Das war *anno* Dazumal. Ja, da war ich auch solch ein paukwüthiger Stier, der mit Gott und der ganzen Welt zu contrahiren gewagt hätte. Aber gerade darum verabscheue ich diese Thorheit jetzt auch um so mehr, und nichts kann mich mehr ärgern, als dass man sie noch immer in Schutz nehmen will. Ja, in früheren Jahrhunderten, wo der Unterschied der Stände eine hohe bürgerliche und politische Bedeutung hatte, da mochte der Student mit gutem Fug auf sein schönes Vorrecht, die blanke Wehr an der Seite tragen zu dürfen, pochen und stolz sein. Auch muss zugegeben werden, dass in früheren Zeiten, wo die gesammte Gesittung des Volkes noch sehr im Argen lag, die aus den Wirren des dreissigjährigen Krieges herübergekommene Sitte, alle Ehrenhändel nur mit dem Schläger auszufechten, einen guten Sinn und zugleich den practischen Vortheil hatte, dass durch diese Sitte gröberen Ausschweifungen, ro-

heren Ausbrüchen jugendlicher Kraft und burschikosen
Uebermuths eine heilsame Schranke gezogen wurde.
Heut zu Tage aber, wo denn doch das gesammte Volks-
leben einen ungleich feineren Anstrich erhalten hat,
wo Holzereien unter wahrhaft gebildeten Menschen zu
den Unmöglichkeiten gehören, ist das alte Herkommen
des Pauksystems ein Unsinn geworden, der höchstens
noch im Stande ist, einzelne Rückfälle in die frühere
Barbarei zu veranlassen.

Das Einzige, was man vielleicht noch zur Vertheidigung des Duells anführen könnte, wäre, dass es auf
Character und Mannhaftigkeit wohlthätig einwirke.

Aber die Holländer und die auch nicht duellirenden
Engländer? Haben die denn weniger Character und
Mannhaftigkeit, als wir? Davon habe ich nie gehört.
Nein, Herr Landsmann, Alles, was man zur Vertheidigung der Duelle anzuführen pflegt, läuft, mit Ihrer
gütigen Erlaubniss zu sagen, auf klaren Unsinn hinaus.
Denn für's erste lässt sich ja Muth und Tapferkeit
nicht erlernen, und zweitens lehrt ja die Erfahrung
alle Tage, dass die berühmtesten Paukhähne der Universitäten oft die allerdemüthigsten Staats- und andere
Diener werden, denen das wahre Selbstgefühl, die wahre
männliche Würde, die wahre Unabhängigkeit des Cha-
racters vollständigst abhanden gekommen ist. Und
überdiess — und das ist das Beste, aber auch zugleich
das Lächerlichste bei dieser Geschichte — wo soll man
da Muth lernen, wo in den gewöhnlichen Fällen beinahe
keine Gefahr vorhanden ist.

Wie so?

Nun, Sie kennen ja doch die Duelluniform noch,

den „Paukwichs?" Streckt da Einer nur nicht die
Nase zu weit voraus, dann ist er jå kaum zu verwun-
den, denn wo soll man ihn verletzen, wenn der Hals
mit einer hohen, dickgefütterten Cravatte, die Armge-
lenke mit seidenen Wülsten und Tüchern, Hand und
Unterarm mit undurchdringlichem Handschuh und
Stülp, der Leib mit einer dicken lederne Binde und
die Extremitäten, so weit sie erreichbar sind, nämlich
bis über die Knie hinab, ebenfalls mit solchen Binden,
„Paukhosen" oder gar „Ehrenbuxen" genannt, gedeckt
sind. Ein Zweikampf dergestalt im Paukwichs auf-
tretender Paukanten gleicht ja weit eher einem Kampfe
zweier Monitors, als einem Duelle, wesshalb denn
auch die Verwundungen in der Regel sehr wenig zu
sagen haben. Etwas anderes ist es freilich da, wo es
auf den Stoss oder auf Pistolen geht. Aber das kommt
ja aus wohlweisen Gründen nur höchst selten vor, indem es ja jedem der Contractanden von Anfang an
nur um einen Schnitt in's Gesicht, niemals um das
Leben das Gegners zu thun ist. Und mit Recht, denn
die geringfügigen, kleinlichen Beleidigungen und Reibungen, die unter Studenten das Duell in der Regel
nach sich ziehen, sind keiner grösseren Sühne werth.
Aber auch auf diesen unschuldigen Spass halten die
holländischen Studenten nicht. Sie haben zwar auch
ihren Fechtboden, lernen ebenfalls Degen, Säbel und
Pistolen hantieren, aber nicht um einander gegenseitig
„die Physiognomie auszubessern." Sie begnügen sich
mit dem Gesichte, das Mutter Natur ihnen geschenkt,
und wollen dieser nicht in's Handwerk pfuschen. Auch
ist mit einem Gesicht voll Schmarren in Holland schon

darum keine Ehre zu verdienen, weil man diese auch
unter den Bauern finden kann, indem diese dort bei
Händeln sogleich bereit sind, die Messer zu ziehen und
einander das Gesicht zu zerfetzen. — Auch die Lands-
mannschaften, die bei uns die meiste Veranlassung zu
Reibungen und Duellen geben, bestehen in Holland
nicht. Wohl kommen die aus derselben Provinz Gebürtigen, z. B. die Zeeuwen, d. h. die Seeländer, die
Friesländer und die Nordbrabanter zu bestimmten Zeiten,
in Kränzchen zusammen, aber ohne besondere Ab-
zeichen oder einen eigenen Comment u. dergl. zu haben. Sie haben auch keine Cerevismützen, sondern
faculteitspetten, die mit einem Bande oder einer Rosette
verziert sind, an deren Farbe man erkennen kann,
welcher Facultät der Inhaber angehört, die aber in der
Regel nur von den „Füchsen" getragen werden. Die
Farbe der Theologen ist schwarz und weiss, die der Ju-
risten roth, die der Mediciner grün, die der Philosophen blau und die der Literatoren weiss. — Am allerwenigsten leidet der holländische Student am politischen
Schwindel. Von exaltirten, überspannten, nur im Ideale
lebenden Demagogen und von demagogischen Umtrieben
ist da nie die Rede gewesen, Hambacher Feste oder
Frankfurter Attentate oder Mordthaten à *la* Sand
hat man da nie erlebt. Und zwar durchaus nicht wegen
Indolenz in Bezug auf politische Angelegenheiten.
Keineswegs. Es giebt da unter den Studenten ebenfalls
Radicale, Liberale, Republicaner, Democraten, Ultra's
u. s. w., so wie es auch Contrarevolutionäre, Conserva-
tive, Aristocraten, Royalisten u. s. w., unter ihnen giebt.
Es wird da ebenfalls über alles mögliche, die Politik

Betreffende, gesprochen und gestritten, aber niemals
haben sich holländische Studenten eingebildet, thatsäch-
lichen Einfluss auf die Regierung ihres Vaterlandes
ausüben zu müssen oder ausüben zu können. Ihre Zusammenkünfte in der Kneipe verfolgten nie weder mora-
lisch-wissenschaftliche noch politisch-practische Tenden-
zen, wie die Burschenschaft, noch systematisch-cynische,
sondern hatten immer bloss geselliges Vergnügen
zum Zweck. Frohsinn, auch wohl zuweilen Ausgelassen-
heit, lustiges Gespräch, gewöhnlich mit Heftigkeit und
lauter Stimme geführt und reichlich mit Saft- und
Kraftworten gespickt, auch lauter Gesang, dieser aber,
weil bloss um ein halbes Dutzend Lieder sich herum-
drehend, weit seltener, als lautes Gelächter, wenn einer
der Kameraden einen Witz macht oder einen Philister
zum Besten hält, wie z. B. der, welcher dem an der
Studentenkneipe vorbeischnurrenden Perrückenmacher
nachrief; „He! Pst!" Der Haarkräusler, in der Meinung,
es gebe hier *en passant* etwas mit Haarschneiden zu
verdienen, kehrt schnell um: „*Wat b'lieft, Mijnheer?*" —
„*Hebje haast?* hat's Eile?" — „Bitte." — „Nun so lauft
langsamer, wenn's nicht pressirt."

Nicht übel.

Aber ärgerlich genug, möchte ich sagen, für den,
den es trifft.

Ach, solche muthwilligen Spässe nimmt man den
„jungen Leuten" — so heissen dort in den Universi-
tätsstädten die Studenten gewöhnlich — nicht so übel.
Der Perrückenmacher hat wohl auch dazu gelacht. —
Dergleichen Dinge sind die Würze ihrer Gesellschaft.

Bravo! Das lautet besser als Pauk- und Sauf-Comment.

Ferner bieten ihnen Casino's, französisches, deutsches und holländisches Theater und zahlreiche Conzerte Erholung im Ueberfluss dar, und zugleich auch Gelegenheit genug, sich conventionelle Bildung zu erwerben oder die von Hause mitgebrachte in Anwendung zu bringen, und zumal auch, wenn einer noch das Vorrecht geniesst, durch besondere Empfehlungen oder durch Verwandtschaft in die Kreise der Professoren- und anderer gebildeten Familien eingeführt zu werden. Aber auch der Nicht-Empfohlene findet, wenn er Lust dazu verräth, durch die Vermittlung seiner Kameraden leicht Zugang in Familienkreisen, besonders, wenn er durch irgend ein Talent, z. B. durch Musik, auch sein Scherflein zur Unterhaltung beitragen kann. — Unter den Spielen sind vorzüglich Domino, L'hombre und Billard beliebt. Ich habe mir von meinem Freunde in Leiden sagen lassen, dass allein auf der dortigen Studentensocietät oder General-Kneipe — sie haben alle zusammen nur eine, besuchen aber natürlich auch andere Wirthshäuser — jeden Tag im Durchschnitt 120—130 Partien gespielt werden.

So viel habe ich während meines ganzen Studentenlebens nicht gespielt. Aber damals war das Billard auch noch bei weitem nicht so *en vogue*, wie heut zu Tage.

Natürlich, denn als es noch keine Pomeranzen auf den Queue's gab, was konnte man da auch Ordentliches spielen?

Erinnern Sie sich noch, Herr Justizrath? — mit einer Feile raspte man den vom Stossen an der Spitze der Queue entstandenen Bart ab. An eine ordentliche

Carambolage war damals nicht zu denken, aber weil man ausser dem rothen und den zwei weissen Bällen auch noch einen blauen und einen gelben hatte, gab es desto mehr Säue, wie wir's nannten.

Die Holländer nennen es *beesten.*

Die holländischen Studenten scheinen, wie ich gemerkt habe, auch ihre eigene Sprache zu führen, wie bei uns.

Allerdings, und zwar ebenfalls eine sehr reiche, Herr Inspector. Ob sie übrigens so reich ist, wie die unsrige, das möchte ich bezweifeln. So gehen ihnen unter andern natürlich die zahlreichen auf das Duell sich beziehenden, schönen Kunstausdrücke ab, weil ihnen die Sache selbst fehlt, z. B. der „Ansch... oder der „Andrecker" oder das „Avec" statt Wunde, der „Pauktröster" für Secundant, der „Paukprügel" statt Rappier, der „Schleppfuchs" oder „Corpswichsler" statt Waffenträger u. s. w.

Und den „Schmisspflasterer," den Paukdoctor oder Duellarzt, nicht zu vergessen. Auch eine glückliche Wortbildung.

Sonst ist ihre Sprache aber immer noch reich genug. Z. B. ehe der Noviz in den academischen Himmel eingehen und all der Seligkeiten desselben theilhaftig werden kann, muss er erst das Fegefeuer des *groenzijns* ausstehen.

Was heisst das?

Das heisst, er ist *groen* oder unreif, was wir so treffend und schön ein „Maulthier" nennen, ein Mittelding zwischen Gymnasiast und Student, und als solcher muss er auch *groenloopen*, d. h. einige Wochen lang

von seinen künftigen Zunftgenossen alle erdenklichen
Eulenspiegeleien, oft auch mehr als blossen Spass er-
dulden.

Also noch der alte Pennalismus.

Und zwar wird ihm das Fegefeuer zumeist von denen
geheizt, die selbst kaum ein Jahr demselben entsprun-
gen sind. Die *oudstudenten*, d. h. die „bemoosten
Häupter" oder „alten Häuser," halten sich mit diesen
Kinderpossen und Bubenstreichen in der Regel nicht
mehr auf und lassen mit majestätischer Milde den Neu-
ling in seiner Kälbernarrheit leicht gewähren, so wie
ein alter Dogge den kecken Muthwillen eines jungen
Spitzers gelassen anzusehen pflegt. Jedoch in der
neuesten Zeit hat sich das sehr geändert, indem die
Studenten selbst diesem Unfug so ziemlich ein Ende
gemacht haben.

> Zum Glück hat die Cultur, die alle Welt beleckt,
> Sich endlich auch einmal auf diess Terrain erstreckt.

Die bemoosten Häupter haben neuerdings den Füchsen
dieses Handwerk gelegt. Jetzt ist das Fegefeuer leicht
zu überstehen und kaum des Namens werth. Ein ein-
ziger feierlicher Act, die Immatriculation durch den
Senatus Veteranorum, wobei das Maulthier höchstens
einen kolossalen Rausch davontragen kann, ist hinreichend, einen Studenten aus ihm zu machen. Mit dem
neuen Geist aber, der jetzt in ihn fährt, wird ihm
zugleich auch die Gabe verliehen, in allerlei Zungen
zu reden. Dann heisst nämlich sein Zimmer fortan
nicht mehr seine *kamer*, sondern sein *kast*, sein

„Hausphilister" sein *ploert*, seine „Hausphilistresse" oder „Hauspastete" seine *ploertin*, auch *hospes* und *hospita*, im Umgang mit Philistern, ein „Commers" ein *lol* oder *jool* und im Superlativ *een gloeiend* oder *tintelend feest*, eine Flasche feinen Weins ein *domine*, d. h. ein Pfarrer, nach der einem Bäffchen ähnlichen Etiquette, ein „Haupthahn" ist ein *bram*, ein „Ochs" oder „Büffel" ein *collegiehengst*, ein „Patenthengst," „Zierbengel" oder „Schnippel" ein *saletrekel*, eine langathmige Anrede oder langer Toast ein *lulla zeven schreefjes uit*, Händel oder Randal sind *standjes* und der Herr Papa und die Frau Mama heissen *piepa* und *miema* und wie all die — wenn gleich gar oft den niedrigsten Regionen des Lebens entlehnten, aber dessen ungeachtet immer hochpoetischen — *God beter't*, Gott verzeih mir meine Sünde! — theils zärtlich rührenden, theils symbolisch reichen und, wie gesagt, stets so bewundernswürdig treffenden Wörter ferner lauten. Zuweilen läuft auch wohl, um dieser Sprache eine noch höhere Weihe zu verleihen, etwas Latein und Französisch mitunter, als *ad fundum usque* oder *rouge bord*, bis auf die Neige, bis auf die Nagelprobe, oder der Name eines grossen Mannes, um ihn im Andenken zu erhalten, indem z. B. der s. v. „Schiffprügel" *Virgilius* genannt wird.

Da würde ich ihn noch lieber A e n e a s genannt haben. Denn dieser *pius Aeneas*, miserabeln Andenkens, wäre solch einer Unsterblichkeit eher werth.

Ferner haben sie für unser „Frosch" das *klanknabootsende*, ach was! das — onomatopoetische und desshalb poetischere *quak;* die „Backfische" aber haben sie mit uns gemein, so wie auch den „Philister." Dagegen mangeln ihnen die „Knoten" und die „Kaffern," weil der holländische Student dort so weit über dieselben erhaben ist, dass er sie gar keines Anblicks würdigt, wenigstens niemals mit ihnen an öffentlichen Orten in nähere Berührung kommt. Er kennt den Knoten so zu sagen nicht, spricht nie von ihm und hat daher auch keinen Namen dafür.

Dann kennt er natürlich auch den Gesellenball, den Kaffern- oder Knotenball, nicht?

Den „Schwof" oder „Kuhschwof" wollen Sie sagen. Dieses Wort brachte letzthin meinen alten Freund in Leiden wieder einmal zu einem herzlichen Lachen.

Wie so?

Ich sass bei ihm auf seinem Studirzimmer und las die Zeitung, während er an einem Artikel seines Wörterbuchs schrieb, am Artikel „schweifen." Da platzt er auf einmal in ein lautes Gelächter aus. „Was giebt's?" frage ich. „Ach, Gott! da finde ich den alten „Schwof" wieder, eines der schönsten Wörter, die der germanische Sprachgeist gebildet hat, den reizenden „Kuhschwof."

Nun, wir haben ja neulich beim Schützenfest in Deutz wieder einen prachtvollen gesehen,

> „Sie tanzten rechts, sie tanzten links,
> Und alle Röcke flogen."

Und der Kleine — Sie erinnern sich noch? — der kleine Schneider, über welchen wir so lachen mussten.

Der die schönen Kauschenflicker schlug.

Wen? — Wie meinen Sie?

Das kleine, dürre Schneiderlein.

Ja. Wen schlug der?

Schlagen? Wer spricht denn von Schlagen? — Ach, ich merke — *kuitenflikker*, wollte ich sagen; der die *kuitenflikker sloeg*. Das ist aber wieder Holländisch. Ich meine, der die — wie soll ich sagen? die — Wadentriller machte. Aber das ist auch kein Deutsch.

Das scheint ein Wort aus Ihrer Fabrik zu sein.

Der Herr Justizrath meinen wohl eine *pirouette?*

Das ist ja eine Mühle oder ein Drehrädchen.

Nun meinetwegen. Da ist aber das holländische Wort bei weitem bezeichnender. Noch lieber jedoch möchte ich es einen Waden- oder Beinzwirbel nennen. Sonst ist mir's übrigens einerlei.

Wenn Sie ihn nur nicht zu machen brauchen, nicht wahr?

Ja, zum Zwirbeln bin ich nicht mehr aufgelegt, so wie ich überhaupt zum Tanzen nicht mehr tauge.

Es geht Ihnen wie dem Tiefenbach im „Wallenstein" [1]).

Ganz richtig. Aber genug davon!

Wie machen es aber die Herren da drunten bei ihren feinen Weinen, Austern und Gansleberpasteten mit den „Manichäern" oder „Trittvögeln?" Die kommen da wohl auch vor, die „Verwandtschaften?"

---

[1]) *Tiefenbach.*

> Das Haupt ist frisch, der Magen ist gesund,
> Die Beine aber wollen nicht mehr tragen.

Isolani (auf seine Corpulenz zeigend).

> Ihr habt die Last auch gar zu gross gemacht.

Allerdings, ja, und bisweilen in Riesengrösse. So habe ich einmal von einem Bruder Liederlich sprechen hören, der bei seinem Abgange von der Universität einen Stall voll „Bären" hinterlassen habe im Gesammtbetrage von mehr als zwanzigtausend Gulden.

Horribel!

Erschrecklich!

Ja. Aber — was manchem Bruder desselbigen Zeichens beinahe noch erschrecklicher vorkommen dürfte — er hat sie nach Verlauf von einigen Jahren auch rein und mit allen Zinsen *aangezuiverd*, wie man im Holländischen sagt, d. h. bei Heller und Pfennig abgetragen; wie denn überhaupt die auf der Universität hinterlassenen Schulden in der Regel früher oder später ehrlich bezahlt werden. Kleinerer Summen halber will man seinen Namen nicht in der Kreide stehen und besudeln lassen, zu grösseren Bären aber kommt es nur bei denen, die grossen „Pump" haben. Solchen Credit verleihen aber die schlauen Philister nur denen, von welchen sie wissen, dass ihre Eltern *er goed voor zijn*, d. h. zahlungsfähig sind, oder dass ihr Pumpgenie jedenfalls mit der Zeit ein anständiges Vermögen durch Erbschaft zu erwarten habe. So war es auch bei dem soeben genannten Zwanzigtausiger. Er war vom Vorgebirge der guten Hoffnung gebürtig.

Und hat die gute Hoffnung seiner Manichäer nicht betrogen. Bravo!

Schulden und Gläubiger führen dort denselben. Namen Bären.

Nun, es läuft ja auch auf dasselbe hinaus. Wer mit diesen zu thun hat, hat auch mit jenen zu schaffen.

Wer aber, von denselben bedrängt und unfähig sich
„abzumisten," „durchbrennt" oder „abrumpelt," von
dem sagt man, *hij sjeest* — da haben Sie das Wort,
nach welchem Sie mich soeben fragten — oder *hij gaat
op de sjees*, was übrigens auch von denen gesagt wird,
die an der Möglichkeit einer andern Unmöglichkeit,
d. h. an der Vollendung dessen, was sie nie angefangen haben, nämlich ihres Studiums, verzweifelnd, un-
verrichteter Dinge „von Arkadien absocken" —

Oder „abledern."

Aber genug von diesem Jargon.

Die Herren sind aber noch recht zu Hause in der
Burschensprache.

Ach, Herr Inspector, wenn man einen Sohn hat, der
studirt, dann wärmt sich das Alles von selbst wieder
auf, oft bis zum Ueberdruss, und — was soll ich Ihnen
sagen? — *quo semel est imbuta recens servabit odorem
testa diu*, sagt Horaz, oder mit einem holländischen
Dichter zu reden:

> „*Wat heeft geleerd de jonge man,*
> *Dat hangt hem al zijn leven aan.*"

So geht es auch mir mit meinem Neffen, der hält
mich auch fortwährend auf der Höhe des Comments. —
Aber wie macht's Ihr Eduard?

Sehr gut, danke der Nachfrage. Er ist jetzt in seinem dritten Semester.

Also schon Jungbursch; mein Vetter ist noch Brand-
fuchs.

Ich habe alle Ursache mit ihm zufrieden zu sein.

Er studirt recht fleissig. Mein Schwager, der gerade *vis à vis* von ihm wohnt und mir versprochen hat, ein wachsames Auge auf ihn zu halten, schrieb mir vor der Ostervakanz, dass er den ganzen Winter jeden Abend bis 8 Uhr, 9 Uhr Licht auf seinem Zimmer gesehen habe, dass er also nie vor 8 oder 9 Uhr in die Kneipe gegangen sei. Nun wäre darauf freilich nicht allzu viel zu rechnen, weil man mit dieser Fensterillumination auch schön betrogen werden kann; Adresse an meinen Freund in Leiden.

Wie so, Herr Justizrath?

Der erzählte mir erst letzthin noch, wie ihn ein ähnlicher Pflegebefohlener einmal einen ganzen Winter zum Narren gehabt habe, der auch jeden Abend eine Stunde nach Tisch, um sechs Uhr, seine Lampe angezündet und bis zwölf Uhr, ein Uhr habe brennen lassen, und doch tagtäglich schon um acht Uhr stille zur Thüre hinausgewischt und nicht vor ein Uhr, zwei Uhr wieder hineingeschlichen sei. Das würde also nicht gar viel beweisen, denn ich halte den meinigen auch für pfiffig genug zu solch einem Streich, und müsste er auch ebenso fein angelegt werden, wie jener.

Wie so, Herr Justizrath?

Dieser schlaue Fuchs, erzählte mir mein Freund, hatte nämlich auch noch seinen „Hauspudel" zu Hülfe genommen, indem er diese so dressirt, dass sie sich des Abends von Zeit zu Zeit auf seine Stube begeben und da ein paar Mal den Schatten ihres Kopfes an den Gardinen vorbeistreichen lassen musste, als wäre es der Kopf des Bewohners selbst, zu welchem Ende er ihr auch eine alte Cerevismütze zum Aufsetzen gegeben, um aus

ihrem Mopskopfe einen Studentenkopf zu machen. Das
ging nun auf diese Weise Monate lang ganz gut. Mein
Freund glaubte den Eltern von ihrem Söhnchen die
besten Nachrichten geben zu dürfen, und traf er ihn,
wenn er ihn besuchen wollte, auch regelmässig nie zu
Hause, so trug er doch niemals Bedenken, den Aussa-
gen der Magd und der *jufvrouw*, der Hausphilistresse,
die mit dem „Herrn" unter einer Decke spielten, Glauben zu schenken, wenn es hiess, der Herr sei soeben einen
Augenblick ausgegangen, habe aber die Weisung hinterlassen, dass man, weil er in einer Viertelstunde
wieder zurückzukommen gedenke, die Lampe in der
Zwischenzeit nur fortbrennen lassen solle. Der Herr
sei wahrscheinlich wieder zu Herrn N. gegangen, den
er bisweilen etwas frage *van wegens de studie*.

Aber am Ende kam es doch heraus?

Natürlich, wie das Sprichwort lautet: Der Krug geht
so lang zum Brunnen, bis er bricht. Am Ende spielte
der Hauspudel seine Rolle als Student nur allzu gut,
und führte gerade dadurch die Entdeckung des Be-
truges selbst herbei. Sie pflegte nämlich jedesmal, wenn
sie als Schauspielerin aufzutreten hatte, als wohlver-
dientes Benefiz, aus des „Herrn" Madera-, Port- oder
auch Absinthflasche einen herzhaften Schluck zu thun,
und, um ihrer Studentenrolle völlig gerecht zu sein,
sich dann auch, wie die „anderen Herren," mit ausge-
spreitzten Beinen eine Viertelstunde, oder, wenn die
jufvrouw nicht zu Hause war, auch länger in den
Lehnstuhl vor dem Arbeitstische oder in die Ecke des
Sopha zu drücken, am liebsten aber in den bequemeren
Lehnstuhl, weil unsere Donna Smergalina vom echten

Leidner Hauspudeltypus, auf dem Sopha sitzend, mit den Füssen den Boden nicht erreichen konnte. Dann gefiel sie aber auch, weil zu jenen schlaffertigen Geschöpfen gehörend, die, sobald sie die Kniee zum Sitzen biegen, auch einschlafen, regelmässig in Schlaf, auch hierin ihrem Herrn nicht unähnlich. So lange sie nun die Cerevismütze auf dem Kopfe behielt, hatte das Auf- und Abnicken der Schlafenden ganz den Schein, als sitze da ein Lesender, der von Zeit zu Zeit Kurzsichtigkeitshalber oder wegen des feineren Drucks der Noten etwas tiefer in's Buch hineingucken müsse. Aber als sie eines Abends, nachdem sie wahrscheinlich das Schattenspiel und die *bordelflesch*, ich meine - die Branntweinflasche, gar zu oft vorgenommen, wieder im Armstuhl sitzend, nickte und nickte und immer tiefer nickte und am Ende die Cerevismütze vom Kopfe verlor, da sah man an dem Vorhange nur allzu deutlich den Schatten eines Mägdekopfes auf- und niedergehen.

An der Haube?

Ja, wie ich Ihnen soeben gesagt. Und weil zum Unglück gerade ein Haufen Studenten vorbeikommen und das Schattenspiel bemerken musste und dadurch ein lautes Gelächter auf der Strasse entstand, so konnte es nicht fehlen, dass mein Freund, an's Fenster tretend, um sich nach der Ursache des Lärmens zu erkundigen, ebenfalls Zeuge des Schauspiels würde und alsbald den ganzen Betrug nicht nur argwohnte, sondern auch entdeckte, indem nämlich die Magd jetzt auch noch die Dummheit beging, dass sie, durch den Aufruhr unter dem Fenster aus ihrem Schlafe aufgeschreckt, um ihre Rolle wieder aufzunehmen, nach ihrer

Mütze griff und sie wieder aufsetzte, aber so, dass man das Alles deutlich am Schatten sehen konnte. Ja, und als der Spectakel jetzt noch ärger wurde, guckte sie gar auch noch neben dem Vorhang zum Fenster hinaus auf die Strasse. Da war des Gelächters gar kein Ende mehr.

Solchen Fensterbeleuchtungen und Schattenbildern ist demnach nicht zu trauen?

Nein. Das Zeugniss meines Schwagers würde darum bei mir nicht schwer in's Gewicht fallen, wenn ich nicht auch von seinen Professoren die befriedigendsten Nachrichten erhielte. Ferner habe ich auch von Bären bei ihm noch keine Spur entdeckt, es müsste denn daher kommen, dass meine Frau hinter meinem Rücken ihm von Zeit zu Zeit aus dem Pech hülfe. Nun — mir hat meine gute Mutter auch oft genug unter die Arme greifen müssen, um mich nicht im Pech versinken zu sehen. Das hat nichts zu bedeuten; wenn sie nur arbeiten. — Aber das verfluchte Pauken!

Wie so, Herr Justizrath?

Wie oft er schon „losgegangen," das mag der Himmel wissen. Jedenfalls ist er immer gut davon gekommen — er soll ein tüchtiger Fechter sein — bis auf's letztemal, da hat er doch seinen Meister gefunden und eine Schmarre über die Wange bekommen —

Ein Ausrufungszeichen nannten wir es.

Einen Finger lang. Er nennt es eine prachtvolle Prime, uns aber erfüllt diese prachtvolle Prime mit steter Sorge und Angst, es möchte auch noch eine Terz dazu kommen, auf die linke Wange, und ihm das Gesicht total verhunzen.

Nun, er studirt ja nicht Theologie.

Das ist auch wieder wahr — bei seiner zukünftigen Bewerbung um eine Anstellung kann es ihm nicht schaden — ist aber doch ein schlechter Trost.

Wenn er nur nicht auf Stoss oder Schuss losgeht.

Das zu vermeiden, hat er uns heilig versprochen.

Nun, was wollen Sie mehr?

Was ich mehr will!? — Dass er das verfluchte Pauken ganz unterlasse. Lass die Schlingel mit Leberwürsten fechten —

Und mit Knödeln schiessen —

Und in einen Pudding stechen, wie der da.

Ja, das wäre tausendmal gescheidter. — Aber von Puddingen gesprochen, Herr Inspector — ich wollte sie schon lange, durch den vorliegenden da veranlasst, nach einer englischen Species fragen. Der englische Plumpudding — ist das wirklich etwas so ganz Besonderes?

Ja, Herr Justizrath. Ehre dem Ehre gebührt! So ein ächter Plumpudding ist aller Ehren werth. Das ist — die Wahrheit zu sagen — etwas ganz anderes, als der da.

Mein Freund und Gönner, der mehrerwähnte Oberappellationsgerichts-Präsident, Freiherr von Zwingerle, rühmt ihn ebenfalls himmelhoch, und seine Frau, eine geborne Engländerin, pflegt ihn einen Rhum- oder Schnappsgugelhopf zu nennen, was man in Holland einen *rhumtulband* nennen müsste.

Nicht übel, Herr Justizrath. Nur fehlt ihm dann immer noch eine Hauptingredienz, wenn ich so sagen darf, das Nierenfett nämlich, ohne welches ein Plum-

pudding kein wahrer Plumpudding ist, so wie auch
die Rosinen und Zibeben, es wäre denn, dass Ihr Freund,
der Herr Oberappellationsgerichts-Präsident, Freiherr
von Zwingerle und Gemahlin dabei an einen französischen oder holländischen Gugelhopf gedacht hätten.

Woran der gedacht hat, das weiss ich nicht, aber,
was ich jetzt denke und lebhaft empfinde, das weiss
ich, das nämlich, dass ich von all dem Gerede ziemlich durstig geworden bin, und unsere Flasche da ist
verschieden, hat es abgelegt, sagen die Holländer. Darum wäre mein unmaassgeblicher Vorschlag, meine
Herren, wir liessen uns noch eine geben zum Zuspitzen
oder *op den valreep*, wie die Holländer sagen.

Schön, das gefällt mir an den Holländern, dass sie
auch ihre eigene Terminologie haben für dergleichen
Dinge.

Und was für eine reiche! Für unser „angeduselt
sein," „einen Zopf haben," „bespitzt sein" u. s. w. haben sie ein paar hundert Variationen.

Schön! Das beweist Uebung im Fache, Praxis, Erfahrung, Gewandtheit, Vertrautheit mit, tieferes Eingehen in u. s. w., wenn man eine reiche Terminologie hat.

Aber, das war es nicht, was ich eigentlich sagen
wollte — ich meine, ob wir noch eine von dem da
nehmen wollen, oder eine andere.

Aber was für eine?

Das überlasse ich ganz Ihrem Ermessen. Wie meinen Sie?

Mein Standpunkt oder, wenn Sie lieber wollen, mein
Wahlspruch lautet:

„Des Lebens Unverstand mit Wehmuth zu geniessen.
Ist Tugend, ist Begriff" [1]).

Darum dächte ich, eine Flasche Hochheimer wäre nicht
übel.

Gut so! Einverstanden! Und Sie, Herr Inspector?

Ich?

„Ich sei, gewährt mir die Bitte,
In eurem Bunde der Dritte."

Bravo!

Ja, sehen Sie jetzt, Herr Justizrath? Es geht eben
nichts über die deutsche Einigkeit!

Und Ihren politischen Schwindel.

Und unsern deutschen Wein, meine Herren!

Das ist was Anderes. Ja, Herr Inspector, damit stimme
ich von ganzem Herzen ein.

Aber auch ich! Und darum ist auch der Becker'sche
Standpunkt ganz der meinige:

„Sie sollen ihn nicht haben
Den freien deutschen Rhein!"

Oder mit Herwegh zu reden:

„Stosst an! Stosst an! der Rhein.
Und wär's nur um den Wein.
Der Rhein soll deutsch verbleiben."

---

[1] Ein Nonsens, aus einer alten Oper, wie man sagt.

X.

Ja, da muss ich den Herren doch noch ein Wort
von England sagen, weil wir vom Wein sprechen. Zu
den bereits genannten Fatalitäten, — wenn ich so sagen
darf — kommt auch noch der schlechte und theure
Wein. So habe ich mir einmal an einer Flasche Nie-
rensteiner den Mund verbrannt. Der kam auf *circa* vier
Gulden zu stehen, nach unserem Gelde, und war noch
dazu nicht viel besser, als unser Apfelmost.

Pfui! Und dann noch schweres Geld dafür bezahlen
müssen! In Holland ist der Wein, wie gesagt, auch
theuer von wegen des hohen Eingangszolls — *inkomende
rechten* nennen sie es — aber er ist doch gut. Sie trinken dort meist französische Weine und Rheinwein;
diesen aber in der Regel nur im Sommer. Warum, das
mag der Himmel wissen. Wir trinken unsern Neckarwein des Sommers der Kühlung und des Winters der
Erwärmung wegen und so machen sie's hier auch mit
ihrem Rheinwein. Auch Frankenweine findet man auf
den holländischen Weinkarten, und auch die Mosel-
weine sind reichlich darauf vertreten, ja sogar Un-

garweine, aber unsern Neckarwein kennt dort niemand.

Sind Ihre Weine vielleicht nicht zur Versendung geeignet?

O doch; sie gehen ja selbst bis nach America. Aber freilich so feurig sind sie nicht wie die Rheinweine. Indessen könnten sie es doch auch einmal mit unserem Untertürkheimer Riesling oder mit unserem Mundelsheimer oder Uhlbacher probiren. Was sagen Sie dazu, Herr Landsmann?

Das glaube ich auch. Und ist er ihnen zu sauer, dann können sie ja Zucker dazu nehmen; den haben die Holländer ja umsonst.

Sie soll der Kukuk holen! Wollen Sie unsern Neckarwein in Discredit bringen?

Gott bewahre! Aber was wahr ist, muss wahr bleiben. Etwas Säuerliches hat er doch an sich. Uns schmeckt er, weil wir das Vaterländische in ihm erkennen, aber einem Fremden dürfen wir nicht zumuthen, dass er ihn dem Rheinweine vorziehe.

Nun, mich verlangt wieder ordentlich nach meinem Untertürkheimer. Ist er so feurig nicht — dafür steigt er einem auch nicht so in's Blut und zu Kopfe.

Ferner meine Herren, hat man sich in England auch vor dem Obst in Acht zu nehmen.

Wie so, Herr Inspector?

Das war das zweite Mal, dass ich mir den Mund verbrannt habe, ebenfalls in einer Restauration, an einer Birne. Solch eine englische Restaurationsbirne, die auf einer zierlichen kristallenen Schale auf dem Buffet steht, ist zwar wunderschön, „wie Venus in den Rosen," aber — wie soll ich sagen? — sehr schwer zu verdauen.

Wie so?

Für den Geldbeutel; denn das Stück kostet gewöhnlich einen Schilling.

Wie? Einen Schilling? Eine Birne? Sechs und dreissig Kreuzer? Das ist ja horribel. Dafür bekommt man ja bei uns einen ganzen Hut voll.

Von dem Augenblicke an bekam ich aber auch solch einen Respect vor den englischen Birnen, dass ich ihnen immer, so zu sagen, zehn Schritte weit aus dem Wege ging.

Was werden da erst die Pfirsichen oder gar die Trauben kosten, „die üppig schwellend hinter Blättern lauschen!"

Das weiss der Himmel; aber mir können sie lange „winken," Herr Kameralverwalter, ehe ich sie wieder anrühre.

So habe auch ich einmal in Holland für fünf ganz gemeine Pflaumen fünf Silbergroschen bezahlt. — Das war aber eine Prellerei, oder, wie man im Holländischen sagt, eine Absetzerei.

Wie so?

Das ist ja noch ärger.

Das will ich Ihnen sagen. Es war zwischen Arnheim und Utrecht. Da kommen die Bauernweiber so her an den Wagen mit Tüten mit Früchten. Ich nehme mir auch eine und gebe dem Weibe ein preussisches Fünfgroschenstück; kleine holländische Münze hatte ich nicht. Ein *dubbeltje* war der Preis.

Das ist?

II.   14

Ein Sechser nach unserem Gelde.

Ist doch noch impertinent theuer. Die Pflaume einen Kreuzer! Pfui! Wenn's noch Zwetschgen wären, das möchte noch hingehen.

Nun man ist froh, dass man wenigstens etwas zur Erfrischung bekommen kann. Denn sonst ist man überall in Holland, gerade wie auch hier am Rhein, auf den Eisenbahnen schlecht daran, ich wenigstens. Meiner Corpulenz wegen darf ich es nicht wagen, überall auszusteigen, und die Schlingel von Restaurateurs hier herum, die bringen einem nichts; nein, die lassen einen ruhig vor Durst verschmachten. Vorgestern wieder auf dem ganzen langen Weg von Arnheim bis Köln hatte ich nur in Emmerich, während der Visitation, einen Augenblick Zeit, ein Brödchen und einen Schoppen Wein zu mir zu nehmen, und in Oberhausen und in Düsseldorf habe ich auch noch schnell einen erwischt. Aber was bedeuten ein paar Schoppen auf solch eine Strecke?

Da ist's eben schön bei uns in Würtemberg, nicht wahr? Da braucht man nicht auszusteigen. Da kommen die Leute an jeder Station hübsch ordentlich mit ihrem Zeug an den Wagen her, mit Wein, Bier, Brod, Kuchen, Früchten u. s. w.

Das ist auch bei uns so.

Auch in Baiern habe ich es überall angetroffen, die herrlichen Würstchen, daumesdick und einen Finger lang, gerade genug, um es von einer Station zur andern aushalten zu können. Nur muss man eben das Bier so hineinschütten.

Ja, warum führen die Restaurateurs nicht überall

die papiernen Gläser ein, die ich auf meiner Herun-
terreise irgendwo im Darmstädtischen angetroffen habe?
Die sind practisch. Da bekam man seinen Schoppen
in einem Papier in den Wagen herein und durfte das
Glas behalten.

Ei was? — In einem Papier, Herr Justizrath?

Ja, Herr Inspector, in einem Papier. Es wár nämlich
ein Becher von impermeabler Pappe und sah recht nett
aus. Nur trinkt sich's aus Papier nicht so angenehm,
nicht so kalt und frisch, wie aus Glas oder Stein.

Und hält das Papier?

Ja freilich; ob lang — weiss ich nicht, aber —

Je nun, man macht mit einem Schoppen eben auch
nicht viel Umstände.

Darum; einen Schoppen lang hält's immer. Man hat
mir übrigens versichert, die Becher seien auch von
längerer Dauer. Ich habe sie aber sonst nirgends angetroffen.

Aber, Herr Justizrath, wie kam es doch, dass Sie für
die Pflaumen so viel bezahlt haben?

Ja, hören Sie weiter. Ich reiche also dem Weib das
Fünfgroschenstück hin und sie nimmt's und wendet's
um und um, guckt mich drauf ganz verschmitzt an,
als ob sie mir den Fremden an der Nase absehen
wolle, und wie ich ihr mit den Worten: „Herausgeben!
herausgeben!" winke, winkt sie mir mit spitzbübischer
Freundlichkeit zurück: „ja wel, Mijnheer, dadelijk," d. h.
sogleich, läuft aber fort zum zweiten Wagen und zum
dritten und vierten. Ich rufe ihr wieder, und sie ruft
auch wieder zurück: „ja wel, Mijnheer!" kommt aber
immer nicht. Da geht das Pfeifchen und der Zug setzt

sich in Bewegung. Endlich kommt sie, wie in grosser Hast, hergelaufen und thut, als ob sie mir herausgeben wolle, läuft ein paar Schritte neben her, kann's aber mit dem Gelde gleichsam nicht fertig bringen, denn jedesmal, wenn sie mir etwas zustrecken will, zieht sie's wieder zurück, als habe sie sich versehen. Und so geht der Zug immer schneller und schneller und fort ist sie, oder eigentlich, wir sind fort und lacht mich das Mensch noch aus der Ferne in's Gesicht hinein aus. Und die im Wagen wahrscheinlich auch.

Versteht sich. Nun — was ich für die Pflaumen zu viel bezahlt habe, das habe ich an Vorsichtigkeit für die Zukunft doppelt und dreifach gewonnen. Wäre das aber doch bei uns passirt, dann steckte das Mensch im Loch, das versichere ich Ihnen. Ich hätte ihr sogleich einen Landreiter nachgeschickt.

Und das von Rechtswegen.

Sonst sind die Früchte in Holland nicht viel theurer, als bei uns, auch die feinsten nicht; die Trauben — das mag sein, weil sie da natürlich nicht in der Menge wachsen, wie bei uns. Aber was für Früchte sind das auch! In der Obstzucht haben die Holländer eine Höhe erreicht, worin ihnen nicht leicht ein anderes Land gleichkommt. Ich habe einmal eine landwirthschaftliche Exposition zu Arnheim besucht und da unter dem Obst Trauben gesehen, die mehr als ein Pfund wogen und deren Beeren die Grösse einer Weichselkirsche hatten, und Aepfel, wie mein Kopf so gross.

Nun, das ist keine Kleinigkeit!

Kolossale, prachtvolle Exemplare! - Nun? Was giebt's wieder zu lachen? Ich versichere Sie, kolossal; ich

übertreibe es nicht. Und unter den Feldfrüchten habe
ich Rüben gesehen, von denen drei hinreichten, einen
Kuhmagen zu füllen.

Auch dazu gehört etwas.

Im Allgemeinen bildet man sich bei uns immer ein,
in Holland sei Alles übermässig theuer. Das ist aber
nicht der Fall. Wenn z. B. die Preise in den holländischen Hotels nicht mässiger sind, als unter andern
in Köln, höher sind sie gewiss nicht. Um nur ein
Beispiel anzuführen — im Hotel Paulez im Haag habe
ich für ein Couvert an der Table d'hôte nebst einer
halben Flasche Wein zwei Gulden bezahlt, und die Tafel war ganz ausgezeichnet und der Wein recht brav.
Ist das theuer?

Nein, wahrlich nicht, Herr Justizrath. In Köln kommen Sie in den Hotels ersten Ranges nicht wohlfeiler weg.

Was ich in Rotterdam und in Amsterdam bezahlt
habe, weiss ich nicht mehr, aber das weiss ich, dass
mir die Preise nirgends zu hoch vorgekommen sind,
im Verhältniss zum Comfort, zur Tafel, zur Bedienung,
kurz zur ganzen Einrichtung, die überall ausgezeichnet
war. Da bezahlte ich durchgängig für mein Zimmer mit
Inbegriff des Frühstücks und der Bedienung und der
unvermeidlichen Bougies per Tag nicht mehr als zwei
Gulden dreissig Kreuzer nach unserem Gelde.

Nun, das lasse ich gelten.

Nicht wahr? Und die Bedienung ist in Holland so
gut, wie man sie nur verlangen kann. Die dortigen
Kellner nämlich, oder, besser gesagt, die Bedienten —
Kellner in unserem Sinne giebt es in Holland nicht —

sind Leute geringeren Schlages und geringerer Bildung,
als bei uns, aber eben darum auch bescheidener und
dienstbeflissener, als viele dieser Herren hier zu Lande.
Auch in den Zimmern findet man da Alles, was Luxus
und Bequemlichkeit ohne Pracht erfordern. Jedes Zimmer hat da seinen Sopha und einen oder zwei Fau-
teuils zur Siesta, deren man da um so ungestörter geniessen kann, als in diesen Hotels immer eine wohl-
thuende Stille herrscht, indem nicht allein die Zimmer,
sondern auch die Corridore und Treppen mit dicken
Teppichen belegt sind, die man in Holland *kleeden*,
d. h. Kleider, nennt.

Das war auch in meinem Hotel in London so.

Aber in Holland findet man auch in den Privathäusern überall diese Teppiche. Und dann die doppelten
Gardinen vor den Fenstern — das Alles giebt dort den
Häusern die Stille und Ruhe und ihren Gemächern
die Kühle und das Helldunkel, welche die ersten Be-
dingungen eines süssen Mittagschläfchens sind. Zudem
sind die Häuser in der Regel nur von einer Familie
bewohnt, so dass, wer sich im Oberstock, wo sich gewöhnlich die Schlafzimmer befinden, isoliren will, nicht
zu fürchten braucht, dass jemand über ihm herumstol-
pern und ihn in der Ruhe stören werde. Und auch von
der Küche, wo die Mägde gewöhnlich beim *vaatwasschen*,
ach was! beim Spülen des Geschirrs, einen Lärm
machen, als müsse das letzte Stückchen Porcellan in
Trümmer gehen, hört man nichts, weil sie sich immer
im untersten Erdgeschoss befindet. Kurzum, nirgends
in der Welt schläft es sich gewiss so gut, wie in Holland. Oft findet man auf diesen Teppichen auch noch

Seehunds-, Eisbären-, Löwen- oder Tigerfelle vor den
Betten und Sopha's, auch vor den Thüren des Winters
Doppelthüren aus grüngefärbten Schaffellen mit der
Wolle, um den Zug abzuhalten. Ferner die schönen,
breiten Betten! Sie müssen nämlich wissen, dass in
Holland Mann und Frau in der Regel in e i n e m Bette
schlafen, nach alt-patriarchalischer Sitte. Daher giebt
es dort auch in den Gasthöfen immer vakante zwei-
schläfrige. Auf solche legte ich immer sogleich Be-
schlag.

Die giebt es auch in England — riesenhafte Himmelbetten.

Nun, Herr Inspector? Und haben Ihnen die nicht
gefallen?

Nicht eher, Herr Justizrath, als bis ich mich, die
Wahrheit zu sagen, von der Solidität dieser Himmel
und ihrer Stützen gehörig überzeugt hatte.

Daran erkenne ich den Baumeister.

Ja, aber der Herr Inspector hat Recht. Solch ein
Himmel könnte einfallen; die Möglichkeit besteht.

Und will er einfallen, nicht wahr, Herr Landsmann,
dann fällt er gewiss ein, wenn einer darunter liegt.
Der Teufel ist ein Schelm, sagt das Sprichwort. Mir
haben sie aber recht wohl gefallen. In Holland findet
man sie überall, auch in Privathäusern, nirgends ein
Bett ohne Umhänge. Selbst der geringste Mann hat
vor seiner an die Wand gezimmerten Schlafstätte wo
möglich einen Vorhang, und ich muss darum gestehen,
seitdem ich dort die stolzen Himmelbetten mit den
reichen Drapirungen gesehen, kommen mir unsere Betten, zumal wenn sie in keiner Alkove stehen, doch

gar zu kahl und öffentlich vor. Ich habe daher meine Alte auch schon oft zu persuadiren gesucht, unsere Bettladen mit solchen Himmeln und Umhängen zu versehen, indem ich ihr deutlich zu machen suchte, dass sie sich hinter solchen Gardinen, wo man sie nicht sieht, unendlich reizender ausnehmen würde. Aber die hängt an dem alten Gebrauche noch zäher, als eine Auster an ihrer Schale.

Mit mehr Respect von der Frau Justizräthin gesprochen, wenn ich bitten darf! Oder — geben Sie Acht, wenn wir nach Hause kommen! Die Frau Justizräthin kann Ihnen auch ohne Gardinen eine Gardinenpredigt halten.

Oder *een bedsermoen*, wie die Holländer es nennen.

So? Giebt's die dort auch?

Ach, Herr Inspector, wo es Weiber giebt, da giebt's, wenn auch nicht immer Gardinen, doch gewiss Gardinenpredigten. Ja, daran wird's diesmal wieder nicht fehlen, denn ich bleibe vierzehn Tage über meinen Urlaub aus. Indessen wird's doch so übel nicht ablaufen. Sie ist unterdessen mit meiner Nichte im Wildbad; da soll ich sie abholen. Komme ich nun vierzehn Tage später, dann können die Weibsleute ja vierzehn Tage länger im Wasser pfludern und pfladern. Sie hebt vielleicht, wenn ich komme, den Zeigfinger auf, aber ich weiss schon, wie's gemeint ist. Auch bringe ich ihr einen schönen Shawl aus Holland mit, einen Shawl von 250 Franken.

Aha! Das kann etwas Schönes sein.

Ja, aber ich hätte die Fahne neben meinem Hause ebenso gut und vielleicht um ein Drittel wohlfeiler haben können. Aber — aus Holland muss er kommen, sonst taugt er nichts, sonst ist er nicht weit her, wie unser schönes, deutsches Sprichwort sagt. Und für meine Nichte bringe ich ein Tuch mit von chinesischer Kreppe, so roth wie ein Waterloo-Geranium. Wenn sie das anhat, dann springen ihr alle Frösche im Wildbad nach. Aber sie haben es so bestellt.

— Und „des Menschen Wille ist sein Himmelreich." Natürlich. — Aber nun muss ich Ihnen noch etwas Merkwürdiges von meinem Amsterdamer Hotel mittheilen. Da befanden sich auf jedem Stockwerke Hahnen einer Wasserleitung, und nun müssen Sie wissen, dass dieses Wasser vier Stunden weit aus den Dünen zwischen Haarlem und Leiden hergeleitet oder vielmehr durch unterirdische Röhren mittelst einer Dampfmaschine hergepumpt werden muss, ehe es im zweiten oder dritten Stock eines Amsterdamer Hotels in das Waschbecken laufen kann.

Aber wie? Warum wird denn da das Wasser so weit hergeholt? Giebt's denn in Amsterdam nicht Wasser genug?

Mehr als genug, aber kein trinkbares, ausser dem, was aus dem Himmel fällt, dem Regenwasser nämlich, das in Cisternen aufgefangen wird, das aber, ehe es getrunken werden kann, zuvor noch filtrirt werden muss, wenn man keine Hüttenkatze davon tragen will.

Was soll das heissen?

Keine Bleivergiftigung oder Bleikolik, weil die *gooten*, ich meine — die Dachrinnen, dort meist mit Blei ausgelegt werden. Durch diese Wasserleitung ist aber jetzt die Stadt reichlich mit gesundem Trinkwasser

versehen. Zuvor aber musste dasselbe in eigens dazu
bestimmten Schiffen von Utrecht hergeschafft werden,
sieben Stunden weit. Ja, meine Herren, dort, wenn
man vernimmt, dass man halbtrinkbares Wasser —
denn, mit unserm Quellwasser verglichen, ist es doch
nur halbtrinkbar — um Geld kaufen muss, da bekommt
man ordentlich Achtung vor einer Flasche unseres
frischen, eiskalten, kristallhellen Quellwassers.

Das will ich glauben.

Und jetzt zum Schlusse noch ein Wort über gewisse
nicht näher zu bezeichnende Apartemente. Das gehört
nun freilich auch nicht hieher und eignet sich ebenfalls schlecht zu einem Tischgespräch —

Aber aller guten Dinge sind drei, nicht wahr?

Ja, ich rechne eben wieder hauptsächlich auf Ihren
Geschmack. Ich will's aber kurz machen. In Holland
sind diese Orte durch ihre zur Hälfte entweder mit
weissem Marmor oder mit fayencenen Deckplättchen
betäfelten, oben schneeweiss übergipsten Wände und
durch ihr gediegenes Porzellan zu freundlichen Kabi-
nettchen gemacht, während man sich bei uns nicht
selten, sogar in anständigen Hotels, schämen muss,
wenn man daran denkt, dass ein Holländer, von den
Damen gar nicht zu reden, sich der Commodité's bedienen muss. Glücklicherweise heissen sie bei uns nicht
„beste Kammern", wie in Holland. Was für eine Vor-
stellung müsste der Fremde sich sonst von unsern
Wohnzimmern machen! — So, jetzt wären wir mit
dem Essen so ziemlich fertig.

Und mit dem appetitlichen Accompagnement hoffentlich auch.

Jetzt aber wartet Ihrer, meine Herren, noch ein Ex
tragenuss, eine Extradelicatesse.

Ei, Herr Justizrath? Und zwar?

Die Gedichte wahrscheinlich, wovon Sie soeben
sprachen?

Nein, die meine ich nicht, etwas ganz Anderes. Aber,
wenn Sie die Gedichte etwa hören wollen —?

Mit Vergnügen, Herr Justizrath.

Dann muss ich aber eine ziemlich lange Einleitung
vorausschicken. Je nun, wir haben die Zeit dazu, bis
unser Herr Kameralverwalter mit seinen Amandeln
und Zibeben, mit seinem Studenthaber, wie man's in
Holland nennt, fertig ist, und mit dem übrigen süssen
Pfifferling und Geschleck da, das kann noch eine gute
Weile dauern. Die Hagestolze sind doch alle Süssmäuler.

Nun, das ist uns doch wohl zu gönnen, bei so vielen
Süssigkeiten, die wir sonst entbehren müssen. Kann
ich die Wonne nicht geniessen, eine süsse Ehehälfte
an mein Herz zu drücken, wie Sie —

Ach, gehen Sie weg!

So muss ich mich auf diese Art, mit dem — wie
nannten Sie es auch wieder? — mit dem Studenten-
haber zu entschädigen suchen.

Es ist Ihre eigene Schuld. Warum haben Sie nicht
auch geheirathet? — *Loontje komt om zijn boontje,* sagen
die Holländer. Sie haben Ihren verdienten Lohn.

Was soll ich Ihnen darauf antworten, Herr Justizrath? — Als ich heirathen wollte, konnte ich nicht,
und als ich konnte, wollte ich nicht; da war's zu spät.

Ja, so sagen sie Alle, denen es nie recht Ernst gewesen.

Haben Sie's gehört, Herr Inspector? Nehmen Sie ein
Exempel an mir. Zu allem Herzeleid wird man am
Ende noch verspottet. Warten Sie also nicht zu lange.

Ja, *van uitstel komt afstel*, sagen die Holländer.

Das soll auch nicht geschehen. Wenn die Herren
künftigen Sommer etwa auch unser Sachsen einmal
besuchen wollen und natürlich dann auch nach Dresden kommen, dann soll es mir eine grosse Ehre sein,
von Ihnen einen Besuch zu erhalten und Sie in meinem eigenen Hauswesen empfangen zu dürfen.

Bravo! Ja, die Baumeister! Wenn die keine Häuser
bauen, wer soll es dann thun?

Ich gratulire Ihnen schon zum Voraus. Auf das
Wohlsein Ihrer Fräulein Braut!

Ebenfalls, Herr Inspector!

Danke verbindlichst, meine Herren.

Ja, das ist doch ein ganz anderes Leben, als so allein in der Welt herumzubummeln.

Aber warum haben Sie denn Ihre Frau Gemahlin
nicht auch mitgebracht?

Wer seine Frau lieb hat, der lässt sie zu Hause,
sagen die Holländer.

Ei, ist das eine holländische Maxime? So so? —
Das stimmt aber gar nicht mit dem zusammen, was
mir mein Nachbar, der Häberle, immer von dem schönen Familienleben in Holland erzählt hat.

Ganz richtig; er kann Ihnen nicht zu viel Schönes
davon erzählt haben. Ich begreife daher auch nicht,
wie die Holländer an dieses Sprichwort gekommen
sind. „Ein Sprichwort — ein wahres Wort," trifft hier
gar nicht zu. Nein, da passte es besser auf uns, die

wir ja ein Drittel unseres Lebens im Wirthshause zubringen.

Hoho! Ein Drittel!

Ja ein Drittel, wo nicht gar zwei, des Lebens nämlich, das wir unserer Familie schuldig sind. Oder sitzen wir nicht tagtäglich jeden Abend unsere zwei, drei Stunden im Bier- oder Weinhaus?

Sie haben Recht.

Von diesem tagtäglichen Gekneipe weiss ler Holländer nichts. Man besucht sich da des Abends unter einander, einzelne Familien, die mit einander befreundet sind und sich näher an einander anschliessen, und ebenso bilden auch oft die ledigen Herren solche Kränzchen unter einander. So war das eines, wovon ich Ihnen nun zum näheren Verständnisse der da vor mir liegenden Gedichte ein paar Worte sagen muss. Da kommen die Herren einmal in der Woche und zwar um zehn, halb elf Uhr zusammen.

Des Nachts?

Ja, und bleiben bis ein Uhr. Ja, ich muss gestehen, dass es auch mir, ungeachtet ich diese holländische Gewohnheit schon seit lange her kenne, doch letzthin wieder fremd in die Ohren klang, als mein Freund mir noch um zehn Uhr Abends, als ich mir's bereits ganz bequem gemacht hatte und nur noch auf das Signal zum Schlafengehen, die Anzündung der Bougies, wartete, den Vorschlag machte, ihn in das Kränzchen zu begleiten. Aber das findet, wie gesagt, nur einmal in der Woche statt. In den grossen Handelsstädten aber ist das späte Zubettegehen an der Tagesordnung, wenigstens bei unverheiratheten Herren.

Denn weil da oft bis zehn Uhr auf den Comptoirs g -
arbeitet wird, so müssen sich die Leute erst spät ih e
Erholung suchen. Zwischen 10 und 12 Uhr ist es d -
rum in den Caffé's zu Amsterdam und Rotterdam a n
vollsten. — Ich habe in diesem Kränzchen ein paar rec t
angenehme Abende zugebracht. Es hatte früher ai s
sieben Mitgliedern bestanden, jetzt aber waren sie nu r
noch ihrer fünf, indem zwei der Herren nach Ostindic n
versetzt worden sind. Bei meinem vorigen Besuche
waren sie noch alle sieben beisammen. Zwei der Herren waren meines Alters, zwei geborne Deutsche, die
andern waren Holländer und ziemlich jünger. Die Ur.-
terhaltung fand in deutscher Sprache statt und ging
sehr flott von Statten. Auch die Holländer sprachen das
Deutsche sehr geläufig und an Stoff fehlte es nicht.
Eines von den Mitgliedern, ein Arzt, der sich zur Zeit
besonders mit Toxicologie beschäftigte, theilte interessante Beobachtungen über die Wirkung einiger *vergifte
ich will* sagen — Gifte, als Nicotine, Strychnine, Blau-
säure u. s. w., nebst mikroscopischen Wahrnehmungen
aus dem Gebiete der Physiologie mit; der zweite, ein
Philologe und Vielgereister, erzählte von Erlebnissen auf
seiner letzten Reise über die Ostsee nach Petersburg,
und wie es ihm in. Moscou bei einem Besuche, den
er dem Archimandriten daselbst abgestattet, ergangen;
der dritte, ein Regimentsthierarzt, war reich an lustigen Anecdoten aus dem Kasernenleben, vom Fischfang
und vom Rosshandel; der vierte, Professor der chinesischen und japanesischen Sprache, die er NB! als Au-
todidact gelernt hat, führte uns im Himmlischen Reiche
und im Lande Nippon herum; der Fünfte, ein tüchti-

ger Linguist und wackerer Tourist, früher Gymnasial-
lehrer, war das vorige Mal gerade aus Ostindien zurückgekehrt und machte uns über seine Hin- und Her-
reise nach und von Java, über ostindisches Leben und
von seinem Aufenthalt in Aegypten interessante Mit-
theilungen, und der Sechste, der vielgereisteste und
weitgespeisteste, der

„Vieler Menschen Städte gesehn und Sitte erkannt hat,"

damals Chef des Sanitätswesens bei der Marine in
den niederländischen Besitzungen in Ostindien, und
auf Urlaub in Holland, war unerschöpflich in Erzählung dessen, was er auf seinen zahlreichen Reisen in
Ost- und Westindien gesehen. Aber, wie gesagt, dieses
Mal fehlten die beiden letztgenannten Freunde, weil sie
wieder nach Java zurückgekehrt waren, was Sie auch
aus einem der Gedichte ersehen werden, so wie auch,
dass der Letztgenannte sich unterdessen verheirathet
hat, und zwar — geben Sie Acht — während er in
Batavia, seine Braut in Holland war.

Wie so? Wie geht das zu?

Ja, sonderbar genug. Der Bräutigam in Ostindien,
die Braut in Europa! Und doch heiratheten sie. Das
will ich Ihnen sagen, das fällt in Holland sehr häufig
vor und geht so zu. Ein junger Mann ist nach Ostindien gegangen, hat daselbst eine Anstellung bekommen
und nun erlauben es seine Umstände, sich zu verheirathen. Er schreibt also seiner in Europa hinterlassenen Geliebten etwa folgendermaassen: „*Praemissis
praemittendis*. Liebe Pietdoor!"

Wie sagen Sie?

Pietdoor.

Pietd'or? — Ist das ein Name?

Ja; eine Verkürzung von Petronella Dorothea.

Pfui, welch ein Name!

Nein, das klingt nicht schön, Herr Justizrath.

Das behaupte ich aber auch nicht, Herr Inspector. Im Gegentheil.

Pietdoor!

Ja, die Holländer verstümmeln einige ihrer Taufnamen gar hässlich, die männlichen sowohl, als die weiblichen. So machen sie z. B. aus Cornelius *Kees,* aus Jacobus *Koos,* aus Abraham *Bram.*

Nun — wir machen aus Johann Georg auch Hansjörg — das klingt auch nicht sehr melodisch — und aus Christoph Stoffel. Und was die weiblichen betrifft, so giebt es bei uns ja auch aus Friederike ein Rickele, aus Regine ein Regele, aus Barbara ein Bäbele, aus Katharina ein Käthchen und Kätterle, aus Dorothea ein Dorle.

Aber das klingt doch noch immer zehnmal besser, als Pietdoor.

Allerdings.

Ferner haben sie eine *Koomie* für Jacoba Maria und umgekehrt eine *Miekoo,* eine *Annemie* für Anna Maria, eine *Miebet* für Maria Elisabeth, ja sogar eine *Lettebet* für Alletta Elisabeth. Das sind ja garstige Verhunzungen.

Jedoch, haben wir bei uns in Schwaben nicht auch eine Annemrei oder Annemreile und eine Annelies oder Anneliesle? Wiewohl, das geht auch noch an. Aber die Mreikäther statt Marie Katharina und die Ur-

:chelbäbel für Ursula Barbara — das sind doch auch
ein paar würdige Gegenstücke zu *Miebel* und *Lettebel*.

Aber solche Monstrositäten finden sich bei uns nur
bei den Bauern. In Holland dagegen hört man sie auch
in den bessern Ständen. Aber weiter. Also unser junger Freund in Batavia schreibt seiner lieben Pietdoor
in Amsterdam: „Ich habe eine Anstellung bekommen
bei der *desolaten boedelkamer* in Batavia. Unserer ehe-
lichen Verbindung steht folglich nichts mehr im Wege.
Daarom is deze dienende u te vragen, oder, mit anderen
Worten, darum, lieber Engel, ergeht hiemit die Frage
an Dich: *hoe denkt gij er over?* Wollen wir jetzt? —
R. F. s. v. pl. d. h. um günstige Antwort wird gebeten.
Ewig Dein Kees." Worauf sie, die Pietdoor, natürlich
mit umgehender Post antwortet: „Warum sollten wir
nicht? Ich stehe zu Diensten. Je eher, je lieber. *In-
middels* breche ich ab mit der Feder, aber nicht mit
dem Herzen. Mich damit u. s. w. Bis in Ewigkeit und
noch drüber hinaus Deine Dich zärtlich liebende Petronella Dorothea."

Ist das der Stil der Liebenden in Holland? Allerdings klar und deutlich, practisch und *ad rem*.

Aecht holländisch — kurz und gut.

Nicht wahr?

Oder —?

Sie lachen, Herr Justizrath?

Ja, wer da nicht lachen müsste!

Freilich sehr poetisch klingt die Sprache nicht.

Das glaube ich gerne. Aber darüber lache ich nicht,
sondern über Sie. Sind Sie denn närrisch geworden?
Verstehen Sie denn keinen Spass mehr? — Und auch

Sie, Herr Inspector?! — Da haben wir's wieder! Solches Zeug trauten Sie also den Holländern im Ernste zu? Hätte ich noch hinzugesetzt: „*Tien regels zonder renvoi*," dann hätten Sie's vielleicht auch noch für gute Münze angenommen. Wenn's nicht so lächerlich wäre, könnte man sich fast darüber ärgern.

Sie nehmen es uns doch nicht übel, Herr Justizrath?

Das nun eben nicht. Aber das will ich doch nicht verschweigen, dass es mir vorkommt, als ob es nach dem, was ich Ihnen bis jetzt Alles von Holland und den Holländern mitgetheilt habe, Zeit zu werden anfinge, Ihren Vorurtheilen nachgerade den Abschied zu geben. — Jedoch bevor wir die Liebescorrespondenz verlassen, muss ich Ihnen doch noch sagen, dass ich wirklich einmal in Holland einen derartigen Brief gelesen habe, aber natürlich von keinem Holländer, sondern von einem der auf den holländischen Comptoirs und Kanzleien als Decopisten arbeitenden, sogenannten Sinjo's, d. h. Eingebornen von Java, den Mischlingen von Europäern und Javanern. Es war dem Inhalte nach eine Liebeserklärung im feurigsten Stil des Orientalen, zugleich aber auch im Jargon eines Creolen abgefasst, und der Form nach ein regelmässiges Kanzleischreiben. Denn es war ganz wie ein solches gebogen und zusammengelegt und neben der Ueberschrift: „Innig und unaussprechlich geliebte Jufvrouw!" stand links oben auf dem Falz: „Beilagen. Keine." Weil der Sinjo nämlich diese Worte regelmässig auf den Actenstücken hatte stehen sehen, die er abgeschrieben hatte, so meinte er, sie gehörten *per se* zu jedem andern Schreiben auch. Aber genug davon. — Bei unserem Kees und

unserer Pietdoor wird nun Alles in Eile zur Heirath in's
Reine gebracht, d. h. die dazu erforderlichen Schrift-
stücke, und der Hochzeittag wird festgesetzt. Am Tage
der Trauung holt dann, natürlich nicht der Bräutigam,
sondern der Figurant-Bräutigam, ein Freund und Be-
kannter des ächten, die Braut ab, geleitet sie auf's
Rathhaus, legitimirt sich daselbst mit seiner Vollmacht
als Bräutigams-Verweser, unterzeichnet hierauf *qua-
litate qua* mit der Braut den Heiraths-Contract und
mit dem letzten Federzug ist der Bräutigam dahinten in Batavia mit seiner Braut in Holland verheirathet, ja, was noch ärger ist — das gehört auch noch
dazu — dann ist der Bräutigam schon sechs Stunden
vor seiner Braut verheirathet gewesen.

Wie so denn? Was ist das für eine confuse Geschichte?

Wenn die Trauung in Amsterdam z. B. am ersten
Mai des Mittags um zwölf Uhr stattgefunden hat, dann
war der Bräutigam in Batavia unter demselben Datum
um zwölf Uhr schon sechs Stunden früher verheirathet,
ehe seine Braut noch aufgestanden war, und wenn seine
Frau sich in Amsterdam zu Tisch setzt, geht er in
Batavia zu Bette. — Verstehen Sie noch nicht?

Ach ja, die haben ja sechs Stunden früher Tag, als
wir in Europa.

Aber wie geht's ferner mit der Hochzeit zu?

Die Neuvermählte tritt dann, natürlich so bald wie
möglich, die Hochzeitsreise an —

Auch ein wunderliches Solo und Hysteron proteron
oder Hinterfür, wie wir in Schwaben sagen.

Um ihren und ihres Mannes Titel zur reellen Wahrheit zu machen. Und auf der Reise, die sie entweder mit einem Kauffahrteischiffe, oder, wenn sie Eile hat, mit der sogenannten Ueberlandpost macht, kann sie sich dann jeden Morgen beim Kapitän oder Steuermann erkundigen, um wie viel Knöpfe sie in den letzten vierundzwanzig Stunden ihrem Manne näher gerückt ist.

Wie sagen Sie? Knöpfe? Was soll das wieder bedeuten?

Um wie viel Meilen sie dem Ziele ihrer Reise, d. h. ihrem Manne, näher gekommen.

Aber Knöpfe? — Knöpfe, Herr Justizrath?

Ja, allerdings Knöpfe.

Aber, was bedeutet das?

Wissen Sie das nicht, Herr Inspector? Sie auch nicht, Herr Landsmann?

Nein.

Sie wissen freilich nichts vom Seewesen.

Natürlich; ich bin ja auch nie mit schönen Frieslän· derinnen auf der Südersee gewesen, wie Sie.

Der Gang eines Schiffes wird bekanntlich, oder *respective* unbekanntlich, *naar knoopen*, d. h. nach Knöpfen gemessen.

Und das heisst?

Ja, das weiss ich auch nicht.

Nun, dann wissen Sie auch nicht viel mehr, als ich.

Aber Sie wussten ja gar nichts davon.

Sie haben Recht, und nichts ist immer noch etwas mehr, als gar nichts.

Ist die Jungvermählte nun in Java angelangt, dann holt der junge Gatte sie vom Schiffe ab, führt sie aber nicht sogleich seinen eigenen Penaten zu, son-

dern in eine befreundete Familie, als wäre sie noch
seine Braut. Da wird dann einige Tage das, was in
den eigentlichen Brauttagen hier, in Java, und dort,
in Europa, an Polterabendfesten versäumt werden
musste, nachgeholt, bis nach drei oder vier Tagen die
Ehe durch kirchliche Einsegnung nun *in optima forma*
geschlossen wird. — Aber, um in das Kränzchen zurückzukehren, der siebente der Herren, das war mein
Freund, ein Landsmann von uns. Der machte diesen
Abend den Festredner, wie gewöhnlich, wenn eines
der Mitglieder oder das ganze Kränzchen ein Fest zu
begehen hatte. Letzteres ist regelmässig alle Jahre der
Fall, wenn der bestellte Bock ankommt.

Wie so?

Das werde ich Ihnen sogleich sagen, wenn wir an
das zweite Gedicht kommen. Jetzt liegt das erste und
älteste vor mir, das schon aus den Zeiten meiner zweiten
Anwesenheit datirt, wo ich auch einen Abend in dem
Kränzchen zugebracht habe. Das Gedicht hat einer
besondern Veranlassung seine Entstehung zu danken,
indem die Herren damals gerade ein dreifaches Fest
in einer Person, oder, besser gesagt, einer Person
zu Ehren feierten, nämlich den Geburtstag, die Beförderung und die Wiederherstellung eines ihrer Mitglieder von einer Krankheit. Das war der Regiments-
Thierarzt, der wenige Tage zuvor vom Rang eines
Lieutenant-Pferdearztes, wie sie dort heissen, zu dem
eines Kapitän-Pferdearztes avancirt, von einem Anfall
von Rheumatismus, den er sich wahrscheinlich beim
Fischen, wovon er ein leidenschaftlicher Liebhaber ist,
zugezogen hatte, wiederhergestellt und zum erstenmal

wieder im Kränzchen zugegen war und zugleich seinen Geburtstag feierte. Ich will es Ihnen einmal vorlesen, aber dann muss ich meine Brille zu Hülfe nehmen.

Oder — wenn Sie befehlen, Herr Justizrath — dann will ich es vorlesen. Ich kann es noch ohne Brille.

Ja, Herr Inspector, Sie haben jüngere Augen. Mit Vergnügen, wenn Sie so gut sein wollen. Es ist so verzwickt klein geschrieben; auch hat es mein Freund überhaupt in der Kalligraphie nicht entsetzlich weit gebracht, wie Sie sehen. — Ehe Sie aber anfangen, muss ich Ihnen zum besseren Verständnisse desselben noch bemerken, dass damals auch soeben in der Uniform der Veterinärärzte eine grosse Veränderung, *re-'spective* Vereinfachung, aber für die Officiere doch immer eine mit Kosten verknüpfte Metamorphose, vorgegangen war, indem sie statt ihres dreieckigen, mit einem Federbusche versehenen Hutes einen gewöhnlichen Tschako ohne Federn, statt eines Frackes mit rothen Aufschlägen an Kragen und Schössen und mit einer doppelten Reihe Knöpfe, einen Rock mit e i n e r Knopfreihe und ohne rothe Aufschläge bekommen hatten. Auch müssen Sie noch wissen, dass die holländischen Militärärzte, Thierärzte und Quartiermeister, sowie auch die Landwehr-Officiere damals noch silberne oder goldene Epauletten mit Franzen trugen; ferner, dass das Distinctionszeichen eines Seconde-Lieutenants ein doppelter, das des Premier-Lieutenants ein einfacher Streifen war, nämlich ein goldener auf dem silbernen, ein silberner auf dem goldenen Epaulette, während der Hauptmann keine dieser Streifen im Epaulette hatte, wesshalb damals der Verlust der Streifen ein unschätzbarer Gewinn zu nennen war. Nun sind Sie, glaube ich, so ziemlich auf der Höhe. Also, Herr Inspector, wenn Sie denn die Güte haben wollen.

Mit Vergnügen.

GLÜCKWUNSCH

HERRN REGIMENTS-THIERARZT PETER TIMS

DARGEBRACHT

ZUR FEIER SEINES GEBURTSFESTES.

———— —

Auf diesem weiten Erdenrund
Ist nichts sich gleich zu jeder Stund,
Davon, Herr Hauptmann, weiss Sein Mund
    Ein Wörtchen auch zu sagen:
Einst trug Er einen mächt'gen Claque,
Worin ein Büschel Federn stak,
Auch rothes Tuch am Hintersack
Auch doppelt so viel Knöpf' am Frack.
    Auch einen rothen Kragen.

Jetzt ist Er all des Schmuckes bar,
Ja selbst das goldne Streifenpaar,
Das seiner Achseln Zierde war,
    Muss ich an Ihm vermissen.
Verschwunden ist der Claque vom Schopf,
Zerstoben ist der Federzopf,
    Dahin so mancher blanke Knopf,

Und mit dem rothen Ring am Kropf
Das Gold im Achselkissen.

Jedennoch hat Er nie geklagt,
Nie Kugeln durch den Kopf gejagt,
Kaum dann und wann Goddam! gesagt,
　　Als man Ihn so geplündert.
Drum, Brüder, fasst die Humpen an!
Es lebe unser Zechkumpan!
Der ist der wahre, wackre Mann,
Den das, was er nicht hindern kann,
　　Auch wiederum nicht hindert.

Ja, ob er gleich so manches Jahr,
Trotz Kunst, trotz Arbeit und Gefahr,
Doch stets nur Doctor-Leutnant war,
　　Hat's ihn doch nie verdrossen,
Zu tragen seinen Doctorhut;
Er salbte doch mit frohem Muth,
Er brannte doch nicht minder gut,
Er zapfte doch nicht minder Blut
　　Den pflegbefohlnen Rossen.

Dem hat er vorn was eingestürzt,
Dem hinten etwas eingewürzt,
Dem einen bösen Rotz verkürzt
　· Und eine Pill' gegeben.
Und ob auch heiss die Sonne stach,
Und weit und breit kein Wirthshaus lag,
Ging er doch manchen halben Tag
Den Pferden auf der Weide nach
　　Trotz Zäunen, Heck' und Grüben.

Und wenn die Feierstunde kam,
Dass er vom Dienste Abschied nahm,
Dann kroch er doch nicht flügellahm
    In eine finstre Klause.
Nein, weg mit Gram und Grillenfang!
Dann wandt' er rüstig seinen Gang
Zum Freundeskreis und Becherklang,
Zu Scherz und Lust und Liedersung
    Und starkem Biergebrause.

Auch fand bei ihm zu jeder Zeit
Die Freundschaft einen Sitz bereit
Und warm Gelass und Herzlichkeit
    Und gut Getränk die Fülle.
Und trotz dem kargen Ehrensold
Hat er doch nie mit Gott gegrollt.
Nur, wenn er andern helfen wollt',
Dann wünscht' er sich mehr Lausegold
    In seines Säckels Hülle.

Auch zog er drum nicht minder gern
Vom Frühroth bis zum Abendstern
Dem Fischfang nach in Näh' und Fern',
    Wie sein St. Namensvetter.
Sogar als ihn die Gicht gepackt,
Und ihm das Fleisch vom Leib gezwackt,
Als in die Haut ihm fasernackt,
Der Schröpfkopf seinen Zahn gehackt.
    Schrie er nicht Mord noch Zeter.

Das ist des wahren Mannes Art.
Wer so sich Muth und Kraft bewahrt,

Und Gleichmuth so mit Frohsinn paart,
　Der ist ein Mann mit Ehren.
Drum hab' ich Ihm dies Lied gemacht,
Und drum sei Ihm dies Glas gebracht,
Auch hab' ich eine kleine Fracht
Von Segenswünschen noch bedacht,
　Die soll er auch noch hören.

Mit Recht hat Ihn des Königs Hand
Erhoben in den Hauptmannsstand
Und Seinem Säckel zugewandt
　Mehr angenehme Schwere.
Und als Er sollt' vom Stückwerk ¹) gehn
Und unter andern Reitern stehn,
Wollt' Ihn Sein Regiment erflehn
Und sich zum Leibarzt ausersehn,
　Zu sonderlicher Ehre.

Nun sei das ferner Sein Geschick:
In Seiner Praxis eitel Glück!
Und künftig keinen Augenblick
　Die Gicht der Füss' und Hände!
Und legt Er einen Angel ein —
Dann soll ein Barsch gefangen sein!
Und trinkt er Bier, Schnapps oder Wein,
So soll's Ihm Schluck für Schluck gedeihn
　Bis an Sein selig Ende!

Nicht übel.
Nicht wahr?

———————

¹) Die reitende Artillerie.

Das darauf folgende Gedicht heisst: „Zum dritten Jubelfeste der Eröffnung des Bamberger Bocks."

Ganz vortrefflich irgendwo
Sagt der weise Salomo;
„Alles in der Welt ist eitel."

Ja, Herr Inspector, wenn Sie so gütig sein wollen, das auch noch zu lesen. Dann muss ich aber auch wieder etwas zur Einleitung vorausschicken. Sie müssen nämlich wissen, dass die Herren vom Kränzchen sich jedes Frühjahr ein Fass Bock von Bamberg kommen lassen. Solch ein Fass ist mit Stroh umwickelt und mit einem zwilchenen Ueberzug versehen, wohl hauptsächlich, um zu verhüten, dass es unterwegs angebohrt, halb ausgetrunken und mit Wasser angefüllt werde, was jezuweilen auf den Dampfschiffen geschehen soll. Das Abzapfen findet dann immer mit gewissen Feierlichkeiten statt, auf deren Programm dann, wie gesagt, das Festgedicht meines Freundes einen stehenden Artikel ausmacht. Solch eines ist das, das Sie da vor sich haben. Darin werden Sie auch den Namen des bekannten Gesundheits-Apostels, Ernst Mahner, finden. Der hat nämlich vor Jahren auch in Holland einmal sein Wesen getrieben und unter anderen auch in Leiden sein „Neues Evangelium von der Wiedergeburt der Menschheit durch Wasser und Geist" gepredigt. Die Freunde wohnten seiner Vorlesung bei, fanden ihre Freude an dem Sparren des Apostels und seinen ascetischen Salbadereien, und luden ihn hernach in ihr Kränzchen ein zu einem Glase Bock, wo denn unser Heiliger, inmitten der lustigen

Weltkinder, gar bald seine Mönchskutte ablegte, und,
ohne sich weiter zureden zu lassen, mit einem wahren
Normaldurst dem Bock dermaassen zu Leibe stieg,
dass er schliesslich ziemlich reizend angeduselt war. —
Wenn Sie also wollen, Herr Spitzner —

Mit Vergnügen. Also:

ZUM DRITTEN JUBELFESTE

DER ERÖFFNUNG

DES

BAMBERGER BOCKES.

Ganz vortrefflich irgendwo
Sagt der weise Salomo:
„Alles in der Welt ist eitel."
Gut! — Doch Ein Ding nehm' ich aus —
Nicht den stets gespickten Beutel —
Nein, ein Fass mit Bock im Haus.

Grossen Schatz begehr' ich nicht,
Leiste gern darauf Verzicht.
Doch das würde schwer mich kränken,
Dürft' ich nicht mit jedem Jahr
In ein Böcklein mich versenken,
In der trauten Freunde Schaar.

Kraft, Gesundheit und Gedeihn
Quillt aus ihm, aus ihm allein.

> Drum herbei, bewährte Zecher!
>> Seht, die wahre Panacee
> Schäumt Euch hier; mit diesem Becher
> Schwindet Herz- und Magenweh,
>
>> Angebohrt nicht —

Mit Ihrer Erlaubniss, Herr Inspector — dieser Vers ist, wie Sie sogleich merken werden, eine Nachahmung eines gewissen Lapidarstils, lächerlichen Andenkens, Die zweite Zeile aber,

>> „Treu, auch wo's ihm ringsum wälscht,"

soll bedeuten, dass das Bier sich auf dem Transport in die Fremde gut gehalten habe. — Dann folgt, glaube ich, im folgenden Vers eine Sage, die sich die Herren von einem aus Deutschland zurückkehrenden Freunde hatten erzählen lassen, dass nämlich in Bamberg zur Zeit des Bocks auf der Eisenbahn kein Mensch aussteigen dürfe, weil die Reisenden, wenn sie dort den Bock gekostet, nicht mehr fortzukriegen seien. Nun, wenn ich bitten darf —

>> Angebohrt nicht, unverfälscht,
>> Treu, auch wo's ihm ringsum wälscht,
> Schlicht im Zwilch mit Stroh, doch labend,
>> Hat ihn Babenberg geschafft,
> In verpichter Eichbrust habend,
>> Obzwar mild, Thuiskons Kraft.
>
>> Auch ist weit und breit im Land
>> Seine Zauberkraft bekannt.

Hört nur, was sich jüngst begeben:
Auf der Eisenbahn ein Zug
Kam nach Bamberg, als man eben
In das Fass den Zapfen schlug.

Kaum erscholl die Freudenmähr,
Dass ein Bock eröffnet wär,
Da lief Alles, Passagiere,
Maschinist und Conducteur
Nach dem wundersüssen Biere,
Und der Zug war menschenleer.

Wie das Dromedar sich streckt,
Lechzend Hals und Zunge reckt,
Wenn es in Sahara's Dünen
Fernhin die Oas' erkennt,
Wie das Ross des Beduinen
Wiehernd nach der Quelle rennt:

Also stürzten sie hinein,
Stolpernd über Stock und Stein,
Nach dem Ort, woher die Kunde
Von dem frischen Bock erklang,
Und es hing aus jedem Munde
Eine Zunge ellenlang.

„Hier ist gut sein, lasst uns hier
Hütten bauen! Welch ein Bier!"
Riefen All' aus Einem Munde.
„Seidel, Stiefel, Kannen her!
Wir sind hier zur guten Stunde;
Heute reisen wir nicht mehr."

Und vergebens Stunden lang
Zerrte man am Glockenstrang,
Auch der Dämpfer pfiff und fauchte.
Endlich ist auf eigne Faust,
Eh' ihm Saft und Kraft verrauchte,
Er allein dahingesaust.

Drum, seit jenem Incident
Ist kein Austritt dort vergönnt.
Jeder Wagen bleibt verschlossen.
Fürbass muss der Maschinist,
Weil, wer dort vom Bock genossen,
Zeit und Ewigkeit vergisst.

Seht, selbst *Mahner*, der Ascet,
Dieser Heros der Diät,
Dieser „heldenmüthge Faster,"
Der sonst nichts als Wasser trinkt,
Trinkt er diesen Bock, dann prasst er,
Bis er taumelnd niedersinkt.

Drum, so tadle Keiner mich,
Sollt' auch ich ein weniglich
Jetzt mich anzuduseln wagen.
Einmal nur in jedem Jahr
Will ich rühmend von mir sagen,
Dass ich auch begeistert war.

Was sich dies Prophetenhaupt,
Was ein *Mahner* sich erlaubt,
Sollten wir nicht wagen dürfen? —
Drum, nicht nippen zimpferlich

Nein, in vollen Zügen schlürfen
Will ich, süsses Böcklein, dich.

Auf denn, Brüder, allzumal!
Und den ersten Festpokal
Weihen wir dem Vaterlande!
Holland hoch! Und Fluch und Tod
Dem, der seinem Selbstbestande,
Seiner Freiheit Arges droht!

Bravo!

Sehr gut.

Das folgende Gedicht ist ebenfalls ein Festgedicht.

ZUR FEIER DER ERÖFFNUNG

EINES

GUTEN, SCHÖNEN UND WAHREN

BAMBERGER BOCKES.

———

Willkommen, ihr Freunde, im Kellergeschoss
Zum fröhlichen Feste versammelt!
Der Bock, der feurige Bock ist los!
Drum lasst, eh die Zunge mir stammelt,
Mich heute auch
Nach altem Brauch
Ein Wörtchen singen und sagen,
Wie sich's ziemt bei unsern Gelagen.

Es hat mich immerdar bass erbaut,
Wenn unsere Tafelrunde

Am flackernden Herde, so heimlich und traut,
Sich stille, bei nächtlicher Stunde,
Trotz Regennacht,
Trotz Hageljagd,
Trotz Schneegeriesel im Winde,
Versammelte — Ein Gesinde.

Drum, wie ihr eigenes Konterfei
Ein Mädchen mit Wonne beäugelt;
Sie hängt's an die Wand und geht nie vorbei,
Sie hätte denn erst sich geschmeichelt:
So möcht' ich auch hier,
Auf diesem Papier,
Ein Bild entwerfen mit Liebe
Von unseres Bundes Getriebe.

Sobald die Glocken im Glockengestühl
Die zehente Stunde gebimmelt,
Dann *hora!* — Weg mit dem Gänsekiel,
Ob's auch von Geschäften noch wimmelt.
Wir kommen zuhauf
In eilendem Lauf,
Mit männlicher Trinkbereitschaft,
Zu ersäufen, was irgend uns Leid schafft.

Dann werden die Pfeifen mit Varinas
Gestopfet, und, sind sie erglommen,
Dann wird das erste schäumende Glas
Mit Andacht zu Handen genommen,
Und geprüft am Licht
Wie's Kennerpflicht,
Denn beim Biere die Probe der Wahrheit
Sind der Perlenschaum und die Klarheit.

Drauf geht's auf Berlin und Parisia los
Und die Annexionsgelüste.
Der hantierte so gerne sein Hintergeschoss,
Der die Chassepots, wenn man nur wüsste —?!?
„Denn der linke Rhein
Gehört eigentlich mein,
Und auch Belgien wär mir beschieden,
Jedoch —

einstweilen und vorläufig und bis ich meiner Sache
hinlänglich gewiss bin, sage ich eben immer

— das Kaiserreich ist der Frieden."

Und der Andre, der führe gern *jusqu' à la mer*,
Und wollte trotz pfropfvollem Magen,
Weil's jetzt ja so ganz in der Nachbarschaft wär',
Auch Holland noch etwa vertragen.
„Doch niemand gönnt
Mir dies Accident;
Und mit Allen es zu verderben,
Das brächte —

denn ich weiss wohl, dass meine guten Freunde im
Reich nur auf eine gute Gelegenheit passen, mir den
ungebetenen Besuch von letzthin wieder heimzugeben — das brächte — Kreuzdonnerwetter!

— leicht Alles wieder zu Scherben."

Doch ist es am sausenden Webstuhl der Zeit
Auch Feierabend geworden,

Und die Janustempel sind weit und breit
Geschlossen im Süden und Norden,
So sitzen wir drum
Nicht maulfaul herum,
Die Reden wechseln doch munter,
Auch ein Witzchen schlüpfet mit unter.

Bis endlich der Wächter trompetet vom Thurm,
Dass die Mitternachtstunde gekommen;
Dann werden die Messer und Gabeln im Sturm
Und die Teller in Angriff genommen,
Zum frugalen Mahl:
Ein saurer Aal,
Ein Häringsalat, ein Backfisch,
Ein Rauchsalm oder Ansjovis.

Und haben sich Alle rechtschaffen gestärkt
Mit nassen und trockenen Dingen,
Und hat auch bald dieser, bald jener gemerkt,
Es wolle nicht länger gelingen,
Die Schwere des Kopfs
(Mit nichten des Zopfs!)
Mit Anstand aufrecht zu tragen,
Und die Glocke hat Eins geschlagen:

Dann zündet man flugs die Cigarren an,
Und trottelt halt stille nach Hause,
Doch bevor man ein Dutzend Schritte gethan,
Macht männiglich eine Pause,
Und wählt seinen Raum
Am nächsten Baum,
In Ermanglung spanischer Wände —
Ich verschweige verschämt das Ende.

Nun, das hätte mein Freund auch ganz verschweigen können.

Ach, es wird ja nicht gedruckt, Herr Justizrath.

Das ist auch wieder wahr, und das Gedicht war freilich auch nur für ein männliches Auditorium bestimmt, und da — so meine ich wenigstens je und je verspürt zu haben — lässt sich in Holland etwas der Art schon noch sagen, ja wohl noch etwas mehr. So delicat die Holländer im Umgange mit Damen in ihren Ausdrücken sind, so wenig geniren sie sich, Männer unter Männern.

> Wann aber der Lenz und der liebliche Mai
>   Und die Frösche wieder erschienen,
> Dann legt uns der Has' ein gar köstliches Ei,
>   In einer Crinolinen.
>   Das ist der Bock
>   Im zwilchenen Rock.
>   Dann schlägt für die Tafelrunde
>   Des Jahres festlichste Stunde.

Der kommt nicht von —

Einen Augenblick Geduld, Herr Inspector, wenn ich bitten darf — das Folgende bezieht sich auf einen Spass, den einmal einer der Freunde in einem dortigen sogenannten bairischen Bierhaus gehabt hat, d. h. in einem Bierhause, wo, wenn's recht ist, der Reclame gemäss, nur „Aechtes Ehemans Kitzinger Lagerbier" — das hält oder vielmehr, das hielt man früher für das beste bairische Bier — ausgeschenkt werden soll. Unlängst ist aber in Amsterdam eine grossartige Bierbrauerei errichtet worden, deren Fabricat mit dem besten bairischen wetteifern kann und welches das Kitzinger so ziemlich verdrängt hat. Zur Zeit aber, wo dieser Spass vorfiel, musste noch alles Bier bairisches Bier sein. Nun fand aber dieser Freund einmal in jenem Bierhause, in einem Haufen alter Zeitungen herumstöbernd, einen offenen Brief folgenden Inhalts: *„Asten in Noordbraband. Den WelEdelen Heer N. N. in Leiden. Hiernevens ontvangt UEd. tien vaten beiersch bier"* u. s. w. d. h. hiermit empfangen Sie zehn Fässer bairisches Bier aus — Nordbrabant!" — Sie können sich denken, wie die da den Wirth mit seinem „Aecht-Ehemans-Kitzinger-Lagerbier" aufgezogen haben. Andere dieser holländisch-bairischen Bierwirthe verkauften damals Bier, das in Duiven bei Arnheim gebraut wurde, für bairisches Bier, ersparten sich damit den Eingangszoll und die theure Fracht, liessen sich aber dessenungeachtet, wie für das beste bairische Bier, vier Stüber für das Glas bezahlen.

Vier Groschen also? Horribel! Gerade viermal so viel als bei uns.

Aber weiter.

Also:

Der kommt nicht von Asten in Nordbrabant,
  Das ist keine Jauche aus Duiven.
Von Bamberg stammt er in Baierland,
  Wo die ächten Bierstoffe reifen.
    Drum versäumen wir nicht
    Die erste Pflicht:
Hoch lebe der biedere ᐧᐧᐧmann!
Der schafft uns alljährlich den Stoff an.

So haben wir's immer gepflegt und geübt,
   Und wollen's auch fürder so halten;
So lang's noch Ein ehrliches Brauhaus giebt,
   So lassen wir's treulich beim Alten.
      Unser Losungswort
       Sei fort und fort:
    Am Freitag Abend in's Kränzchen
    Und im Mai ein Böcklein am Schwänzchen.

Doch vermiss' ich zwei Brüder, zu grossem Leid,
   Zwei wackere, treue Gesellen:
Der eine — der schifft schon so weit, so weit
   Auf Indiens kochenden Wellen.
      Wer weiss, wie itzt
       Der Bruder dort schwitzt,
    Bei lauer, süsslicher Schwenke,
    Und lechzt nach unsrem Getränke!

O wär' er doch wenige Monden noch
   Bis zum heutigen Feste geblieben!
Wer hat so behende dem Bock in's Loch
   Den Zapfen, wie er, getrieben.
      Und das Fass gelupft,
      Und die Flaschen besupft,
    Und kunstverständig gepfropfet,
    Und niemals eine zerklopfet!

    Wer verstand es, wie er, das würz'ge Gemüs
   Des Sellriesalats zu bereiten!
Wer über die Erdbeern den Rahm, so süss,
   In reichlichen Strömen zu leiten!
      Oft hat er zuletzt
      Gar Kaffee noch gesetzt,

Und keine Cichorien-Schlappfluth,
Nein, vom ächtesten Mokka den Absud.

Gott lass' es dem Braven dort wohl ergehn
Und segne das Werk seiner Hände.
Und muss er im Schweisse des Angesichts sä'n,
So ernt' er auch einmal ohn' Ende.
        Wir reichen die Hand
        Ihm in's ferne Land
    Und wollen zu seiner Ehren
    Dies andere Becherlein leeren ¹).

Und den Zweiten hat auch sein Geschick schon geführt
Nach denselbigen glühenden Zonen.
Wir hätten so gern ihn noch introducirt
In die höheren Zunftregionen,
        Im Bocksornat
        In den Meistergrad;
    Jetzt misset er leider die Weihe
    Und bleibt halt zeitlebens ein Laie.

Dem Gerstensaft war er nur mässig geneigt,
    Noch wusst' er den Werth nicht zu schätzen;
Doch bald hätt' er hier auch Talent gezeigt,
    Ich wette, in wenigen Sätzen
        Bei diesem Fass,
        Bei solchem Nass,

---

¹) Dieser treue Freund wurde leider! am 15. Mai dieses Jahres, als er auf der Rückreise von Java begriffen war, um jetzt im Vaterlande die Früchte seiner vieljährigen Arbeit in Ruhe zu geniessen, in der Nähe von St. Helena vom Tode hinweggerafft.

Wenn er uns nur zum Muster genommen,
Er wär' auf die Höhe gekommen.

Gott segne auch ihn im gelobten Land
    Und schütze ihn allerwegen,
Und führ' ihn recht bald auf Batavia's Strand
    Sein liebendes Weibchen entgegen.
        Der dritte Pokal
        Gilt beiden zumal:
    Gott führe sie glücklich zusammen!
    Das bet' ich herzinniglich, Amen.

Und wenn die dort Abends zuweilen selbdritt
    An Erinnerungsspielen sich weiden,
Dann werden sie gern auch in unserer Mitt'
    Sich manchmal verweilen mit Freuden.
        So hab' ich gedacht
        Und dies Lied gemacht. —
    Jetzt aber, trautlieben Zecher,
    Auch auf u n s e r Wohl einen Becher!

Danke schön, Herr Inspector.

Ebenfalls.

Bitte, bitte. Das sind aber recht artige Gedichte.

Natürlich sind es nur Gelegenheitsgedichte, die auf poetisches Verdienst nicht den entferntesten Anspruch machen. Sie sollten höchstens zur allgemeinen Heiterkeit auch ein Scherflein beitragen und abwesenden Freunden ein Zeichen freundschaftlicher Erinnerung sein. Mein Freund legte ausserdem nicht den geringsten Werth darauf und nur mit Mühe habe ich diese Abschrift von ihm bekommen. — Nun aber wollen

auch wir dem Zurufe unseres Dichters folgen. Aber
trinken Sie erst aus, Herr Inspector. Nehmen Sie doch
ein Beispiel an meinem Landsmann.

Ja, ich bin schon lange fertig. Mir brauchen Sie
nicht erst lange zu winken. Ich richte mich immer
nach Ihnen.

Gute Beispiele reizen zur Nachahmung, nicht wahr?
oder, wie die Holländer sagen: *goed voorgaan doet goed*
volgen. — Auf diese Art müssen sich also die Herren
dort zusammenthun, wenn sie den Geselligkeits- und
Mittheilungstrieb befriedigen wollen. Denn die sogenannten Societäten oder geschlossenen Gesellschaften
eignen sich nicht dazu, indem da meistens nur gespielt
oder gelesen wird. Die mündliche Unterhaltung ist da nie
allgemein und beschränkt sich in der Regel auf kleine
Häufchen von höchstens drei oder vier Personen. Das ge-
meinschaftliche Plaudern, wie bei uns, wo Alles an der
langen Wirthstafel hinauf und hinunter, herüber und
hinüber discurirt, trifft man in Holland nicht an. Wer
daran seine Freude hat, der muss das in einem
derartigen Kränzchen suchen, wie die Herren da aus-
machten, oder Mitglied einer oder mehrerer der un-
gemein zahlreichen, theils auf den Fortschritt, theils
auf die Verbreitung und Popularisirung der Wissenschaft und Literatur wirkenden gelehrten *maatschap-*
pijen, ich will sagen — Gesellschaften, so wie der
vielen *genootschappen* oder Vereine zur Förderung künst-
lerischer Bestrebungen werden und den Sitzungen und
Versammlungen derselben beiwohnen. Diese Vereine
erfreuen sich in Holland einer unausgesetzten eifrigen
Theilnahme und befördern, weil sie — e i n e Societät,

die „Königliche Academie" ausgenommen — die Aufnahme neuer Mitglieder nicht einzig und allein von
hervorragenden Verdiensten in Wissenschaft und Kunst
abhängig machen, sondern ihre Pforten so ziemlich
jedem wissenschaftlich Gebildeten öffnen, die intellectu-
elle Cultur in den weitesten Kreisen, wesshalb denn
auch die Bevölkerung Hollands zu den wohlunterrich-
tetsten in Europa gerechnet werden darf. Und wer
daran zweifeln wollte, dass in Holland ein regsamer
öffentlicher Geist herrsche, der braucht, um sich eines
Bessern zu überzeugen, nur auf die Anzahl, Stärke,
Verzweigung, Einrichtung und Wirksamkeit dieser
Vereine zu merken. Des segenreichsten Einflusses erfreut sich unter andern die gegen eine jährliche *con-
tributie*, ich meine — Beisteuer von fünf Gulden jedem
zugängliche, in zahlreichen Comité's über das ganze
Land verbreitete, ungefähr vierzehntausend Mitglieder
zählende *Maatschappij tot Nut van 't Algemeen*, zum
allgemeinen Besten, welche durch Schrift und Wort,
durch öffentliche Vorträge und Verbreitung gemein-
nütziger Schriften auch in den untersten Volksklassen
Kenntniss und gute Sitten und dadurch Aufklärung
und Wohlfahrt zu befördern trachtet, und, wohl gemerkt!
ohne *een zweem van fijmelarij*, ich meine, ohne die
geringste Spur von der Frömmelei innerer Mission zu
verrathen und irgendwelche geistliche Salbe dabei zu
verwenden, so wie auch ohne jene eitle Ostentation,
womit solche Dinge so oft in England betrieben werden. Nichts von alle dem.

Bravo! Das ist schön.

Auch bestehen in Holland noch immer die alten,

schon aus dem fünfzehnten Jahrhundert datirenden Rederijker-Kammern, wo man sich im oratorischen Vortrage übt und entweder eigene oder fremde poetische Erzeugnisse vorträgt.

Haben die Holländer in der Poesie auch etwas geleistet?

Ich weiss es nicht. — Nun ist aber freilich in diesen Versammlungen, im Holländischen *vergaderingen*, der gewöhnlichen Unterhaltung über Zeitungsnachrichten und Tagesereignisse und über *koetjes en kalfjes*, d. h. dem eigentlichen Plaudern, in der Regel immer nur ein sparsamer Raum gelassen, nämlich in den Pausen, indem natürlich die Vorträge und deren Besprechung die Hauptsache ausmachen. Es bleibt desshalb denjenigen, die sich gerne unterreden und nicht bloss den Zuhörer machen wollen, am Ende doch keine andere Gelegenheit zum Gedankenaustausch übrig, als in solchen Zusammenkünften, wie die der genannten fünf Freunde.

Aber nun haben Sie uns noch etwas versprochen, Herr Justizrath, wenn ich so frei sein darf, Sie daran zu erinnern.

Ganz richtig, Herr Inspector, ja, ich denke gerade auch daran.

Und *belofte maakt schuld*, sagt der Holländer. Ja, ich habe noch etwas zum Kaffee, etwas *geuriges*, etwas *lekkeres*, Delicieuses, ächt Holländisches.

Käse etwa?

Zum Kaffee? Das wäre ja noch ärger, als Käse und Salat. Und den Holländer Käse haben Sie ja vor sich, hier — ächte Edamer Rothkruste, und hier — ächte

holländische Butter, nur ziemlich weich, und hier —
beschuitjes, d. h. Zwieback. Hier haben Sie Alles. Nur
zugegriffen.

Recht gerne. Ich schlage Nichts ab.

Als Fliegen, wie die Holländer sagen.

Aber nun wissen wir noch nicht, wessen wir uns
zu erfreuen haben werden.

Können Sie's nicht errathen? Daran sehe ich, dass
Sie keine Holländer sind. Eine Cigarre! eine Cigarre!
Was anders? Und zwar eine ächte *Regalia immaculata*,
bezogen aus dem berühmten Lager des Hrn. Hoflieferanten Sr. Majestät des Königs der Niederlande, Gross-
herzogs von Luxemburg etc. etc. etc. zu Amsterdam,
Hajenius. Auch habe ich noch ein paar ausgezeichnete Manillen, die ich ebenfalls in Amsterdam und
ebenfalls bei einem Hoflieferanten gekauft, wie ich Ihnen
Schwarz auf Weiss beweisen kann. Was steht hier?
„Handel in Binnen- en Buitenlands gefabriceerde Siga-
ren. Sigaren-fabriek de Beurs. C. J. Boele & Zoon.
Leveranciers van Z. M. den Koning. Amsterdam, Vijgen-
dam, Botermarkt, Halvemaansteeg; 's Gravenhage, Spui-
straat; Utrecht, Leiden, Kampen, Groningen u. s. w. Und
hier auf der Kehrseite sehen Sie die Fabrik, einer Kaserne vergleichbar. Da stammen diese her.

Empfehle mich sehr zu Gnaden.

Ebenfalls, Herr Justizrath.

Sie haben also die Wahl, Havannah oder Manilla.

Ich ziehe die Havannah vor.

Und ich, Herr Justizrath, wenn ich die Wahrheit
sagen soll, die Manilla.

Gut, Herr Inspector. Sie wollen also jedem der Herren

Hoflieferanten etwas von der *klanditie*, ich meine —
Kundschaft, gönnen.

Natürlich. Alle Bisschen helfen.

Ja, so sagte die Mücke auch, als sie in den Rhein —.

Aber — vom Rauchen gesprochen, Herr Justizrath —
da fällt mir England wieder ein. Auch in Bezug auf
das Rauchen ist man dort übel dran.

Wie so, Herr Inspector? Ist denn da nichts gut?

In den Restaurationen darf nicht geraucht werden,
in den Hotels auch nicht, ausser im Rauchzimmer,
das aber — wenigstens in meinem Hotel, wo ich den
ersten Tag logirt habe, war es so — im entlegensten
Theile des Hauses sich befindet, so dass man es ohne
Wegweiser nicht leicht finden kann. Selbst auf seinem
eigenen Zimmer soll man's nicht thun.

Das liesse ich mir aber nicht verbieten.

Nun verboten ist es gerade nicht, aber man sieht es
doch höchst ungern. Darum, als mich des Morgens das
Stubenmädchen mit meiner Cigarre ertappte, erschrak
sie so zu sagen ordentlich, stellte sich wenigstens,
als ob sie erschrecke, schnitt ein Gesicht, als ob sie
lauter *asa foetida* unter der Nase habe, und murmelte
Allerlei im Zimmer herum.

Murmel du nur zu, liebes englisches Murmelthier,
würde ich gedacht haben.

Natürlich, ich warf darum, diesem Zimpferlieschen zu
Liebe, meine Cigarre noch nicht weg. Aber in den Con-
versations- oder Speisesaal mit der Cigarre im Munde
einzutreten, wäre ein unverzeihliches Vergehen.

Ei, ist das Rauchen da so verpönt?

Ja, Herr Justizrath.

Wiederum der verdammte englische Eigensinn, seinen Abscheu so weit zu treiben! Nein, da lobe ich mir
eben wiederum mein liebes Holland. Da findet man
diese kokette Aversion vor dem Rauchen nicht. Zwar
verbietet der Anstand auch dort im Speisesaal mit seiner
Cigarre zu erscheinen, zumal wenn sich Damen darin befinden, und das ist sehr gut. Aber sobald das Diner abgelaufen, zündet Jedermann, wer Lust hat, seine Cigarre an.
Und auf seinem Schlafzimmer kann man rauchen, so viel
man will, ja da wird das offenbar als selbstverständlich
vorausgesetzt, denn auf jedem Zimmer trifft man die
erforderlichen Zündhölzchen und Aschenbehälter an.

Und Kölnische Pfeifen, nicht wahr?

Bitte.

Ich meine die langen, thönernen, womit man die
Holländer gewöhnlich abbildet.

Ja, ich weiss wohl; nein, diese Pfeifen sind in Holland so ziemlich aus der Mode gekommen, von den
Cigarren verdrängt, wenigstens aus der Öffentlichkeit.
Nur hie und da sieht man in den Café's noch einen älteren Herrn, der der alten Geliebten treu geblieben
ist und sich nicht schämt, ihr auch noch öffentlich
seine Anhänglichkeit zu bezeigen. Aber zu Hause, innerhalb seiner vier Mauern, zieht der ächte Raucher
sie noch immer den Cigarren vor, so wie sie auch in
den Sitzungen der gelehrten Gesellschaften, wo man
sich inmitten seiner Zunftgenossen befindet, noch sehr
gebräuchlich sind. Da kann man noch immer die meisten Mitglieder mit der Thonpfeife an der langen Tafel herumsitzen und aus Wolken von Rauch ihre Orakel von sich geben sehen.

Ich habe aber meinen Nachbar, den Kaufmann Häberle, der in seiner Jugend in Holland conditionirt hat,
doch mehr als einmal erzählen hören, dass einem da
sogleich beim Eintritt in ein Café, gleichsam zum
Gruss, eine jener langen Pfeifen angeboten werde.
Wenn der auf den holländischen Tabak und im Allgemeinen auf Holland zu sprechen kommt, dann geräth
er förmlich in Ekstase.

Das war in früheren Zeiten so; jetzt ist diese Sitte
abgekommen. Diese Pfeifen heissen dort Goudsche
Pfeifen; denn sie kommen nicht von Köln, sondern
werden in der Stadt Gouda fabricirt.

Gouda? — Gouda? — O ja, das ist da, wo die
prächtige Kirche mit den alten Glasmalereien sich befindet.

Richtig, Herr Inspector. Diese holländischen Pfeifen
sind viel netter und feiner, als die Kölner, beinahe
wie Porzellan; aber man muss damit umzugehen wissen, denn sie brechen wie Glas. Der Holländer aber
kann Alles damit verrichten; er schreibt damit, spielt
Karte und Billard damit, kegelt damit, alles mit der
langen Pfeife im Munde, stopft sie mit einer Hand
und zerbricht sie nie.

Haben Sie wohl aus einer geraucht?

Ja, Herr Inspector, öfters, und ich muss gestehen,
dass ich, wenn ich ein Raucher wäre — ich rauche
aber nur wenig, von Zeit zu Zeit nach Tisch zu einer
Tasse Kaffee eine Cigarre, sonst nicht — aber wenn
ich ein Raucher wäre, dann würde ich unbedingt diese
holländische Pfeife jeder andern bei weitem vorziehen.
Das ist ein reinliches Rauchen. Taugen sie nicht mehr,

dann wirft man sie weg. Das Stück kostet etwa einen halben Kreuzer. Die unsrigen dagegen, man mag sie so rein halten, wie man will, haben doch immer einen unangenehmen Geruch.

Das heisst mit Ausnahme, Herr Justizrath. Ich habe eine, die kann es im Punkte der Reinlichkeit mit jeder Holländerin aufnehmen: Kopf und Wassersack von Porzellan, ein schöner Meissner Kopf, das Rohr von Glas und das Mundstück von Bernstein.

Je nun, das lasse ich gelten. Aber dann haben Sie auch eine Fracht daran zu tragen, lieber Herr Landsmann, während die holländischen federleicht sind. Hat sie Ihnen noch keinen Zahn ausgerissen?

Das nun eben nicht, aber schwer ist sie, das muss ich gestehen. Ich habe aber auch noch andere, z. B. einen schönen, ächten Wiener Meerschaumkopf, mit feinem elfenbeinernem Rohr und schöner Kernspitze, der mich aber auch, der Kopf allein und ohne Beschläg, zwölf Gulden gekostet hat.

Schön! Ja vor einem schöngerauchten Meerschaumkopf habe ich allen Respect. Nur muss kein elastisches Rohr daran sein, es sei denn, dass der elastische, oder, wie mein Nachbar, der Dreher, sagt, der stelastrische Theil fleissig erneuert werde.

Ich, Herr Kameralverwalter, rauche am liebsten aus einer langen türkischen Pfeife. Ich rauche jedoch auch nur selten, eigentlich nur in Gesellschaft anderer Raucher. Ich habe es natürlich in der Jugend und in aller Heimlichkeit auch gelernt, wie alle Buben, und habe auch in den bekannten schauerlichen Surrogaten, als da sind: Traubenblätter und Kastanienlaub,

angefangen, konnte es auch schliesslich so weit bringen, unter dem Beistande saurer Aepfel eine Pfeife
Höllenknasters auszurauchen. Was thut man nicht,
um älteren Leuten nachzuahmen und sich bei seinen
Kameraden ein Ansehen zu geben? Später habe ich
es aber wieder gänzlich aufgegeben, bis ich vor ein
paar Jahren Mitglied einer Gesellschaft wurde, in welcher Alles rauchte. Da musste ich wohl mitthun, wenn
ich es darin aushalten wollte. Sonst aber beschwere
ich mein jährliches Budget mit diesem beim Cigarren-
rauchen doch immer beträchtlichen Posten nicht bedeutend. Gute Cigarren sind bei uns theuer und vor
den schlechten —

Den los Canaillos stinkadores —

Oder Danewirkos —

Bewahre einen der Himmel! — Indessen schlage ich
in dieser Beziehung ganz aus der Art. Mein seliger
Vater war ein leidenschaftlicher Raucher; der stand
im wörtlichsten Sinne mit der Pfeife auf und ging
mit der Pfeife zu Bette. Er hatte eine ganze Sammlung
von Pfeifen aller Gattungen, die schön geordnet in
seinem Studirzimmer an der Wand hingen, darunter ein paar ächte Maserköpfe. Sie kennen wohl die
Maserköpfe?

Allerdings.

Die Maserköpfe? — Ob wir die kennen, Herr Inspector? Die sind ja bei uns zu Hause. Die Ulmer-
köpfe? — Das will ich glauben. Ich habe auch einen
und zwar einen ächtächtesten. Es giebt, wie Sie wissen,
viele nachgemachte, aber der meinige ist von der
ächten Wurzel des Masholderbaums.

11   17

Mit den schönen kastanienbraunen Marmorirungen.

Ja, das ist in der That etwas Schönes, und solch ein Kopf ist auch der grösste Schatz eines schwäbischen Bauernburschen. Wenn da so ein Bursche bei uns auf der Alb in seinem Sonntagsstaate einherstolzirt und hat seine pelzverbrämte Mütze ohne Schild, in der Mitte mit einer Troddel von Golddraht, auf dem Kopf und eine frischgepflückte Blutnelke hinterm Ohr, und hat sein blaues Wamms an, mit den breiten stählernen Knöpfen von der Grösse eines Zwanzigers, seine scharlachrothe Weste und daran die blinkenden zinnernen, auch wohl silbernen Knöpfe von der Gestalt und Grösse einer Flintenkugel, einen über dem andern, und den grünen Hosenträger drüber her, und dann die kurzen gelben Lederhosen, die weissen Strümpfe und die Schuhe mit breiten silbernen Schnallen, und er führt in der Hand die Gerte mit drei Blättchen obendran, dann nimmt sich das recht hübsch aus, zumal wenn er sein „schwarzbraunes Mädichen" am Arme führt, mit den doppelten mit Bändern durchflochtenen Zöpfen, die über den Rücken herabhängen, mit den kurzen weissen Aermeln, dem rothen Mieder und dem schwarztuchenen Leibchen mit silbernen Kettchen darüber her und dem tausendfaltigen grünen, kaum bis an die Knie reichenden Rock, den bunten Strümpfen und Stelzenschuhen mit silbernen Schnallen — dann nimmt sich das Alles zusammen recht hübsch aus, ist aber doch nur Stückwerk, wenn er nicht auch das vornehmste Zeichen eines grossgewordenen flotten Burschen, den silberbeschlagenen Ulmerkopf im Munde hat. Solch ein Kopf muss dann

ordonnanzmässig mit einem silbernen, helmähnlichen
Deckel versehen und am Stiefel ebenfalls mit Silber
beschlagen sein, und statt der Schnur ein doppeltes
silbernes Kettchen führen, um das Hirschhornrohr mit
der langen Kernspitze zu halten. Nicht wahr, Herr
Justizrath?

Ganz richtig.

Aber meine Lieblingspfeife, ein Vermächtniss meines
seligen Vaters, ist, wie gesagt, ein türkischer Kopf
„von der Sigelerde von Lemnos" —
    Wie es in der „Luise" von Voss heisst. Also auch

        „Von rothem Ton mit goldnen Reifchen."

Aufzuwarten, Herr Justizrath. Mit ellenlangem Weich-
selrohr und einer Ambraspitze. Ja „von rothem Thon
mit goldnen Reifchen" — da nennen Sie meines seligen Vaters Leibstückchen:

        „Gott grüss' Euch, Alter, schmeckt das Pfeifchen?
        Weist her — ein Blumentopf
        Von rothem Ton mit goldnen Reifchen —
        Was wollt Ihr für den Kopf?"

Wenn mein Vater sang, dann war es dieses Lied. Wie
oft habe ich als kleiner Knabe mit Ungeduld dem
Ende dieser Türkenpfeife entgegengesehen! Denn war
sie ausgeraucht und hatte der Vater sie ausgeklopft,
dann durfte ich, bis sie wieder auf's Neue gestopft
wurde, auf seinem Knie reiten, die Türkenpfeife wie
eine Lanze halten und der Vater musste singen: „Gott
grüss' Euch, Alter u. s. w."

Ein liebes, ächt deutsches Lied. Von wem ist es auch wieder?

Von Pfeffel, Herr Justizrath.

Ach ja, die Tabakspfeife von Pfeffel! Wir haben es auf der Schule auch auswendig lernen müssen. Jetzt erinnere ich mich wieder, es stellt einen einfachen Zug aus dem Leben eines alten Soldaten dar. Ja, das ist auch eines der Lieder, deren man immer mit Liebe gedenkt. Dieses wenigstens wird durch die kindlich-begeisterte Anhänglichkeit des alten Knasters an seinen Hauptmann und die rauhe, aber ächt-menschliche Treuherzigkeit seines Wesens immer Interesse gewähren.

Aber, meine Herren, ich bin mit dem musterhaften Rauchapparat meines Vaters noch nicht zu Ende. Dazu gehörte auch noch ein prächtiger von meiner seligen Mutter gestrickter Perlenbeutel mit Rosen- und Vergissmeinnicht-Guirlanden und auf der einen Seite mit dem Wappen des Vaters, auf der andern mit dem meiner Mutter prangend und mit Sehmleder gefüttert. Zum täglichen Gebrauch aber diente eine Blase mit einem Besatz von grüner Seide und von unten mit einer mit dito Seide übersponnenen Eichel. Zuletzt kamen auch noch ein paar schöngemalte blecherne Dosen aus der Fabrik von Stobwasser dazu, aus Braunschweig. Endlich ein Pfeifenraumer met silbernem Griff, Napoleon I vorstellend, und ein dito Stampfer mit dem Bilde Friedrichs des Grossen.

Wahrscheinlich, um das Feuerwerk in der Pfeife, den aufrührerischen, empörenden und empörten Maryland, wie man ihn damals rauchte, der fortwährend

in feurigen Kegeln in die Höhe pfupferte, in Unterwürfigkeit zu erhalten?

Aufzuwarten, Herr Justizrath.

Ja, den gelben Maryland, den kenne ich auch noch,
damit hätte man ein Zündnadelgewehr laden können.

Dass es endlich auch, vor der Erfindung der Zündhölzchen, am nöthigen Feuerzeug, wie es damals erforderlich und beschaffen war, nämlich an Stahl, Stein
und dem besten Ulmer Zunder nicht gefehlt habe,
spricht von selbst.

Liess man sich den bis von Ulm kommen?

Das glaube ich nicht, Herr Justizrath, aber man
nannte ihn doch so, weil der beste von Ulm kommen
soll.

Natürlich; gerade wie man in Holland alles Bier,
wofür man sich für den Schoppen vier Stüber, d. h.
zwölf Kreuzer bezahlen lässt, bairisches Bier nennt.
Das ist in der ganzen Welt so. Nun aber — mein
Landsmann ist endlich mit seinem Dessert fertig —
ist Alles rein aufgeräumt? — Sehen Sie, hier sind die
Cigarren.

Ah! die sehen suprafein aus, Herr Justizrath.

Und nun — eine Tasse Kaffee? Oder wollen wir
zuvor noch eine dito —? Wie meinen Sie, Herr Inspector?

Das überlasse ich ganz Ihrem Ermessen, Herr Justizrath, wie Sie wollen.

Nein, mir ist's ganz einerlei; sagen Sie, wollen Sie
noch ein Glas Wein oder lieber Kaffee?

Ich muss allerdings gestehen, der Wein ist ganz
ausgezeichnet, und wenn Sie ferner Wein zu trinken be-

lieben, dann leiste ich Ihnen jedenfalls mit dem grössten Vergnügen Gesellschaft.

Aber —?

Wie so, Herr Justizrath?

Sie haben noch ein Aber im Sinne?

Ich, Herr Justizrath?

Ja, aber Kaffee wäre mir doch lieber, wollen Sie sagen. Die Herren Sachsen sind doch rechte Complimentenschneider, Herr Kameralverwalter, nicht wahr?

Ja, bei denen könnten wir Schwaben in diesem Punkte noch was lernen.

Bitte, meine Herren! Aber — je nun — soll ich denn doch einmal durchaus meine Meinung sagen, dann freilich ginge mein unmaassgeblicher Vorschlag eigentlich dahin, dass wir, etwa zur Abwechslung, so zu sagen, als Zwischenstation, jetzt zu dieser herrlichen Cigarre eine Tasse Kaffee nähmen.

Schön!

Dann können wir ja nachher schon wieder zum Weine zurückkehren, z. B. zu dem da drüben.

Zum Bacheracher? Das ist ja Bacherach da drüben? Den kenne ich aber nicht. Haben Sie ihn getrunken?

Nein.

Oder Sie, Herr Inspector?

Ich auch nicht.

Aber ein altes Verschen lautet, nach Baedeker:

Zu Klingenberg am Main,
Zu Würzburg an dem Stein,
Zu Bacherach am Rhein,
Solln sein die besten Wein.

Wenn das wahr wäre, lieber Landsmann, dann würde
er gewiss mehr genannt werden. Nein, dann warten
wir lieber, bis wir beim Assmannshäuser sind — das
ist ein anderes Gewächs — oder in Bingen. Sie logiren
doch auch im Hotel Victoria, Herr Inspector?

Aufzuwarten.

Dann haben wir ja gegenüber den herrlichen Rüdes-
heimer und noch näher die Quelle des Scharlachber-
gers! — Also vorläufig Kaffee.

Oder sind die Herren vielleicht gewohnt, Thee zu
trinken?

Bitte, Herr Inspector. Um den Thee gebe ich —
ehrlich gestanden — nichts; Sie —?

Das heisst, ich kann ihn allerdings wohl trinken.

Aber? — Nun, dann will ich den Nachsatz wieder von
dem meinigen hinzuthun: mir kann er eimerweise gestohlen werden. Ich habe ihn in Holland zwar oft getrunken, wenn ich eingeladen war, und trinke ihn
wohl auch zu Hause bisweilen, meiner Frau zu Gefallen.

Sind die Frau Justizräthin eine Liebhaberin?

Vom Thee? — Das glaube ich, und was für eine!
Aber erst seit ein paar Jahren. Die Weibsleute stecken
einander damit an. Die eine macht's der andern weiss,
es sei was. Nun, meinetwegen, wenn ich nur nicht
jedesmal dabei zu sein und zuzusehen brauche.

Es muss also doch wahr sein, was unser Uhland
davon sagt:

> „Den Männern will es schwer gelingen,
> Zu fühlen seine tiefe Kraft;
> Nur zarte Frauenlippen dringen
> In seines Zaubers Eigenschaft."

Und was mich bei dieser süssen Schwenke am meisten ärgert, das sind die tausend Umstände, die damit verbunden sind. Wenn sie den ganzen Plunder, Thee, Milch und Zucker in e i n e m Kessel kochten und wie die Chocolade oder den reformirten Thee auf einmal herumschenkten, dann hätte ich nichts dagegen.

Reformirter Thee? Den kenne ich nicht.

Vielleicht hat er bei Ihnen einen andern Namen. Aber er ist bei Ihnen gewiss auch zu Hause. Er wird, wenn ich mich recht entsinne, von Milch, Eiern, Zimmt und Zucker und dem Gelb einer Citrone fabricirt.

Aber ohne Thee?

Ja, er heisst Thee, wie *lucus a non lucendo*. — Aber da müssten Sie einmal beim eigentlichen Thee die Präparationen sehen.

Wie so, Herr Justizrath?

Ich will es Ihnen beschreiben. Geben Sie einmal Acht. Für's Erste wird zur Rechten der Theenymphe, der Schenkin, ein kupferner Wasserkessel aufgepflanzt, der über einem Kohlenfeuer dampft, welches sich in einem Kohlenbecken befindet, das wieder in einem Thee*stoof* steht, d. h. — wie soll ich Ihnen das Ding beschreiben? Bald hat es Aehnlichkeit mit einem oben bodenlosen Fässchen von Mahagoniholz, bald mit einem antiken Dreifuss oder Opferbecken. Siedet das Wasser, dann spielt der brodelnde Kessel die Ouvertüre, indem er zu singen anfängt. Drauf wird das lakirte, auch wohl, wo's hoch hergeht, silberne Theeblatt aufgesetzt, nebst silberner oder, im Ermanglungsfalle, irdener Theekanne, die ebenfalls auf einen kleineren, mit einer Kohle oder einem Alcohollämpchen verse-

henen *stoof* zu stehen kommt. Das übrige Theegeschirr
besteht aus einem Spülnapf, ebenfalls wieder mit oder
ohne Silber, einem dito oder auch kristallenen Milch-
topf, silberner Theebüchse und einem zierlichen, bisweilen schildkrotenen Löffelkistchen nebst einem Dutzend Tassen, *kopjes* genannt. Steht nun das Alles zum
Dienste bereit, dann fängt die Theebereitung an. Das
will ich Ihnen aber nur *in drieguldens,* wie die Holländer sagen, d. h. im prägnantesten Stil beschreiben;
sonst ist kein Ende daran. Also, erster Act: Den Deckel
der Theekanne geöffnet, den Wasserkessel aus dem
Theestoof gehoben — ist ein Herr in der Gesellschaft,
der seine Welt kennt, dann kommt der eilends der Hebe
zu Hülfe, um den schweren Theekessel zu hantieren, und
giesst etwas Wasser in die Theekanne — dann den
Kessel wieder in den Theestoof, den Deckel der Theekanne zu, diese umgeschwenkt und in den Spülnapf
ausgegossen. — Zweiter Act: Wieder den Deckel der
Theekanne geöffnet, die Theebüchse zur Hand genommen und mit dem *theeschepper,* einer eigenen *species*
von Theelöffel, den erforderlichen Thee in die Kanne
gethan, die Theebüchse zugeschlossen, den Wasserkessel wieder herausgehoben — denn der Herr steht noch
immer da —

So?

„Und ist gewärtig jedes Winks."

Natürlich,

„Er übt es Alles pünktlich aus
Mit kluggewandtem Sinn,
Wie's Brauch ist bei dem — Wasserschmaus,
Er hat es Alles in."

Also wieder ein wenig Wasser in die Theekanne,
wieder den Deckel zu und den Theekessel wieder in
den Theestoof. Fünf Minuten Pause, während welcher die Hebe die Spitzen ihrer Rosenfinger auf den
Rand des Thee- oder Schenkblatts legt und noch einmal ihren Schenkapparat mustert oder mit dem dienst-
baren Geiste neben ihr ein paar freundliche Worte
wechselt. — Dritter Act: Nun die Theekanne wieder
geöffnet, den Wasserkessel wieder gelupft, wieder Wasser in die Kanne gegossen, bis die gehobene Hand
der Hebe Halt gebietet, den Deckel wieder zu, den
Kessel wieder über's Feuer gesetzt. Und so ist endlich der Thee fertig und der Gehülfe wird mit einem
freundlichen Blicke des Dankes seines Dienstes ent-
lassen.

Wahrscheinlich

> „Mit zärtlichem Liebesblick,
> Er verheisst ihm sein nahes Glück."

Auch gut; ich gönne es ihm von Herzen. — Nach
Verlauf einer kleinen Pause, während welcher die
Schenkin die Nasen in der Runde zählt, um ebenso
viele Tassen in Schlachtordnung zu stellen, und dann
zu einem in ihrem Herzen sumsenden Ilbacio-Wal-
zer mit den rosigen Fingerspitzen am Rande einer
Untertasse den Takt fingert, vielleicht auch, um zu
zeigen, wie ruhig und gelassen sie ihren ferneren Oblie-
genheiten als Schenkin entgegensehe, fängt endlich
der vierte Act: das Einschenken an. Zuvor aber geht
noch die Frage im Ring herum: „Belieben die Herren
und Damen auch Zucker und Milch?" Hierauf wird

in jede Tasse Zucker gethan und dann ein Fingerhut voll Thee hineingegossen rechts im Kreise herum und dann noch einmal links herum, damit, weil der Bodensatz am stärksten ist, jede Tasse ihr gleiches Quantum Theestärke bekomme, was man nämlich so Stärke nennt. Hierauf in jede Tasse ein paar Tröpfchen Milch — ein Wölkchen nennen es die Holländerinnen sehr bezeichnend — und in jede Untertasse ein Löffelchen, und das Alles mit drei graziösen Fingerspitzen, den kleinen Finger zierlich-naseweis in die Höhe gestreckt. Jetzt werden die Tassen herumgegeben, wobei wieder der Galante rechts hülfreiche Hand reichen kann, es sei denn, dass ihm ein eifersüchtiger Mitbewerber links den Rang abläuft, der auch gern eines freundlichen Dankes gewürdigt werden möchte. Indessen den Kessel lässt sich der erstere nicht nehmen. Während der zweite, als Paranymphe links, die Tassen herumreicht, stellt sich der erste, als Paranymphe rechts, wieder an den Theestoof, denn er weiss, was erfolgen wird. Sind nämlich die Gäste alle mit Thee versehen, dann wird, um dem Theetopf den erlittenen Abzug zu ersetzen, wieder Wasser zugegossen, und der Theekessel wieder in den Theestoof gesetzt. Zuvor aber müssen noch die Kohlen im Kohlenbecken mit zierlichem Zänglein aufgerüttelt werden, wozu in dem Maasse mehr Zeit erfordert wird, als die Schenkin den galanten Hülfreichen gerne länger in ihrer nächsten Nähe sieht. Weil das aber jedenfalls nicht ewig dauern kann, so setzt sich der Hülfreiche endlich wieder an seinen Platz, und kann nun eine gute Viertelstunde, wo nicht eine halbe, ausruhen. Denn von dem zweiten Schnitt,

wie es die Holländer nennen, d. h. von der zweiten
Auflage oder, richtiger gesagt, vom zweiten Aufguss
hat man sobald noch nichts zu erwarten. — Nun müssen Sie sich vorstellen, dass einer Durst hat und um
die halbe Stunde solch eine halbe Tasse voll heissen
Süsswassers erhält!

Sie haben es ihnen aber gut abgesehen, Herr
Justizrath.

Ja, um es meine Frau auch zu lehren; denn ich
konnte es doch nicht über's Herz bringen, sie, wenn
sie denn doch mit Teufelsgewalt auch Thee trinken
wollte, wie die Pupillenräthin A., und die Tutelar-
räthin B., und die Stiftspflegerin C., und die Haupt-
männin von D., die ganze Schwenke verderben zu
lassen. Denn wenn das Zeug nicht auf die beschrie-
bene holländische Weise gemacht oder, wie die Holländer sagen, gesetzt wird, dann taugt es vollends
nichts. Ich habe ihr darum alle dabei nöthigen Mani-
pulationen vorgemacht von A bis Z, bis sie im Stande
war selbst ein ordentliches Gebräu zu Wege zu bringen. Aber als sie mich auch jedesmal vor den Kessel
spannen wollte, dachte ich halt! so haben wir nicht
gewettet, und machte ihr weiss, dass man solche Rit-
terdienste in Holland nur den jungen Damen leiste,
nicht aber den alten Schachteln.

Pfui, Herr Justizrath! Jetzt geht's doch drüberhinein.
Das sage ich gewiss, rechnen Sie darauf.

Hören Sie nur erst weiter. Ich habe ihr ja vorm
Jahr zu ihrem Geburtstag einen Wasserkessel ange-
schafft, den sie mit leichter Mühe selbst handhaben
kann, nämlich eine Bouilloire von Christofflesilber,

wo sie nur den *kraan*, ich will sagen, den — Hahn umzudrehen braucht.

Das klingt besser.

Nicht wahr? Und hören Sie noch weiter. Jetzt bringe ich auch noch ein Kistchen Thee aus Holland mit.

Schön! Das ist eines zärtlichen Gatten würdiger.

Es enthält fünfundzwanzig Pfund.

Ja, was die Liebe nicht thut! Nehmen Sie sich ein Beispiel daran, Herr Inspector, wenn Sie einmal verheirathet sind. So gewinnt man die Herzen der Frauen. „Die Liebe, ach! die Liebe hat mich —"

Ja, wahrhaftig die reine Liebe, denn das Pfund kostet — Gott verzeih mir's! — drei Gulden!

Aber warum „Gott verzeih mir's?"

Wie? Ist das keine Sünde, das Geld so wegzuwerfen, im wörtlichsten Sinne in's Wasser zu werfen?

Aber man kann doch keinen Thee trinken, wenn man keinen Thee hat?

Warum nicht? Muss es denn mit aller Gewalt chinesisches Fabricat sein? Ich habe meiner Frau ja einmal einen ganzen Topf voll Thee gemacht, den herrlichsten, den sie jemals getrunken, wie sie selbst bezeugte, und der kostete keinen Kreuzer.

Aber wie so?

Statt des Haysan, Pecco, Suchong und all des Song, Tschung, Tsing, nahm ich einmal, von meinem Garten nach Hause kehrend, einfach eine Handvoll Schlehenblätter mit, wie sie an jeder Hecke wachsen, und legte ein paar Blättchen Saffran hinzu; die Schlehenblätter, um die Kehle zusammenzuschnüren, denn der Thee soll etwas Adstringirendes haben, und den

Saffran *voor de geur*, ich will sagen — des Aromas wegen. Und, wie gesagt, der Thee schmeckte ihr ausgezeichnet. Beim zweiten Mal nahm ich statt der Schlehenblätter Pfirsichenblätter, und da war er noch besser, göttlich.

Nun dann hätte ich mich an dieses Recept gehalten. Der Glaube kann Berge versetzen, warum sollte er nicht auch aus Schlehenblättern Thee machen können.

Ja, wenn's nur nicht herausgekommen wäre! Aber da war's mit dem göttlichen Nectar auf einmal aus, und darum muss ich nun für dieselben, von einem Schelmen in England in chinesisches Papier verpackten Schlehenblätter drei Gulden bezahlen. Denn die ganze Welt weiss ja, wie kolossal die Verfälschungen sind, welche bei diesem Artikel vorgenommen werden, sollen doch, wie man mir in Holland versichert hat, allein in England jährlich an fünf Millionen Pfund Schlehen- und Eschenblätter unter den Thee gemischt werden! Von den drei Gulden bezahle ich also leicht zwei Gulden für Schlehenblätter, wo nicht mehr, und den dritten Gulden für bereits abgekochten Thee. Denn auch das soll ja eine ganz bekannte Industrie sein, dass schon einmal abgekochter Thee wieder getrocknet und uns Europäern für erste Qualität verkauft wird.

Und damit macht man nun all die Umstände und Complimente?

Ja. Der fünfte Act ist wie der fünfte Act im Trauerspiel — da wird aufgeräumt. Das aber, das Spülen und Auf- und Abräumen des Theeapparats, was Alles ebenfalls vor den Augen der Gäste vorgenommen wird

und auch wieder mit vielen Umständen verknüpft ist,
jedoch einen schnelleren Verlauf hat, will ich Ihnen
aber nicht erzählen, weil es nur ein gewöhnlicher
Küchenprocess ist, wohl aber einige Gebräuche, die
man während des Trinkens zu beobachten hat. Ist man
nämlich, unter uns gesagt, des faden Geläppers über-
drüssig, oder, *respective* anständiger ausgedrückt, be-
dankt man für ferneren Thee, so hat man das dadurch
zu erkennen zu geben, dass man sein Löffelchen in der
Obertasse stehen lässt oder, besser gesagt, es hinein-
stellt. Früher war es Gewohnheit gewesen, die Obertasse umzustürzen, und das war unstreitig die deut-
lichste Symbolik, und die Bauern machen es denn
auch noch bis auf den heutigen Tag so. Drauf kam
die Sitte auf, die Obertasse auf die Seite zu legen,
und auch das war noch bezeichnend genug, denn auch
so konnte nichts hinein. Ein halbes Menschenalter
später legte man aber das Löffelchen quer über die
Obertasse, und da musste man nun schon wissen, dass
das eine Art von Verschluss, einen vorgeschobenen
Riegel vorzustellen habe, jetzt aber in unserer zerfah-
renen, characterlosen Zeit ist die soeben genannte Mode
in Schwang gekommen, bei der man sich gar nichts
denken kann. Ja, will man sich etwas dabei denken,
dann wird man weit eher auf das Gegentheil dessen
gerathen, was damit zu erkennen gegeben werden soll,
dass man nämlich noch etwas zum Umrühren, noch
etwas von dem Zuckerwasser zu haben wünsche. Indessen ist es nun einmal so, die tyrannische Mode
gebietet es, und darum hat man sich's wohl zu merken. Das habe ich letzthin noch in Amsterdam erfah-

ren, wo ich irgendwo zum Thee eingeladen war. Denn
als ich da in zahlreicher Gesellschaft in meiner Ver-
gesslichkeit meine Obertasse umstürzte, gerieth meine
gute Gastwirthin sichtlich mit mir, ihrem ungeschliffe-
nen Gaste, bei den anwesenden Damen in Verlegen-
heit, denn aller Augen waren auf meine Tasse gerichtet. Ein ander Mal sah ich eine andere Confusionsscene
der Art, ebenfalls wieder in Amsterdam, woran nun
aber nicht ich, sondern die Tochter des Hauses selbst
Schuld war. Als nämlich das gute Kind den eingeschenk-
ten Thee herumreichte, hatte sie in eine der Tassen
ein Theelöffelchen zu legen vergessen; nun entdeckte
sie das Versehen zwar noch zeitig genug, obgleich der
junge Mann die Tasse bereits in der Hand hatte, in
der Verwirrung machte sie es aber noch ärger, indem
sie das Löffelchen, statt in die Untertasse, in die Obertasse legte. *„Maar, mijn God! Georgette, wat beginje
nu?"* rief nun die Mutter in Verzweiflung aus, *„kind,
kind! waar zijn uwe gedachten? neem het kopje weer
terug!"* Da stand das arme Kind, zwar mit einem
Lächeln um den Mund, aber doch feuerroth bis hinter
die Ohren. Zum Glücke meinte der junge Mann aber,
das schade dem Thee nichts, und trug auch bei dem
nun zwischen ihm und der Mutter entstandenen Höf-
lichkeits-Wettstreit den Sieg davon, indem er sich
die Tasse nicht nehmen liess, setzte auch zu guter
Letzt noch einige artige Worte hinzu, um dem er-
schrockenen Kinde wieder etwas aufzuhelfen und neuen
Muth einzuflössen, oder, wie die Holländer sagen, einen
Riemen unter das Herzchen — nein, ein Herz unter
den Riemen zu stechen, oder zu stecken, so heisst's,

glaube ich, ich weiss es nicht mehr. Aber genug davon. — Und jetzt zum Kaffee. Das ist ein ganz anderes
Gebräu.

Aber da kommt ja noch etwas für Herrn Kameralverwalter, Gefrornes.

Gefrornes? — Nur her damit! Dem bin ich gar
nicht abhold, zumal bei dieser Hitze.

Aber werden Sie denn der Schleckereien nimmer
satt? — Und nehmen Sie sich in Acht, dass Sie sich
nicht auch den Mund verbrennen.

Wie so?

Sie bekommen das Eis nicht geschenkt.

Das weiss ich. Was bekommt man denn auch hier
geschenkt? Ja, so stellen sich die Kellner, indem sie
ganz unschuldig und einfältig herankommen: „Ist
eine Portion Eis gefällig?" Hintendrein aber heisst's:
Item für Gefrornes so viel. Ich werde es darum auch
nicht machen, wie unser Landsmann, der Rühle und
seine Frau.

Wer?

Der Rühle.

Der Bortenwirker?

Ja, in der Calwerstrasse.

Wie so?

Wie hat's denn der gemacht?

Die fuhren vor einigen Jahren — ich habe es aus
ihrem eigenen Munde, denn ich wohnte früher in
ihrem Hause — auch einmal den Rhein hinunter bis
Köln, und wollten sich auf der Rückreise am letzten
Tage, den sie auf dem Dampfschiffe zubrachten, doch
auch einmal zu guter Letzt noch den Luxus erlauben,

II.   18

mit den andern Herrschaften, wie Rühle sich ausdrückte, an der Table d'hôte mitzuspeisen. Da wurde
denn nach aufgehobener Tafel ebenso wie jetzt Gefrornes angeboten und der Rühle und seine Frau, in der
ehrlichen Meinung, das gehe drein und sei unter dem
Diner mitbegriffen, nehmen nach dem Muster der andern
Herrschaften auch eine Portion, und wie der Kellner
zum zweiten Mal bei ihnen vorbeikommt und sie wieder mit fragenden Blicken ansieht, ob ihnen etwa noch
eine beliebe, nehmen sie in aller Unschuld noch eine
dito.

Wohl bekomm's!

Ja, aber warten Sie nur; wir sind noch nicht fertig.
Denn als bald darauf der Kellner mit einer zweiten
Ausgabe erscheint, aber keine Abnehmer mehr findet,
da denkt unser guter Rühle: „Was? Niemand nicht?
Will Niemand mehr? Ha! dees wär' jo Sünd' und Schad',
wenn dees Zeug schmelze müesst und mer müesst's
in de Rhein 'nein schmeisse." Er meint daher dem
Kellner einen rechten Gefallen zu erzeigen, wenn er
ihn, ehe die gute Gottesgabe verdürbe, der ganzen
Auflage auf einmal entledigte. „Ach, kommet Se her,
Herr Kellner!" sagte er, „wenn niemand von dem
Dings mehr habe will, ih will Ihne scho(n) derv(o) helfe.
Meinetwege brauchet Se's net wegz'schmeisse. Do,
Rickele, nimm du noch e paar Schüssele, ih nimm au
noch e paar. Mir schmeckt's gar · net übel." Und so
nehmen sie alle vier Portionen, die noch auf dem Prä-
sentirblatt sind und verzehren sie ganz gemüthlich
und in der heiligen Ueberzeugung, zugleich eine edel-
müthige Handlung an dem Kellner zu verrichten.

Und einen Act der Selbstaufopferung — wer weiss?

Nein, Herr Justizrath, in der That. Er hat mir selbst gestanden, weil der Kellner und der Hofmeister ihnen so freundlich zugesehen hätten — zuletzt sei auch noch der Capitän näher gekommen und habe ihnen beifällig zugenickt, wie sie da an ihrem vierten Schüsselchen gewesen — so habe er das Alles natürlich für lauter Freundschaft und Erkenntlichkeit angesehen.

Aber hintendrein?

Das wird einen schönen Appendix auf der Rechnung gegeben und die Addition auch nicht wenig gesteigert haben.

Noch bis auf den heutigen Tag ärgert es den Rühle, wenn er erzählt, wie er da für seine Gutmüthigkeit geprellt worden sei, tröstet sich aber auch wieder jedesmal damit, dass ja jeder Schwabe einmal in seinem Leben, es sei früher oder später, einen dummen Streich machen müsse.

Nun, und das war in der That ein rechter Schwabenstreich.

Ja, und ein doppelter, indem diese pfiffigen Leckermäuler sich noch weiss zu machen wussten, sie naschten nicht um ihrer selbst willen, sondern lediglich einem Dritten zu Liebe.

Nun aber zum Kaffee, und zwar, dächte ich, wir setzten uns dort hinten hin an das leere Tischchen. Dann können sie hier abräumen.

Mit Vergnügen, Herr Justizrath.

Also kommen Sie.

Ja, gemach, gemach, Herr Heckenspringer! *Festina lente!* Eile mit Weile, oder, wie die Holländer sagen: *Haast u langzaam*, heisst meine *leus*, ich will sagen — mein Wahlspruch.

Oder:

„Nur langsam voran, nur langsam voran,
Dass der Krähwinkler Landsturm nachkommen kann."

XI

Nun, Fräulein, ich gratulire Ihnen, es ist ja mit Holland recht gut abgelaufen.

Ja, nur gegen das Ende schien der Kitzel der Satyre auch den Herrn Justizrath plagen zu wollen. — Aber wissen Sie auch, wer der Herr in Leiden ist, bei welchem der Herr Justizrath auf Besuch gewesen? Niemand anders als mein Onkel. Das merkte ich an den da vorgelesenen Gedichten, die ich theilweise kenne. Auch weiss ich, dass mein Onkel an demselben Tage, wo wir Morgens von Leiden nach Amsterdam abreisten, Abends einen alten Jugendfreund erwartete. Das ist gewiss der Herr Justizrath gewesen. Das soll mir aber gerade eine gute Gelegenheit verschaffen, ihn *aan* zu *klampen*, wie man im Holländischen sagt, ihn zur Rede zu stellen. Ich höre ja, dass die Herren auch in Bingen aussteigen und im Hotel Victoria logiren werden. Ich habe mit dem Herrn Justizrath *een appeltje te schillen*, ich will sagen, etwas zu verhandeln und zu verrechnen.

Ja, Fräulein?

Ja, *en heet van de naald*, brühwarm, soll's geschehen.
Und zwar, wenn ich fragen darf, worüber? — Ueber
die Schwabenstreiche?

O behüte, nein. Denken Sie denn, dass wir uns an
diesem alten Volkswitz stossen? Ebenso wenig als in
Holland *de Kampenaren aan de kamperstreken*. In Holland giebt's nämlich auch ein Hims,

> „Das berühmt ist durch die Zucht
> Von Thorheitsgewächs und Narrheitsfrucht.“

wie es bei R ü c k e r t heisst. Das sind die Einwohner
von Kampen, denen es auch geht, wie den Abderiten
und unseren Schildbürgern, dass ihnen jeder dumme
Streich, er mag begangen sein, wo er will, auf die
Rechnung geschrieben wird. Nein, Herr Doctor, darum
bekümmern wir uns wenig.

Natürlich; man spricht ja auch nur im Scherz davon.

Aber doch nicht immer. Nein, wir bekommen es auch
wohl zu Zeiten im Ernst zu hören. Aber, Herr Doctor,
woher mag doch wohl dieses thörichte Vorurtheil kommen? Es sieht doch bei uns so böotisch nicht aus.

Das mag der Himmel wissen.

Haben wir denn etwa in der Geschichte einmal einen
eclatanten dummen Streich gemacht?

Davon weiss ich nichts. Wohl aber weiss ich, dass
ich gewiss der Letzte sein werde, der Ihren Landsleuten Geistesbeschränktheit vorwirft, denn wenn je
einer, so habe ich Gelegenheit gehabt, mich vom Ge-
gentheile zu überzeugen. Meine besten Freunde, als
ich in Berlin studirte, hatte ich unter den Schwaben,

und die waren wahrlich keine Schwachköpfe, sondern im Gegentheil sammt und sonders recht gescheidte und wohlunterrichtete Bursche, die einen nicht allein in Hinsicht ihres wohlgefüllten Schulsacks beschämt machen konnten, sondern auch rücksichtlich ihres Verstandes dem pfiffigsten Preussen nichts nachgaben, ob sie gleich noch weit vom sogenannten Schwabenalter entfernt waren [1]).

Bravo, Herr Doctor!

Nur in einem Punkte, das muss ich doch sagen, hatten wir und die Norddeutschen etwas vor ihnen voraus.

So? Also hapert es am Ende doch noch irgendwo. Die Holländer sagen: *„men noemt geene koe bont, of er is een vlekje aan."* Verstehen Sie das?

Sehr gut. Wir haben ja dieses Sprichwort auch: Man heisst keine Kuh Blässchen, sie habe denn ein Sternchen.

Sollte das bei uns auch zutreffen? Wo sitzt denn das Sternchen an unserem Verstande?

Am Verstande gewiss nicht, aber an der Zunge, wird aber vom grossen Haufen gar leicht auf Rechnung des Verstandes geschrieben.

Weil die Schwaben vielleicht nicht so zungenfertig, oder, wie der gemeine Mann bei uns sagt, nicht so maulfertig sind, wie die Norddeutschen, *niet zoo rad ter taal,* sagt man im Holländischen.

---

[1]) Vor dem vierzigsten Jahre, sagt man, werden die Schwaben nicht gescheidt.

Ja, Fräulein. Aber ich setze auch sogleich hinzu, dass das nur ein scheinbarer Mangel ist.

Ich verstehe. Wir in Schwaben sprechen zweierlei Sprachen, Sie nur eine. Die eine aber ist dem Schwaben nicht so geläufig, weil er sie nur ausnahmsweise spricht.

Das ist es. Wenn der Schwabe Hochdeutsch spricht, so ist er uns gegenüber im Nachtheil, denn er muss seine gewöhnliche Redesprache, das Idiom, in welchem er denkt, erst in die allgemeine Schriftsprache, die für ihn eine Kunstsprache ist, übersetzen, während wir dieselbe von Kindsbeinen an reden und, weil sie uns zur Natursprache geworden, mit grösserer Fertigkeit in unserer Gewalt haben.

Sie haben vollkommen Recht, Herr Doctor. Die Bemerkung habe ich auch schon oft gemacht und kann sie noch tagtäglich bei meinen Freundinnen machen, wenn sie sich bei uns, die wir, wie gesagt, zu Hause immer Hochdeutsch reden, verleiten lassen, sich auch in's Hochdeutsche hineinzubegeben. Dann will es nicht immer so recht *flotten*,. d. h. flott und geläufig von Statten gehen. Sprechen sie aber schwäbisch, dann geht's *als van een leien dak*.

Das heisst?

Wörtlich: wie von einem Schieferdach herunter.

Ein recht passendes Bild für die Art, wie einem Mundfertigen die Worte von den Lippen fliessen. Wir würden im gemeinen Leben sagen: dann geht's wie geschmiert.

An solchen bildlichen Ausdrücken und Redensarten ist die holländische Sprache überaus reich, vielleicht

reicher, als irgend eine andere; aber auch die schwä-
bische. Aber, Herr Doctor, das werden Sie doch auch
wohl erfahren haben, wenn der Schwabe einige Jahre
auswärts zubringt, dann eignet er sich, wenn er nur
will und wenn er nur erst eine gewisse Scham abgelegt hat, die ihn bisher zu Hause abgehalten, die Bü-
chersprache zu reden, um nicht den Schein zu haben,
als wolle er für ein Buch oder für ein Orakel angesehen sein, dann, sage ich, eignet er sich die hochdeutsche Sprache bald an.

Und spricht sie dann überdiess, wie ich stets bemerkt habe, auch noch viel correcter, als der Nord-
Deutsche. — Aber Ihre Landsleute haben noch etwas
an sich, das ihnen so leicht verkehrt ausgelegt wird.

Und das wäre? — Wenn nur kein Sternchen draus
wird.

Seien Sie ohne Sorgen. Im Gegentheil, es gereicht
ihnen vielmehr zur Ehre.

Nun, es sei, was es wolle. Ein Ding ist in jedem
Falle gewiss, man lacht über die Schwaben, aber man
hat sie doch überall gern.

Ja, gewiss, von Herzen gern.

Und schätzt sie auch überall ihrer Kenntnisse und
ihres Fleisses halber.

Auch das. Sie kennen ja wohl auch das bekannte
Wort: Aus einem schwäbischen Magister kann man
Alles machen, wie z. B. der berühmte, von Napoleon I. in den Grafenstand erhobene Minister und
Diplomat Reinhart bewiesen hat, der, von Haus aus
ein schlichter Pfarrerssohn, nichts als ein simpler Tü-
binger Magister war, als er von Sièyes als Secretär

im Ministerium der auswärtigen Angelegenheiten angestellt wurde.

Und Wieland und Schiller!

Ja, Fräulein, ein Land, das nicht nur eine Reihe
der gewaltigsten Helden und Kaiser, sondern auch der
scharfsinnigsten Denker, einen Astronomen wie Kep-
ler, einen Historiker wie Spittler, Philosophen wie
Schelling und Hegel, Theologen und Kritiker, wie
Baur und Strauss, Aesthetiker wie Vischer, her-
vorgebracht hat, um von der grossen Anzahl Dichter,
als Wieland, Schubart, Schiller, Uhland,
Haug, Hauff, Schwab, Kerner, Mayer, Höl-
derlin, Pfizer, Zimmermann, Mörike, Knapp
u. A. nicht zu reden, dem darf man doch wohl ohne
Bedenken das Maturitätszeugniss erster Klasse aus-
stellen.

Das sollte ich auch meinen. In Holland sind die
jungen Schwaben auch sehr geschätzt. Es arbeiten dort
ihrer viele auf Rotterdamer und Amsterdamer Comptoiren. Wenn sie die Handelsschulen verlassen und einige
Jahre auf deutschen Comptoiren conditionirt haben,
gehen sie wo möglich nach Holland, um den Grosshandel
an Ort und Stelle kennen zu lernen. Man hält da viel auf
sie, wie ich aus dem Munde eines angesehenen Rotterdamer Kaufherrn selbst vernommen. „Ihre Landsleute,"
sagte er, „sind *recht vlijtige en door en door lekwame
menschen.*"

Wie sagen Sie? *Bekwame?*

Ja, *bekwame.*

Bequeme? — Aber bequem und fleissig? — w e reimt
das zusammen?

In Holland wohl.

Und gar durch und durch bequem! Mit einem Comptoir voll solcher durch und durch bequemer Leute kommt man doch unmöglich vorwärts.

Hier zu Lande allerdings nicht; aber, wie gesagt, in Holland wohl. In Holland will man gar keine andere Arbeiter, es sei in welchem Fache es wolle, als *bekwame*. Aber da reimen *vlijtig* und *bekwaam* auch ganz vortrefflich und passen an einander, wie Grund und Folge. Aber ich will Sie nur nicht länger rathen lassen, Herr Doctor, das holländische *bekwaam* ist etwas ganz anderes, als unser „bequem." *Bekwaam* ist geschickt, und unser „bequem" ist im Holländischen *gemakkelijk*.

Unser „gemächlich."

Ein bequemer Stuhl z. B. ist ein *gemakkelijke stoel*, bemühen oder incommodiren Sie sich nicht, ist *houd uw gemak. Met gemak heen!* d. h. gemachsam vorwärts, übereile dich nicht! ruft der Schiffer dem *jager* zu, d. h. dem Burschen, der das der *trekschuit* vorgespannte Pferd leitet; *hij doet alles op zijn uiterst gemak* heisst: er thut Alles mit der grösstmöglichen Bequemlichkeit.

Aber das Wort „geschickt" — haben die Holländer das nicht?

Doch, aber mit anderer Bedeutung. „Geschickt" von Personen, ohne näheren Zusatz, gebraucht, ist bei ihnen, was bei uns ordentlich und anstellig ist. Ein ordentlicher, folgsamer, bescheidener Knabe ist im Holländischen *een geschikte jongen*. Aber ein geschickter Knabe ist *een bekwame jongen*, auch *een knappe jongen*.

Knapp — ist das auch geschickt? Sonderbar.

Um aber *knap* und *bekwaam* zu werden, muss man auch mehr oder weniger *vlug* sein.

Vlug? — Das kann nicht „flüchtig" sein, denn die, welche nur so flüchtig drüber hingehen, werden nicht geschickt. Ist das etwa talentvoll?

Ja; ein gescheidter, talentvoller Knabe ist *een vlugge jongen*; *een vlugge kop* ist ein fähiger, offener, begabter Kopf. Aber eine geläufige Hand ist auch *eene vlugge hand*, und ein flinker, gewandter Arbeiter *een vlug werkman*. *Vlug* ist aber auch wieder ganz dasselbe, wie unser „flügge." Ein Vögelchen, das bei uns noch nicht flügge ist, ist auch in Holland *nog niet vlug*. Und was denken Sie, dass *een kloek man* bedeute?

Ist das auch nicht „klug?"

Nein, ein kluger Mann ist *een verstandig man*; *een kloek man* dagegen ist ein muthiger, wackerer, starker, kräftiger Mann; *een kloek besluit* ist ein herzhafter Entschluss. Aber genug, wir springen wieder *van den hak op den tak*. Jedoch Eines muss ich Ihnen doch noch sagen. Das Wort *gemak* oder vielmehr das „*op zijn uiterst gemak*" erinnerte mich soeben an ein komisches Einsfürsandere, das einmal der Magd meiner Tante begegnet ist und das uns recht hat *doen* lachen, ach, was ist das wieder für Deutsch! — ich meine — lachen gemacht, zum Lachen gebracht hat. Sie müssen nämlich wissen, dass der gemeine Mann in Holland in jeder Provinz, ja man kann sagen, in jeder Stadt einen eigenen Dialect spricht, während die gebildeten Stände überall dieselbe Sprache reden, so dass, wenn ich einen *kial* statt *kiel, ik heef* oder *ik heeft* statt *ik heb, me wassen* statt *wij waren* u. dergl. sagen höre, so-

gleich auch seine Herkunft kenne, wohnte er auch in
einem Palaste und sässe er auch in einer vierspännigen
Equipage. Unter diesen Dialecten klingen der Nordbrabanter und der Geldersche nicht übel, zu den häss-
lichen gehört aber, neben dem Amsterdamer, Rotterdamer, Haager und Leidner, auch der Utrechter, der
unter andern das Widerliche an sích hat, dass man
da das *t* am Ende der Wörter nicht ausspricht und
statt *hij heeft* — *hij heef*, statt *kracht* — *krach*, statt
Utrecht — *Utrech* sagt. Eine noch sonderbarere Gewohnheit haben aber, beiläufig gesagt, die Zeeuwen,
die Einwohner der Provinz Seeland, und die Friesländer, die bei den mit *h* anfangenden Wörtern das *h*
weglassen und es andern Wörtern vorsetzen, denen es
nicht zukommt, indem sie z. B. statt Athem holen —
hadem alen, statt *harten-aas*, d. h. Herz-Ass, *arten-haas*
sprechen. Auch lassen die Letztgenannten, die Friesen,
das *g* der Bildungssilbe *ge* weg und sagen *ezien* statt
gezien.

Sonderbar! Je mehr sich also unsere Sprache dem
Westen nähert, je mehr sie zusammenschrumpft. Un-
ser „gesehen" wird also erst *gezien*, dann *ezien* und in
England *seen.*

In einigen Gegenden lässt man auch schon in Holland das ganze Präfix *ge* weg. — Ferner verderben
die in Utrecht die Sprache auch noch dadurch, dass
sie aus dem netten Diminutiv-Ausgang *tje* ein häss-
liches *tsji* machen, statt *Juffertje* — *Juffertsji*, aus *jon-
getje* oder *jongie* machen sie *joggi*, und auch das *Utrech*
ist ihnen noch nicht hässlich genug, sie machen gar
noch *Uitert* daraus und aus *Utrechtsch* — *Uiters*. Nun

hatte meine Tante einmal ein Kindermädchen aus dieser Provinz, die sagte anfangs auch immer *Uitert, de Uiterse schuil* u. s. w., bis meine Tante es ihr als unschicklich verwies und sie bat, hinfort nicht mehr *Uitert* und *Uiters*, sondern *Utrecht* und *Utrechtsch* zu sagen. Nun aber, was geschah? — Da sitzen wir eines Tages beisammen, meine Tante und ich und zwischen uns inne, in seinem Kinderstuhle, mein kleiner Heinrich, mein Pathe, das jüngste Bübchen meiner Tante, und hatte beide Aermchen über einander geschlagen und sein Köpfchen drauf gelegt, wie das Engelchen in Maria Himmelfahrt, wenn Sie sich erinnern, in dem —

Gemälde von Raphael, ich erinnere mich.

Auch solch ein liebes Lockenköpfchen und so grosse, tiefblaue Augen. Da bringt das Mädchen sein Süppchen herein, sieht den Kleinen so sitzen und sagt, des erhaltenen Verbotes eingedenk und weil sie zwischen ihrem „ *Uiters*" oder *Utrechtsch* und *uiters(t)*, d. h. äusserst, keinen Unterschied zu machen weiss: „ *och, Mevrouw, wat zit Henny daar lief, op zijn Utrechtsch gemak!*" — Sie können sich denken, wie wir gelacht haben, als das Mädchen wieder zur Thüre hinaus war. „Hast's gehört?" sagten wir beide aus e i n e m Munde, „ *op zijn Utrechtsch gemak!*" — Aber — um zu unserem Thema zurückzukehren — Sie hatten ja noch etwas meine Landsleute Betreffendes auf dem Herzen. Darf ich bitten.

Mit Vergnügen.

Wenn es etwas Gutes ist.

Natürlich, sonst würden Sie es gewiss am allerwenigsten aus meinem Munde vernehmen. Nein, Fräulein, ich trete auch jetzt wieder mit Vergnügen als Anwalt Ihrer Landsleute auf.

Mich verlangt recht —

Es betrifft eine schöne, recht liebenswürdige Eigenschaft, die ich auch in Ihnen zu wiederholten Malen zu entdecken Gelegenheit gehabt habe, während der kurzen Augenblicke, dass mir das Glück vergönnt —

Was wird da herauskommen? Sie machen mir ordentlich bange mit Ihrer Einleitung. Aber, Herr Doctor, Schmeicheleien — das sage ich Ihnen zum Voraus, wenn es darauf hinauslaufen soll, dann glaube ich Ihnen nur so weit, als ich selbst will, denn ich weiss, wenn auch die Selbstkenntniss eine schwere Kunst sein soll, doch so ziemlich, was ich von meinem Persönchen zu halten habe. Es wird Ihnen wenig helfen, wenn Sie mich wollen *in de hoogte steken* oder *ophemelen*, wie man im Holländischen sagt.

Ich weiss nicht, was diese Worte bedeuten, kann es aber so ziemlich errathen, darf Ihnen aber auch sogleich mit dem besten Gewissen versichern, dass ich weit entfernt bin, Ihnen Schmeicheleien sagen zu wollen. Ich sage bloss die Wahrheit und meine Schuld ist es dann nicht, wenn diese für Sie schmeichelhaft ausfällt. Es betrifft nämlich eine Eigenschaft, von der Sie selbst eben jetzt wieder eine neue Probe abgelegt haben, nämlich die Offenherzigkeit.

Nun, das hat man mir in Holland auch schon — aber nicht nachgerühmt, sondern vorgeworfen. „*Gij flapt er ook maar alles uit,*" habe ich schon oft genug von meinen Freundinnen hören müssen, wenn ich mich in Gesellschaft von Herren gehen liess und eben auch drauflos schwatzte.

Aber hat man Ihnen das vorgeworfen?

Nun — vorgeworfen gerade nicht, aber doch seine Verwunderung darüber zu erkennen gegeben, dass ich in Gegenwart von Herren *zoo durf van wal te steken*, mich so ohne Umstände auszulassen wage. Das ist nämlich etwas Eigenthümliches in Holland. Wenn da Mädchen meines Alters unter einander sind, dann heisst's: *praatje niet, zoo hebje niet*, plauderst nicht, so gilt's nicht. Dann urtheilten wir immer frei nicht nur über. Modeartikel und dergleichen Lappalien, wie mein Onkel sie nennt, sondern über Alles und Jedes, über Musik, Theater, Literatur u. s. w.

Dass es eine Lust sein müsste, Ihnen zuzuhören.

Leicht möglich; aber dann jedenfalls nur — durch's Schlüsselloch.

Wie so, Fräulein?

Ja, das ist es eben, das ist eben das Eigene. Die Holländerinnen sind, wie Sie wissen, wahrlich nicht auf den Kopf gefallen. Sie mögen eine kleinere Dosis Phantasie empfangen haben und darum im Schwärmen und Luftschlösserbauen uns nachstehen, auch im Sprechen mit Phrasen und Redeblumen sparsamer umgehen, aber sie haben gewiss *geen greintje*, ich will sagen — kein Quentchen Verstand weniger, als wir, und wissen auch um kein Haarbreit minder, als wir in Deutschland, denn an ihrem Unterrichte wird ebenfalls nichts gespart. Aber sie haben Männern gegenüber nicht halb so viel Muth, wie wir, nämlich, wie gesagt, in jüngeren Jahren. Kaum tritt ein Herr in die Gesellschaft,

nämlich nicht ein alter Herr, sondern einer, so wie
Sie, dann ist's auf einmal, als hätte jede ein Vorhän-
geschloss am Munde.

Wie so?

Als ob es keine grössere Sünde gäbe, als Kenntnisse
an den Tag zu legen, die nach dem Gelehrtenkrame
schmecken. Kam das Gespräch auf ein derartiges Thema,
verstieg es sich nur etwas höher, z. B. in's Gebiet der
Kunst oder Literatur oder Politik, dann war auch regelmässig die ganze fernere Unterredung mir überlassen, und oft genug habe ich, *om de praal niet alleen
te hebben,* ich will sagen — um den Discurs nicht allein zu führen, am Ende auch einbinden müssen. Wenn
ich dann, sobald solch ein *vinkenverschrikker,* solch ein
Popanz von einem Herrn — mit Ihrer Erlaubniss zu
sagen — sich entfernt hatte, es meinen Freundinnen
verwies, dass sie mich so ganz im Stich gelassen hätten, dann hiess es: „Wir können in unserem Alter,
nachdem wir kaum ein paar Jahre die Schule verlassen haben, so nicht mitreden. Das sieht aus, als wenn
wir unsere gestern erworbene Schulweisheit schon heute
luchten, ich will sagen — wieder auskramen wollten.
Dann hält man uns für naseweise Dinger oder für an-
gehende Blaustrümpfe." „Aber warum denn?" sagte
ich. „Die Herren mögen es ja wohl wissen, dass sie
die Weisheit nicht in Pacht haben, dass auch wir etwas
mehr gelernt haben, als Strümpfe stricken. Wenn man
zeigt, aber freilich ohne es zeigen zu wollen, dass man
auch etwas mehr gelernt hat, *dan rechttoe, als Jan en
alleman,* ich meine — als der grosse Haufen, dann will
man damit ja noch nicht für gelehrt angesehen sein."

II.   19

Ganz richtig, Fräulein.

Auch steht ferner nirgends geschrieben, dass wir nicht auch auf unsere eigene Faust sollten denken dürfen.

Wohl aber steht geschrieben:

> „Was ihr euch, Gelehrte, für Gold nicht erwerbt,
> Das hab' ich von meiner Frau Mutter geerbt."

Und ein Urtheil der Art, ein selbstgemachtes, selbstgefundenes, nicht nachgebetetes und aus Büchern gelerntes hat ja einen unendlich grösseren Werth.

Aber das half Alles nichts. Das war Alles in den Wind gesprochen. Ja, wenn sie ein junges Bürschchen ihres Alters, z. B. ein junges Studentchen, ein Füchschen, unter die Hände bekamen, dann streckten sie rechts und links ihre Fühlhörner heraus und stellten oft ein förmliches Examen mit ihm an, um ihm auf den Zahn zu fühlen. Kaum hatte das Männchen die Frage, was er studire, z. B. mit „Philosophie" beantwortet, so fing ein wahres Kreuzfeuer von Fragen an, z. B. was doch eigentlich Philosophie sei? Und wie sich doch die theoretische von der practischen unterscheide? Und was doch eigentlich Metaphysik und Ontologie sei und Kosmologie und Psychologie, u. s. w. u. s. w. *„dat zou ik wel willen weten, dat weet u natuurlijk? och, zegt het ons, als het u belieft."* Und so stiess fortwährend eine die andere unter dem Tische mit dem Fusse an, dass man ihm doch keinen Augenblick Ruhe lassen solle, und je mehr dann das Männchen sich beeiferte, seine Definitionen regelrecht herzusagen, wie er sie aus seinem Compendium auswendig gelernt hatte,

desto schalkhaftere Blicke warfen sich die Examinan-
tinnen zu. Zeigte sich's aber, dass das Männchen gut
beschlagen und nicht verlegen war, und war er bald
sogar dreist genug, den Stiel umzukehren und auch
einmal eine Frage hinzuwerfen, dann krochen sie sogleich wieder in ihre *schulp*, dann packten sie sogleich
wieder ein.

Aber wie ist da eine Unterhaltung möglich? Da
muss das Gespräch ja jeden Augenblick in's Stocken
gerathen?

Allerdings; wenn's nur immer heisst: *„hoe vindt u
dat boek?"* „Mooi." „En dat?" „Ook mooi." „En dat?"
„Ook,"* dann ist's mit der literarischen Unterhaltung
bald Matthäi am letzten. Daran sind aber ganz allein
die holländischen Herren Schuld, indem sie auf uns
jüngere Mädchen so gerne aus der Höhe herabsehen,
und wenn man sich ein Urtheil erlaubt, das vielleicht
nicht stichhaltig ist, einem gar mit ironischem Lächeln
zu verstehen geben, dass man in solchen Dingen
eigentlich noch nicht recht competent sei, oder indem
sie, wenn man seine Ansicht, wie ja leicht vorkommen
kann, nicht gleich in die rechten Worte einzukleiden
weiss, statt einem nachzuhelfen, mit den Termen der
Schule zu imponiren suchen und gleichsam den Mund
stopfen. Da kann einem schon die Lust vergehen, sich
ferner auszulassen. So war einmal letzthin in einer
Gesellschaft von zwei Romanen die Rede, und ich er-
laubte mir einem jungen Geistlichen gegenüber — es
war ein Proponent, was wir einen Predigtamts-Candi-
daten nennen — der sich ziemlich viel auf seine Gelehr-
samkeit einzubilden schien, auch beinahe Niemand zum

kommen liess, die Bemerkung, dass ich mit
einen nicht *zoo hoog wegloopen*, ich meine — nicht
eingenommen sein könne, dass ich den andern,
en Leed uit eene kleine wereld" bei Weitem vor-
dass mir der erstere so zuwider gewesen, dass
ihn fast nicht habe zu Ende bringen können,
während ich den letztgenannten zweimal hinter ein-
gelesen habe, indem ich die tiefe Kenntniss des
menschlichen Herzens und die Gewandtheit in der Dar-
stellung der verschiedenartigsten, sowohl heftigsten,
leisesten, Regungen desselben nicht genug habe
bewundern können, dass auch die fühlbare Theilnahme
der Verfasserin an *het lief en leed* ihrer Helden und
Heldinnen, die Wärme und Innigkeit des Gefühls, womit sie dieselben auf allen ihren Wegen begleitet, und
war so, dass es mir fort und fort vorgekommen, als
könnten das nicht blosse Phantasiegebilde sein, sondern
als gäbe die Verfasserin hier und da ein Stück ihres
eigenen Lebens zum Besten, mich nicht weiniger für
sie selbst, als für jene eingenommen habe, so wie, dass
die Reinheit der Sitten und der edle Anstand des
Kreises, in dessen Mitte man sich bewegt, ein jedes
unverdorbene Gemüth in demselben Maasse anziehen
müsse, in welchem der Schmutz derjenigen Romane ab-
stosse, deren Verfasser, in Ermanglung edler Reizmittel,
auf die verdorbene Phantasie und den blasirten Geschmack gewisser Leser speculirt zu haben scheinen.
Dies meinte das Männchen, dessen selbstgefälliges Lächeln mich schon längst zu einem Ausfalle gereizt
hatte, und dem ich auch schon ein paar Mal *in het
arwater gezeten had* _.

Wie meinen Sie?

Quer durch den Weg gefahren war, widersprochen hatte, indem ich ihm unter andern auf die Bemerkung, dass die weibliche Verfasserin von „*Lief en Leed*" natürlich beim weiblichen Publicum *een schreefje vóór* habe, etwas voraushabe vor dem männlichen Verfasser des andern Romans, rundheraus sagte, dass er die genaueste Kenntniss des weiblichen Herzens noch nicht besitze, wenn er sich einbilde, dass Frauen, gesetzt sie wären parteiisch bei der Beurtheilung von Männern und Frauen, es eher zu Gunsten der letzteren seien, als der ersteren. Aber — was wollte ich auch wieder sagen? — ja, da meinte das hochweise Männchen, um mich mit einem Machtspruch aus dem Felde zu schlagen, über den Geschmack lasse sich's bekanntlich nicht urtheilen, wollte auch sogleich ohne Weiteres fortschnattern, aber ich ergriff ihn hübsch beim Aermel, nämlich im bildlichen Sinne: „Sie entschuldigen," sagte ich, „diese Regel — ich sagte aber, durch seine Abfertigung etwas gereizt, dieser Gemeinplatz — kann hier keine Anwendung finden." Da begann er mit „subjectiv" und „objectiv" u. dergl. zu *schermen*, ich will sagen — zu schwadroniren und zu scharmützeln, und der Eine ziehe z. B. Wieland, der Andere Klopstock, der Goethe, jener Schiller vor. Das sei Sache des Subjects, und darum, wenn ich z. B. an Heine, von dem auch soeben die Rede gewesen und der bei den Holländern, nämlich bei dem jungen Holland, sehr hoch angeschrieben steht, keinen Geschmack finde, er aber wohl, so sei meine Ansicht ebenso rein subjectiv, wie die seinige. „Bitte,"

sagte ich, als er wieder *doordraven*, ich will sagen —
drauflos schwatzen wollte, „Sie verzeihen, nur so lange
ich mir der Gründe nicht bewusst bin!"

Sehr gut, Fräulein. Der verwechselte ja den sinn-
lichen Geschmack mit dem geistigen.

Nicht wahr? Ich hatte also Recht?

Vollkommen, natürlich. Der sinnliche Geschmack
allein ist rein subjectiv, der geistige dagegen beruht
auf objectiven Gründen, die in der geistigen Natur
eines jeden Menschen liegen, und über die man sich
mit Andern verständigen kann.

Das sagte ich auch. Wenn ich die Gründe mir und
einem Andern deutlich machen kann, dann ist mein
Urtheil nicht mehr rein subjectiv, nicht mehr der Aus-
druck eines blossen, unmittelbaren Gefühls, sondern
das Resultat objectiver Betrachtung.

Ganz richtig, Fräulein. Anfangs, ja, vor der Ent-
wicklung der Gründe, da erscheint der geistige Geschmack allerdings auch als blosses Gefühl, macht man
sich aber die Begriffe, Urtheile, Regeln und Schlüsse,
die ihm zum Grunde liegen, deutlich und scheidet man
das Subjective in demselben gehörig von dem Objectiven, dann spricht die Urtheilskraft das Urtheil aus,
nicht der Instinct.

„Dass ich die Zwiebeln nicht mag," sagte ich, „und von
Jugend auf nicht habe leiden können, kann ich weder mir,
noch Ihnen, Herr Candidat, begreiflich machen, wohl
aber, warum ich den H e i n e nicht lieben kann und den
Roman „*Liefen Leed*" diesem oder jenem andern vorziehe."

Nun — und hatte der Herr noch etwas dagegen ein-
zuwenden?

Ja, noch Allerlei, aber *niets degelijks,* nichts Triftiges,
denn er konnte es zu keinem „also" bringen, konnte
aber natürlich einem Ding von zwanzig Jahren auch
nicht so geradezu Recht geben. Desswegen flatterte
er wie ein angeschossenes Rebhuhn noch etwas hin
und her, bis er endlich, eine günstige Wendung des
Gesprächs benützend, dem *gekibbel* — dem Gehader,
meine ich, damit ein Ende zu machen wusste, dass er
von den beiden Romanen *afstappende,* ich meine — ab-
sehend, fragte, was mir denn eigentlich an H e i n e
nicht gefalle, worauf ich aber nur mit Wenigem geantwortet habe. Ich begnügte mich damit, ihm zu verstehen gegeben zu haben, dass ich mich nicht so ge-
radehin mit grossen Worten und Machtsprüchen *af-
schepen,* d. h. abspeisen lasse; und meine Freundinnen lachten dabei recht in's Fäustchen. Hintendrein
aber, als das Männchen sich abgeführt hatte, bekam
ich doch wieder den alten Refrain zu vernehmen: „ *hoe
dorst gij het te doen,* wie konntest du dich unterstehen,
das zu thun? — *Wij zouden dergelijke geleerde woorden
niet durven in den mond nemen."* „Ich wohl" erwiderte
ich, „warum sollte ich mich da, wo ich meiner Sache
gewiss bin, einfältig anstellen? Es giebt der Fälle
schon genug, wo ich es wirklich bin."

Wie sagen Sie da, Fräulein? Was höre ich?

Ja, wo ich es wirklich bin.

Nun, die Fälle möchte ich sehen! Das ging Ihnen
aber auch nicht von Herzen.

So? Sie glauben mir also nicht? Das ist nicht
schön von Ihnen, Herr Doctor. Ich wollte Ihnen,
da sie die Offenherzigkeit meiner Landsleute rühm-

ten, eine kleine Probe davon geben — und jetzt glauben Sie mir —

Nicht, nein — weil Sie sich selbst nicht glauben. Das war die Parodie der Offenherzigkeit. Aber damit erinnern Sie mich auch gerade zu rechter Zeit an etwas Anderes, was ich auch noch an Ihren Landsleuten zu rühmen habe, nämlich ausser der Offenherzigkeit die eigene Art von Humor, die sie im Sprechen und zumal in der geselligen Unterhaltung an den Tag zu legen pflegen, indem sie nämlich, um einem Andern eine kleine Freude zu machen, sich dummer anstellen —

Als sie wirklich sind? Geben Sie Acht, Herr Doctor! Wiewohl — Sie können doch Recht haben, wie ich ja soeben selbst bekennen musste.

Bitte, nein — solche Bekenntnisse — davon nehme ich kein Jota an, wohl aber das Gegentheil im vollsten Maasse.

Nun, dann werden wir es nie eins.

Wenigstens —

In diesem Sinne nie. Wir wollen darum nur *een speldje bij steken*, wie man im Holländischen sagt, d. h. ein Punctum machen, davon abbrechen.

Und zwar um so eher, als Sie selbst am besten wissen, was ich meine und was ich jetzt noch sagen will.

Ich glaube, so etwas zu vermuthen.

Die Selbstpersiflirung meine ich, dieselbe, von welcher auch Sie jetzt eine Probe abgelegt haben, nicht aber von —

Nun, meinetwegen, um nicht wieder von vorne anzufangen, Sie sollen Recht haben.

Eine Art von Gutmüthigkeit, wofür die Norddeutschen gar keinen Sinn haben.

Ich glaube, auch die Holländer nicht. Auch da ist sie mir nie vorgekommen. Die sind ebenfalls zu ernst, zu besonnen, ich möchte fast sagen, zu trocken dazu.

Da kann z. B. bei Ihnen einer zu seinem Nachbar sagen: „Ich that, als verstünde ich nichts von der Sache, ich stellte mich recht dumm und unwissend und spielte meine Rolle natürlich recht gut, denn" — fährt er fort, seinem Nachbar treuherzig auf die Schulter klopfend — „denn gelt, Alterle, das kostet unser einen wenig Mühe, dann sind wir recht in unserm Element; das ist viel leichter als Gescheidtsein." Und dann lachen Beide einander herzlich aus. Nicht wahr?

Ganz richtig, Herr Doctor. Der Belacher stellt sich, so zu sagen, in Reih und Glied mit dem Verlachten. Ich kann Ihnen auch ein Beispiel davon anführen. Ein kleines, mageres Männchen, das eine kolossale Frau hatte, hörte ich zu einem andern, der eine Herculesgestalt, aber ein winziges, schmächtiges Weibchen besass, sagen: „Dees habe(n) wer doch recht gscheit ang'legt, G'vatter, beim Weibe(n), du e kleine und ih e grosse. Wenn mer jetzt bei uns ei(n)s in's ander rechnet, giebt's doch e recht guets Verhältniss." „Host Recht, G'vatter, und drum hent mer jo au beim Freie(n) weniger uf's Vermögele g'sehe(n), als uf de Verstand. H'ja, hent mer de Reichste net kriegt im Ort, so hent mer doch de G'scheitst g'nomme(n), au von wege dem Verhältniss." „Jo wäger (wahrlich), und drum ist au de dei(n) viel pfiffiger, als de mei(n), au von wege dem Verhältniss", worauf dieser versetzte — aber ge-

nug. So ging's noch mehrmals herüber und hinüber,
ein Wettstreit, bald wer der dummste, bald wer der
gescheidteste sei, und zwar zur allgemeinen Belustigung der Zuhörer. — Man könnte das den Wirthshaus-Humor nennen.

Ganz gut. Von diesem Humor hat aber, wie gesagt,
der Norddeutsche keinen Begriff, und wo er etwas
der Art vernimmt, legt er es auch unfehlbar verkehrt
aus. Darum, wenn dann etwa so ein Pfiflicus mit seinem correcten Verstande, z. B. einer aus der Residenz
der Intelligenz, dabei sitzt, dann meint der, es sei jenen
mit ihrer Dummheit wirklich Ernst. Denn, denkt er,
wer wird sich selbst dumm nennen, wenn er es nicht
ist, das wäre ja noch dummer, als dumm. Er hält sie
also wirklich dafür, wenn sie auch sonst noch so ver-
nünftig gesprochen haben, während doch eigentlich er
selbst der Dumme, der Bornirte ist, der keinen Sinn
für solchen Humor hat und ihnen nicht in den Augen
lesen kann, so wie ich es in den Ihrigen gelesen, dass
sie sich wohlbewusst und absichtlich in die Rolle des
Einfältigen gegeben und sich nur zu gegenseitiger
Belustigung und zur Erheiterung für Andere zum
Besten gehabt haben.

Ganz richtig, Herr Doctor. Sie kennen meine Landsleute.

Zum Theil aus eigener Erfahrung, zum Theil aber
auch aus der Beschreibung, welche Ihr berühmter
Landsmann Vischer von ihnen gegeben hat. Der
Schwabe — so ungefähr lautet seine Schilderung —
verhält sich in Rede, Geberde, Ton offen und zutrau-
lich; er geht, so zu sagen, mit seiner ganzen Seele

im Gespräche auf; der Norddeutsche dagegen ist straf-
fer angezogen, reflectirender, aber auch decidirter in
Wort und That. Der Schwabe giebt sich ganz seinem
Gegenstande hin und lässt sich harmlos gehen; der
Norddeutsche überwacht sich beständig, damit ihm ja
keine Naivität entschlüpfe. Macht nun der Schwabe in
der Heiterkeit der Weinlaune sich selbst lächerlich
und der Norddeutsche, der ihm diese Parodirung der
eigenen Naivität als einfache Naivität aufrechnet, zieht
dann *censklaps* und unversehens ein Katzenpfötchen her-
vor und haut dem guten Narren eins herüber, dann
geschieht es — das gehört auch noch dazu — nur
allzu leicht, dass dieser, der eben aufgeblüht, rück-
haltslos in dem friedlichen, warmen, behaglichen Elemente der Geselligkeit schwamm, erschrickt, und, durch
den plötzlichen Friedensbruch alterirt, das rechte Wort
der Entgegnung nicht findet und also den Hieb auf
sich sitzen lassen muss [1]).

Sehr wahr; dann ist er auf einmal wie vernagelt.

Hintendrein, ja, wenn es zu spät ist, wenn der Be-
leidiger weg ist oder das Gespräch es längst nicht mehr
erlaubt, auf die erlittene Sottise zurückzukommen, dann
hält er wohl im Stillen — und auch dieses Schweigen
wird ihm wieder zum Schaden ausgelegt — eine Phi-
lippica gegen seinen Widerpart, die sich gewaschen
hat und die ihm, hätte er sie zur rechten Zeit ange-
bracht, den glänzendsten Triumph bereitet haben würde.

Ja, dann denkt er, das hätte ich ihm sagen sollen,

---

[1]) F. Th. Vischer, „Kritische Gänge.“ Erster Band. S. 19, ff.

so hätte ich ihm auftrumpfen sollen. Aber dann ist's eben zu spät. In diesem Falle ist der gemeine Mann bei uns weit besser dran. Weil es dem, wenn er aufgezogen wird, nicht darauf ankommt, wie seine Antwort ausfällt, ob grob oder nicht, so hat er seine Antwort weit schneller in Bereitschaft. Ich erinnere mich da eines Stückchens der Art von einem Schwarzwälder, einem Flözer, und einem preussischen Officier, wenn Sie es hören wollen.

Recht gerne, Fräulein.

Da sitzt einmal — oder, warten Sie, ich will es ihn selbst erzählen lassen; aber dann muss er seine eigene Sprache reden.

Wenn ich bitten darf.

Wenn man so etwas in's Hochdeutsche überträgt, dann hat es gar keine Farbe mehr, dann würde aus dem Bauern ein ganz anderer Mensch werden. Da ginge es noch weit eher mit dem Holländischen, wie ich Ihnen schon einmal gesagt habe. Ich will es Ihnen darum auch in's Holländische übersetzen, dann können Sie zugleich auch einmal hören, wie sich das im Zusammenhang ausnimmt — *stukken en brokken* haben Sie schon mehr als genug von mir gehört. Auch können Sie sich dann auf's Neue überzeugen, dass zwischen dem Holländischen und Schwäbischen eine grosse Aehnlichkeit stattfindet. — Also: Do sitz ih amol z'Mainz im a Bierhaus und bi(n) ebbes lustig und schwätz mit de Leut, dia do gsessa sind und dia hent a reachte Freud ammer ghet. *Daar zit ik eens te Mainz in 'n bierhuis en ben vrolik en praat met de lui, die daar zate(n), en die hadden er recht schik in me.* Do kommt a preussischer

Officier hear mit seine dürre Schenkela und seine hungerige Hösla und mit ema Fea(n)sterle amme Bändele, dees hot er an's Aug na(n) ghalta und guckt me so pfiffig a(n); i guck'n au a(n), aber reacht simpel. *Daar komt 'n Officier van de Pruisse(n) naar me toe met zijne spillebeentjes en zij(n) mager spanbroekje en met 'n glaasje aan 'n touwtje, dat hield i tege(n) zijn oog en kijkt me zoo slim aa(n); ik kijk 'm ook aa(n), maar recht onnoozel.* Do lacht er mi a(n) und ih lach ao. Do ist er zua mer na(n) gsessa und moant nu(n), er häb en reachta Simpel voarem. Ear frogt me, ob ih a Schwob sei; jo, sag ih, vom Schwaazwald, vo(n) Roatweil. *Daar lacht 'i tege(n) me en ik lach ook. Toen is 'i naast me gaan zitte(n) en meent nu en rechte(n) hals voor zich te hebbe(n). Hij vraagt me, of ik 'n Schwaab was; ja, zeg ik, van 't Schwarzwald, van Rothweil.* Do frogt er — aber so geht mir's doch zu langsam, ich will's nur sogleich auf Holländisch erzählen, sonst kommen wir nicht damit zu Ende. Sie werden es doch verstehen, es lässt sich leicht errathen. Auch will ich langsam sprechen. *Toen vraagt 'i, of 't waar was, dat de Schwabe(n) als 't mistig weer is, de dag met booneslake zoeke? Nu hou ik me nog dommer en zeg: 'k heb het ook al es gehoord en ik meen, dat ik et ook es gezien heb, toen ik nog een kleine jonge was. Maar dat is nog nex. Ik weet nog 'n aardiger kunstje, hoe de Schwabe de ezel vange. Zoo kan 't geen mensch, als de Schwabe. De Officier vraagt me:* Nun ja, wie fangen denn die Schwaben ihre Esel? *Ja, zeg ik, ik durf 'et haast niet te zegge, het kon er soms ongemanierd uitkomen.* Ach was, wir sind ja im Wirthshaus, da braucht man sich nicht zu geniren. *Ja, om*

die lui daar is het niet, maar om jou, Mencer de Lui-
tenant, jij kon 'et me soms kwalijk neme. Ich? Bewahre
Gott nicht. Ich zuletzt. Ich kann jeden Spass leiden.
Nur heraus damit! Wie fangen die Schwaben die Esel?
Ja, als je 't me niet kwalijk d. h. übel *neemt, zoo zeg op*
je eer. Allerdings, auf meine Ehre, ich nehme es nicht
übel; vor allen Leuten sage ich's. *Geef me je hand er*
op. Ja, warum denn nicht? Hij geeft me de hand, ik pak
ze stevig vast, dat 'i de ooge verdraaid heeft als een bok,
die geslacht wordt, en schud ze niet zuinig en vraag 'm,
meen je 't nog, op je eer? Warum nicht? *zeid'i,* lass
Er mich nur los. *Ha, gekheid, zei ik, dat kan ik niet, als*
ik zegge moet, hoe de Schwabe de ezels vange. Kijk, zoo
vangt me ze, daar heb ik al een. En nu druk ik 'em
nog een siertje erger. Daar had je die ooge moete zien,
hoe die ze verdraaid heeft! Nu heeft alles te same ge-
lache, dat haast de ruite geborste zijn. Maar die Luite-
nant heeft het lache kunne houwe; hij zette ook dadelijk
zij(n) petje op en poetsten 'em. De kastelei(n) heeft 'i on-
der de deur betaald [1]).

Recht so! So muss man solche Bursche tractiren.

Da fällt mir noch solch ein Stückchen ein, wenn
Sie's hören wollen.

Wenn ich bitten darf, recht gerne.

So sass auch einmal ein Schwabe zu Frankfurt in der
grossen Wirthsstube und in einem Kabinet daneben —
man heisst's bei uns Verschlägle — sitzen einige Herren und essen zu Mittag. Mein Landsmann lässt sich

---

[1]) Nach Nefflen „Der Vetter aus Schwaben". S. 114.

auch etwas zu essen geben, muss aber ziemlich lange
warten. Endlich aber, wie's da vor ihm steht, greift
er das Werk an mit Freuden und kaut und mahlt
sein Sauerkraut mit Speck und Blutwurst und einem
Batzenlaibchen durch einander auf beiden Wangen,
wie ein Maikäfer. Unterdessen sind die Herren drinnen fertig und kommen nach einander heraus und
sehen zu, wie's dem Bauern so waidlich schmeckt, treiben auch hinter seinem Rücken ihr Gespött mit ihm,
bis zuletzt ein junger Fürwitz die geniale Entdeckung
macht und den Andern zuflüstert: „Das ist gewiss ein
Schwabe". Drauf setzt sich der Naseweis ihm gegenüber,
fängt *kwansuis*, ich will sagen, zum Schein eine freundliche Unterhaltung mit ihm an und fragt ihn bald
dieses, bald jenes, bis er zuletzt, nachdem er sich
ganz treuherzig mit ihm gemacht zu haben glaubt,
allen seinen Witz um die Spitze seiner Nase versam-
melnd, mit der eigentlichen Frage herausrückt: „Ei,
is es wahr, dass die Schwaben zehn Tache blind bleiben
nach der Geburt? Mein Grossvater sachte mir's; is es
wirklich wahr, dass sie so lange blind bleiben?" —
„Joo, Herr, 's ischt wohr", lautete die Antwort, „mer
ka(n)'s itt leugna, zeha Tag und zeha Nächt bleiba
bei au(n)s d'Kinder blind; aber — wenn en amol
d'Auga ufgau(n)t, noo guckese au so en Esel, wia doo
Oaner voar mer stoht, dur en durc [1])."

Auch gut! Damit konnte auch der zufrieden sein. Aber
ich merke, vor Ihren Landsleuten mag man sich in Acht
nehmen.

---

[1]) Nach Nefflen a. a. O. S. 166.

In Acht nehmen? Warum? Ich wüsste nicht, warum. Ja, natürlich, wenn man sie zum Narren halten will, ja, dann kann man, wenigstens bei solchen Leuten, darauf rechnen, das Ausgegebene mit Zinsen zurückzubekommen. — Aber haben Sie das Holländische verstanden? Ich habe wenigstens langsam genug gesprochen.

Wort für Wort. Aber was mir während der Erzählung einfiel, Fräulein — als ich so bald Holländisch, bald Schwäbisch, bald auch wohl mitunter ein Wörtchen Hochdeutsch hörte, dachte ich, es ist doch Schade, dass uns die holländische Sprache so ganz fremd geworden. Haben wir damit nicht viel eingebüsst. Z. B. im Lustspiel — wie viel hätte man zur Erzielung komischer Effecte vom Holländischen profitiren können. Ich denke mir solch einen schwäbischen Bauern, einen holländischen Schiffer, einen Kölner Eckensteher und einen hochdeutschen Kellner im Gespräch mit einander, das müsste sich ja allerdrolligst ausnehmen.

Allerdings. Was Sie aber jetzt vom Holländischen vernommen, das war die Sprache des gemeinen Mannes. Die der gebildeten Stände weicht, wenn auch nicht der Form, so doch dem Ton und der Aussprache nach, davon bedeutend ab. Sie dürfen sich darum nicht einbilden, dass das Holländische sich nur zum Niedrigkomischen eigne, wie das Bauern-Schwäbisch?

Nein, Fräulein; das weiss ich.

Die Schriftsprache und die Umgangssprache der besseren Stände hat ebenso viel Würdevolles und Erhabenes, als jene theils Plattes, theils Naives und *koddiges*, ich will sagen — Drolliges an sich hat. Ebenso gut, als sich das Platt-Holländische zur Posse eignete, ebenso gut liesse sich die Schriftsprache, wenn wir sie noch verstünden, im Drama des erhabensten Stils, in der Tragödie, verwenden, z. B. zu Chören, wie bei den Griechen. Die Chöre redeten da ja auch eine andere Sprache, nicht wahr?

Ganz richtig. Da bedienten sich die Dichter des dorischen Dialects, der auch den Character des Würdevollen, Erhabenen, Ernsten und Feierlichen an sich trägt.

Darum, zur Zeit, als die Bardiete und die Hermannsschlachten, z. B. von Klopstock, Denis, Kretschmann u. A. bei uns noch in der Mode waren, wie würde sich da zwischen dem hochdeutschen Dialog ein holländischer Bardensang mit der ehrwürdigen Alterthümlichkeit dieser Sprache vortrefflich ausgenommen haben, wenn sie uns noch geläufig gewesen wäre; z. B. der, welchen der Dichter Helmers seinem Epos „*De hollandsche natie*" vorausgesandt hat, der so anhebt:

Barst los! bezielt u, heil'ge snaren!
De lofzang ruisch' deze eiken rond!
't Gevoel stroome uit uw hart, gewijde Priestrenscharen!
Heft aan, o Wodans harpenaren!
't Geldt de eer van d'ouderlijken grond.

Dat hij verga, die, diep verbasterd,
Den vaderlandschen grond miskent,
Den grond van zijn geboorte lastert,
En 't heilig graf der vadren schendt!

11   20

> Hij leev', maar leve een slaaf der slaven!
> Zijn rif, verworpen, onbegraven,
>> Zij 't aas, waarop 't gevogelt' brast!
> Zijn naam zij elk een vloek in de ooren.
> En 't kroost, den onverlaat geboren,
>> Zij eeuwig met dien vloek belast!

u. s. w.

Das klingt ja prachtvoll.

Nicht wahr? Nur wird Sie da eben wahrscheinlich schon das erste Wort *losbarsten* wieder incommodirt haben, weil Sie dabei an unser „losbersten," denken, oder gar an „herausplatzen." Ja, jetzt wäre es zu spät, auch wenn uns das Holländische leicht verständlich wäre, weil wir es nie hören und noch weniger sprechen. Jetzt besteht eben der Uebelstand, dass, wer Holländisches und zumal holländische Gedichte sich erst in's Deutsche übersetzen muss, sie nicht mehr zu goûtiren im Stande ist. Sie sehen es hier wieder und zwar um so deutlicher in solcher pathetischen Rede, indem die holländische Sprache viele Wörter und Ausdrücke, wie eben dieses *losbarsten*, welche bei uns im Deutschen zu einer niedern, bisweilen sogar gemeinen Bedeutung herabgesunken sind oder nur in einem Nebensinne sich erhalten haben, in edler Bedeutung gebraucht. — Aber, um auf meinen Herrn Landsmann da drüben zurückzukommen. —

Hat der noch mehr auf dem Kerbholz?

In Holland würde man sagen: *op zijne lei*. Ja, und keine Kleinigkeit.

Und zwar? Wenn ich fragen darf.

Erstens von wegen des spöttischen Tones, womit

er — nicht vom Theemachen, das war Spass — aber
von dem angeblich beim Theetrinken herrschenden
kleingeestigen, ich meine — kleinlichen, engbrüstigen
Ceremoniell gesprochen. Darüber soll er sich vor mir
verantworten, und zweitens und noch mehr von wegen
des zweideutigen „Nichtswissens" von einer holländischen Literatur. Wenn der Herr Justizrath schon dreimal und jedesmal solch eine geraume Zeit in Holland
gewesen ist und Holländisch versteht, dann muss er
mir auch etwas von der holländischen Literatur wissen, oder ich will ihm einmal ein Collegium darüber
lesen.

Ich wollte, ich könnte Zuhörer sein.

Ja, dann sollten Sie sehen, wie mir der Herr Justizrath wird herhalten müssen. Ich werde sogleich heute
Abend mit meinem Theezeug in seiner Nähe Platz zu
nehmen suchen, und dann wird sich schon eine Gelegenheit *voordoen*, ich will sagen — darbieten, einen
Ausfall auf ihn zu machen. Ich mache z. B. all den
von ihm beschriebenen Umschlag — ach, warum nicht
gar! — ich meine, alle die von ihm beschriebenen
Umstände nach und wo möglich noch mehr, bis er
mich drum ansieht, und dann habe ich ihn: „Ja, Herr
Justizrath" werde ich anfangen, *„niet waar, wat een
omslag!"*

Ist es denn nicht wahr, Fräulein? Ist das Theemachen
nicht mit so viel Umständen verknüpft?

Ja und nein, Herr Doctor, wie man's nehmen will.
Aber so kann man Alles lächerlich machen. So könnte
ich auch sagen, welche Umstände, wenn der Herr
Justizrath eine Flasche Wein trinken will: in den Keller

hinunter, oder zuerst: den Kellerschlüssel genommen, die Kellerthüre geöffnet, die Treppe hinunter, die Flasche genommen, die Treppe wieder hinauf, die Thüre wieder zugeschlossen, den Schlüssel wieder an Ort und Stelle gehängt, ein Handtuch genommen, die Bouteille abgewischt, das Handtuch wieder weggelegt, den Propfenzieher genommen, das Wachs an der Mündung abgeklopft, den Propfenzieher hineingedreht, die Flasche zwischen die Beine gezwängt, was aber beim Herrn Justizrath mit vielen Schwierigkeiten verbunden sein dürfte, u. s. w. Ja, auf diese Art erscheint Alles umständlich und weitschweifig. Und was das ängstliche, steife Ceremoniell betrifft, davon habe ich bei meinen Freunden und Bekannten nie eine Spur wahrgenommen; die lebhafte Unterhaltung liess einen da auch nicht daran denken, auf solche Kinderpossen zu achten. Das mag in solchen Kreisen zu Hause sein, wo man Stundenlang mit den Ellenbogen am Leibe dasitzen kann, wie *eene pop*, wie eine Puppe oder Gliederdocke, und aus Mangel an Unterhaltung nichts Besseres zu thun weiss, als dass man von Zeit zu Zeit, über seinen Bordürlappen wegschielend, seinen Nachbarinnen auf die Finger sieht, wie sie ihre Tasse anfassen, ein Küchlein zum Munde führen, ihren Chignon betasten, ob er noch nagelfest ist, u. dergl. Ja, bei denen kann man, wenn einem ein Messer oder eine Gabel entfällt, zum Stadtgespräch werden. Aber solche Conventikel giebt's ja in der ganzen Welt.

Und da bleibt man eben hübsch ordentlich weg.

Versteht sich. Als der Herr Justizrath aber von seinem Pseudothee sprach, da fiel mir wieder ein paar

Mal mein Onkel ein. Der ist ebenfalls der Ansicht,
dass es unverantwortlich sei, alljährlich so viel Geld
an Thee zu verschleudern, und zwar zumal in Holland,
wo man ja den gesundesten Thee umsonst haben
könne, einen Thee, so recht für das dortige Klima
geschaffen und darum dort auch so üppig wachsend,
wie vielleicht nirgends in der Welt.

Und der wäre?

Die Kamille.

Die Kamille?

Ja; die ich in Holland auf manchen Kornfeldern so
üppig wuchern sah, dass es oft schwer zu entscheiden
war, ob man ein Korn- oder ein Kamillenfeld vor sich
habe. Wäre man nur einmal daran gewohnt, meint
mein Onkel, dann schmeckte er einem gewiss so gut,
wie der chinesische. An Wohlgeruch stehe er nur des
Vorurtheils wegen dem chinesischen Thee nach, an
Zuträglichkeit für die Gesundheit aber habe auch der
beste Kaiserthee kein *handwater bij*, — ach, was ist das
wieder für Zeug! ich will sagen, könne ihm auch der
beste Kaiserthee das Wasser nicht reichen. Es käme
nur darauf an, dass die Kaiserin E u g e n i e einmal
einen *thé dansant à la Camille* veranstaltete, dann
tränke morgen ganz Paris und übermorgen ganz Europa
Kamillenthee.

Leicht möglich. Hat sie den Reifröcken und den
Chignons Eingang zu verschaffen gewusst, warum sollte
ihr das nicht auch mit dem Kamillenthee gelingen?
Ihr Herr Onkel ist also dem Thee auch nicht sehr
hold.

O doch, Herr Doctor; aber freilich weniger um seiner

selbst willen, um des Thees willen, als wegen des angenehmen Stündchens, welches man seinem Genusse
zu danken hat. Ein schönes Stündchen, das uns ganz
abgeht. Und wie muss sich's da erst im Winter am
warmen Kamin traulich beisammen sitzen und plaudern lassen, wenn die innern Fensterläden zugeschlossen und die dichten Ober-Gardinen vorgezogen sind,
wenn der Tisch zum Schornstein gerückt ist und im
offnen Herd *een vrolijk vuurtje knapt en knettert*, kni-
stert — will ich sagen. Dann mag draussen der Wind
frei um alle Ecken heulen und der Jagdschnee an die
Fenster schlagen, so lang er will. Nur zu! Dann sitzt
sich's gewiss nur um so traulicher beisammen.

Um welche Zeit geschieht das?

Zwischen sechs und acht Uhr.

Das ist bei uns die Zeit des Abendessens.

Bei uns ebenfalls.

Nun da sitzen wir ja auch beisammen.

Ja, aber wie lange dauert's? — Kaum eine halbe
Stunde. Kaum haben die Herren den Mund gewischt,
fort geht's in's Bierhaus oder in's Weinhaus, und wir
Frauen können dann zusehen, wie wir von acht bis
zehn Uhr die langen Winterabende zubringen.

Die Herren gehen in Holland also des Abends nicht
aus?

Ach ja, auch — das Kneipen ist den Männern an-
geboren — aber doch nicht so tagtäglich, wenigstens
die verheiratheten nicht; einmal oder zweimal die
Woche und jedenfalls nicht eher, als bis sie uns ordentlich und anständig beim Thee Gesellschaft geleistet, in Bezug auf die Zeitereignisse auf dem Laufen-

den erhalten und die Tagesneuigkeiten mitgetheilt
haben, wofern wir sie nämlich nicht schon zuvor wissen, indem wir sie bereits in den Morgen-Visiten aufgegabelt haben.

Wann essen die Leute aber dort zu Nacht?

Eigentlich gar nicht, wenn man es nämlich mit unserem Nachtessen vergleicht.

Wie so?

Weil das Mittagessen ja so spät einfällt. Wenn man
vom Mittagstisch erst um fünf, oder, wie in Amsterdam,
Rotterdam und Haag, gar um sechs oder sieben Uhr
aufsteht, dann kann man doch unmöglich um acht Uhr
schon wieder essen. Wenn aber eine Art Nachtessen
stattfindet, dann ist das, wenn man keine Gäste hat,
in der Regel sehr einfach, und findet erst statt, wenn
die Herren aus der Societät, d. h. aus ihrem Clubb,
nach Hause kommen.

Und wie spät ist das?

Wenn sie gut gezogen sind, um halb elf, höchstens
elf Uhr. Es giebt aber auch von den Unverbesserlichen,
die länger hängen bleiben. Aber ich muss gestehen,·
das späte Mittagessen wollte mir im Sommer nicht so
gut· gefallen. Da finde ich die Ordnung bei uns besser,
wo man um zwölf oder spätestens um ein Uhr isst.

So ist es auch bei uns.

Im Winter, ja, da mag es nicht übel sein, bei Licht
zu essen und so mit dem Mittagessen die langen Winterabende zu verkürzen, aber im Sommer verdirbt
man sich durch das späte Essen die schönen Nachmittage, die wir zu grösseren Spaziergängen nach den
umliegenden Dörfern benutzen. Freilich die Holländer

sind keine grossen Spaziergänger. Sie setzen sich lieber in einen Wagen oder in ein Boot und lassen sich fahren. Spaziergänge, wie wir sie machen, von drei, vier Stunden, bergauf und bergab, sind dort unter Herren eine grosse Seltenheit, unter Damen aber ganz unerhört, und für Fussreisen, wie unsere Studenten sie machen, vierzehn Tage, drei Wochen lang alle Tage fünf bis sechs Stunden, mit dem Ränzchen auf dem Rücken, dafür würden die holländischen Studenten sich herzlich bedanken.

Vier bis fünf Stunden, sagen Sie, Fräulein? — Nicht mehr? — Ich habe meine erste Ferienreise durch die sächsische Schweiz und meine zweite durch den Harz und auch meine erste Rheinreise ganz zu Fuss abgelegt, an manchen Tagen zehn Stunden und nie weniger als sechs. Dann ging's aber auch schon um drei, vier Uhr mit der Sonne zum Thor hinaus, in gemässigtem, aber gleichem Schritte fort bis ungefähr sechs oder sieben Uhr, bis wir irgendwo einen schönen Punkt erreicht, der uns zur Einnahme unseres Frühstücks einzuladen schien. Das Frühstück hatten wir gewöhnlich bei uns und war in einem Augenblick servirt. Die Feldflasche an der Seite, mit Wein, oft auch an der ersten besten Quelle mit purem Wasser gefüllt, bildete unseren Theekessel, unsere Theekanne u. s. w. u. s. w. Das Porzellan bestand in dem Papier, in welches unsere Wecken gewickelt waren, wenn's hoch kam, von einem Wurstzipfel accompagnirt.

Keine *oreilles de cochon à la Palmerston*, keine „sanfte" Eier oder *oeufs au miroir* und dergl. dazu?

Nein, an solche sybaritische Genüsse dachten wir so

früh des Morgens noch nicht. Nach Verlauf einer
Stunde, wenn wir uns an der schönen Aussicht ersät-
tigt, auch noch unsern Commerskloben ausgeraucht,
dann hiess es wieder, vorwärts! marsch! bergauf und
bergab, nach dem Takte von

> Turner ziehn
> Froh dahin,
> Wenn die Bäume schwellen grün.
> Wanderfahrt,
> Streng und hart,
> Das ist Turner Art, u. s. w.

bis gegen zehn oder elf Uhr, bis wir einen anständigen — nicht Gasthof, denn die Höfe waren uns zu
theuer; unsere Beutel waren auf die Dauer nicht
hoffähig — sondern eine brave Dorfwirthschaft fanden,
wo unsere Ankunft von keinem Portier angekündigt
wurde, dem man, noch ehe man einen Fuss über die
Schwelle gesetzt, für seinen Riss an der Klingel schon
ein Trinkgeld schuldete, wo auch kein halbes Dutzend
frisirter Kellner an der Einfahrt mit der Serviette unter dem Arm vor uns Spalier machte, sondern höchstens ein alter Dogge und ein lustiger Spitzer uns
bewillkommten, in der Wirthsstube aber eine freundliche Wirthin uns empfing —

Oder der Wirthin Töchterlein?

Auch gut.

Oder vielmehr noch besser, wahrscheinlich?

Ja, warum nicht?

Soort zoekt soort, sagt der Holländer, gleich und gleich
gesellt sich gern. Aber weiter, Herr Doctor, wenn ich
bitten darf.

Hatte man nun da zuvörderst das Mittagessen bestellt, dann holte, während dieses zubereitet wurde, der Wirth eine Flasche Neuen aus dem Keller und gelegentlich auch für sich ein Schöpplein Alten, setzte sich zutraulich-neugierig mit an den Tisch, um sich etwas von den laufenden Welthändeln, von denen man in der Stadt mehr vernehme, als auf dem Lande, erzählen zu lassen. Endlich deckte das Töchterlein den Tisch, was für den Vater zugleich das Signal war, einige lästige, ungebetene Gäste zu entfernen. Er ergriff nämlich den hinter dem Spiegel steckenden Fliegenwedel, öffnete ein Fenster und stäubte ein Dutzend Fliegen hinaus, die aber, dieses Manoeuvre's schon gewohnt, bei der ersten besten Gelegenheit wieder durch die Stubenthüre zurückkehrten, und, ehe noch das Essen aufgetragen war, wieder auf dem Tischtuch hin- und herliefen, als wären sie nie irgendwo anders gewesen. Jetzt kam das Essen, die Frau Wirthin wünschte „gesegneten Appetit", setzte sich auch wohl auf verehrendes Verlangen einen Augenblick her an die Ecke des Tisches, um Zeuge des guten ·Appetits zu sein und ein Glas Wein anzunehmen und auf die beiderseitige „schätzbare" Gesundheit anzustossen, — wobei aber, weil Sie's ja doch so haben wollen, auch nach dem Töchterlein, die indessen mit ihrem Strickzeug am Fenster sass, hinübergeschielt wurde — hauptsächlich aber, um das wohlverdiente Lob ihrer Küche in Empfang zu nehmen. Nach Tisch mochte man sich zuweilen im Garten noch einen Kaffee erlauben, dann aber ging's wieder vorwärts, jedoch nicht weiter, als bis an den nächsten Waldessaum oder die nächste

schattige Halde, um unter dem Dache breitlaubiger
Eichen oder Buchen oder noch lieber unter —

Hohen Tannen, nicht wahr?

Richtig, Fräulein.

Ach, die giebt's so prächtige bei uns im Schwarzwald! Die dicksten heissen Holländer, weil sie nach
Holland gehen, wo sie zu Mastbäumen verwendet werden. Da wurde dann wahrscheinlich ein kühles Plätzchen zur Mittagsruhe ausgesucht?

Richtig errathen.

Das Rauschen der Wipfel, der frische Harzgeruch,
die Kühle der Luft — da lässt sich's auch ungewiegt
einschlafen.

Und das grüne Ränzchen diente zum Kopfkissen.
Dazu reichten wieder ein paar Stunden hin und dann
noch einmal auf und rüstig vorwärts bis zu dem zum
Nachtquartier bestimmten Orte, den man noch ein
paar Stunden vor Sonnenuntergang erreichte, am liebsten in einem Städtchen, wo man hinreichende Betten
erwarten und wieder dem freundlichen Empfang eines
Wirthes oder einer Wirthin entgegensehen durfte,
nicht aber den forschenden Blicken einiger naseweisen
Kellner, die einen erst vom Kopf bis zu den Füssen
mustern, ehe sie einen endlich in ein Hinterzimmer
des dritten oder vierten Stocks hinaufbugsiren, und
doch den andern Morgen auf dem illustrirten Zech-
zettel nicht weniger als für das beste Zimmer in Rechnung bringen und noch *item* soviel für *service* und
für *bougies*, die keine zehn Minuten gebrannt haben.
Von all diesem kostbaren Firlefanz wollten wir nichts
wissen.

Von solchen Fussreisen hört man in Holland nichts.
Es mag wohl daher kommen, dass die Luft dort im
Sommer so drückend ist. Wenn es heiss ist, ist es
auch immer so dämpfig und so schwül zugleich. Ich
selbst, wenn ich in Holland bin und es ist nur eben
etwas warm, bin daselbst auch nie so zum Spazieren-
gehen aufgelegt, wie zu Hause. Aber auch wenn es
nicht sehr heiss ist, taugt dort die feuchte Luft zum
Marschiren nicht. Haben wir einen Berg erstiegen,
und uns dabei tüchtig echauffirt, so suchen wir ein
luftiges Plätzchen aus zum Ausruhen, und gerade dem
Winde entgegen, und hängen Hut und Halstuch an
einen Strauch oder Baumast, um uns abkühlen zu
lassen. In Holland aber, wenn man sich warm gelaufen, und man wagt es fünf Minuten stehen zu bleiben,
dann hat man den andern Tag einen Schnupfen zu
gewarten, dessen man in sechs Wochen nicht los wird.

Ja, das weiss ich.

Wie so, Herr Doctor? — Wissen Sie wieder etwas
von Holland? Lassen Sie gefälligst hören.

Das heisst —

Nein, nicht „das heisst," Herr Doctor! Grade heraus! — Bitte, was wissen Sie also von Holland?

Nichts, Fräulein, als dass es da nicht sehr gesund
sein soll.

Das heisst, mit andern Worten, höchst ungesund,
wahrscheinlich? Aber, wie so, Herr Doctor?

Natürlich spreche ich eben auch wieder andern nach,
aber ich habe einmal irgendwo in einem Buche gelesen, dass einer einen andern, der eine ihrer Ungesund-
heit wegen verrufene Gegend in Schutz nahm, weil

er daselbst sehr gesunde und sehr betagte Leute unter den Bewohnern angetroffen habe und auch selbst stets gesund gewesen, damit widerlegte, dass er sagte, das beweise nichts, denn man könne ja auch in Holland gesund sein.

Ergo sei Holland das ungesundeste Land, oder wenigstens eines der ungesundesten Länder! — Da haben wir's wieder. Wieder die alte Uebertreibung!

Es wäre also nicht wahr?

Nein, Herr Doctor. So viel, ja, ist wahr, dass es dort in den am Meere gelegenen Provinzen die bösen Wechselfieber giebt, von welchen man bei uns nichts weiss. Diese hartnäckigen Fieber, die bei uns nicht einmal dem Namen nach bekannt sind, die zwei-, drei- und viertägigen, von der unmittelbaren Nähe des Meeres und dem sumpfigen Boden verursacht, ja, die können einen dort Wochen, Monate, ja Jahre lang verfolgen und raffen Manchen dahin. Die Ausdünstungen des salzigen Wassers, welches in Folge eines Deichbruchs oder durch die Fluth in's Land hereinkommt und da stehend wird, scheint die vornehmste Ursache solcher Seuchen zu sein, und neben diesen die kalten Seenebel, so wie auch die Ausdünstungen des mit animalischen Theilen geschwängerten Bodens beim Zusammentreffen des süssen Flusswassers mit dem Meerwasser. Daher ist der Holländer nie gesunder, als wenn das Wetter recht rauh und stürmisch ist. Was wir recht schlechtes Wetter nennen, ist für den Holländer das beste, denn das reinigt die Luft. Lang anhaltende Trockenheit im Sommer, das sogenannte schöne Wetter, kann seine Amphibiennatur am wenigsten ertra-

gen; dann dringen überall Krankheiten auf ihn herein.
Es giebt übrigens Einheimische genug, die auch in den
soeben genannten Provinzen von diesen Marschfiebern
nie etwas zu leiden haben, wenn sie sich nur dem
Klima gemäss kleiden, nämlich Sommer und Winter
so ziemlich gleich warm, und wenn sie sich bei warmen Tagen nur sorgfältig vor der kühlen Abendluft
in Acht nehmen. Der Abende, wo man sich nach Sonnenuntergang ohne Gefahr im Freien aufhalten kann,
giebt's in Holland, d. h. in den Küstenstrichen, auch
mitten im Sommer, nur wenige. Herren sowohl als Damen gehen daher auch mitten im Sommer nicht leicht
in einen Garten, ohne sich mit einer *overjas*, ich will
sagen, mit einem — Ueberzieher oder einem wärmeren
Halstuch oder Shawl auf den spätern Abend versehen
zu haben. Auch sind dann *voetebankjes*, ich meine
Schemel, sehr zu empfehlen, damit die Füsse nicht
auf dem feuchten Boden ruhen. Der Ausländer aber —
ja, der entgeht auf die Dauer diesen bösartigen Fie-
bern nicht leicht, und ist er einmal davon ergriffen
und das Fieber will der Chinine nicht weichen, oder,
wie die Holländer sagen, *de koorts luistert er niet naar*,
giebt der Chinarinde kein Gehör, dann ist ihm nur
dadurch zu helfen, dass er sobald wie möglich wieder
auf einige Zeit höher gelegene Gegenden, wie z. B.
Geldern oder Utrecht, aufsucht, wo die Luft trockener
ist. Wenn in Holland des Abends die grauen Nebel-
streifen über den Wiesen und Wassergräben liegen —

„Der Erlenkönig mit Kron' und Schweif."

Ja, vor dem müssen Sie sich in Acht nehmen, wenn

Sie nach Holland kommen. Sobald diese blauen Wölkchen auf den Wiesen erscheinen, dann wird's Zeit,
sich unter Dach zu begeben, denn in ihnen stecken
die bösen Gallen- und Wechselfieber.

Die Herren da drüben machen auch ihre blauen
Wölkchen. Sie lassen sich's schmecken.

Ja, und besonders der Herr Justizrath, der dampft und
walmt als een kalkoven, wie man in Holland sagt.

Wenn der wüsste, was ihm bevorsteht!

Ja; lachen Sie nur immer zu, Herr Doctor. — Aber
rauchen Sie nicht auch?

O ja.

Nun? Sie geniren sich doch hoffentlich nicht vor mir?

Ja, Fräulein, wenn ich wüsste, dass es Sie nicht ge-
nirt, wenn in Ihrer Nähe geraucht wird —

O ganz und gar nicht. Ich sehe es vielmehr recht
gerne, dass die Herren rauchen, lieber, als dass sie
ein Spielzeug in der Hand haben, oder, wie die meisten
Nichtraucher zu thun pflegen, an all unserem Strick-
oder Nähzeug, an Fingerhut, Schere u. s. w. herum-
tappen. Zum Beweise will ich Ihnen selbst ein Streichhölzchen anzünden, wenn Sie fertig sind. — *Klaar?* —
Als 't u b'lieft, Mijnheer, een flammetje!"

Danke verbindlichst. Solch ein Glück ist mir noch
nie in meinem Leben zu Theil geworden, von einem
so schönen, liebenswür —   .

Still, still! Sie verbrennen sich ja noch die Finger.
Und erst die Cigarre gut anzünden, ringsherum, sonst
taugt's nichts, sonst brennt sie fortwährend schief,
zumal im Freien. Die Cigarren der Herren — ich rieche
sie bis hieher — sind wirklich vom ächten Schrot und

Korn. Der Herr Justizrath hat nicht zu viel von seiner Regalia gesagt.

Aber leider! zu wenig von der holländischen Literatur, nicht wahr?

Aufzuwarten, Herr Doctor. Aber was soll das heissen?

Was das heissen soll, Fräulein? — dass ich eben dabei bleibe, wie ich schon einmal gesagt habe, dass ich Sie so gerne von Holland und von der holländischen Sprache reden höre.

Und dass Sie nun auch noch gern *een schepje*, ein Stückchen von der holländischen *letterkunde*, d. h. Literatur, von mir haben möchten? — Nun, mit allem Vergnügen, wenn Sie sich eben auch, wie soeben bei der Sprache, wieder mit einem Minimum begnügen wollen.

Nennen Sie das kein Minimum, Fräulein, was mehr als hinreichend war, nicht nur meiner Unwissenheit und allerlei schiefen Ansichten und Vorurtheilen, die ich bisher in dieser Hinsicht gehegt, ein Ende zu machen, sondern was auch die Lust und das Vornehmen in mir erweckt hat, mich mit dieser Sprache näher bekannt zu machen.

Wirklich?

Im Ernst, Fräulein. Und den Beweis hoffe ich Ihnen im Herbste thatsächlich zu liefern.

Dass Sie Holländisch sprechen?

Aufzuwarten.

Schön, Herr Doctor! Ich freue mich schon darauf.

Freilich wird's dann noch überzwerch und holperig herauskommen —

Schadet nichts.

Und Ihnen manchen Stoff zum Lachen und neue
Beiträge zur Kakographie von soeben liefern.

Kommt nicht drauf an, Herr Doctor; erst muss man
krumm sprechen, wie man im Holländischen sagt, ehe
man recht sprechen kann, und wie Sie mich jetzt auf
meine deutschen *flaters* aufmerksam machen, so werde
ich es dann schon mit ihren holländischen Schnitzern
thun. Aber jetzt wünschten Sie —

Ja, Fräulein, wenn Sie die Güte haben wollten, mir
auch noch einen Fingerzeig auf dem Felde der niederländischen Literatur zu geben; denn zu meiner Be-
schämung muss ich gestehen, dass ich nie etwas von
dieser Literatur gelesen, ja kaum gehört habe. Bekannt
genug ist es, dass zu allen Zeiten die Wissenschaften
in keinem Lande mehr geschätzt, die Gelehrten nirgends besser belohnt worden sind, als in Holland, und
dass die dort herrschende unbeschränkte Denk- und
Pressfreiheit zu allen Zeiten ausgezeichnete Köpfe dort-
hin gelockt hat. Auch kenne ich natürlich die berühmten niederländischen Humanisten und Philologen, aber
von ihrer schönen Literatur weiss ich, aufrichtig gestanden, nichts, ausser dass ich einmal gelesen habe —

Was, Herr Doctor?

Ach nein; ich möchte es lieber verschweigen.

Wie so?

Weil Sie es nur unangenehm berühren kann.

O, daran bin ich schon gewohnt. Das ärgert mich
nur dann, wenn ich nicht dagegen zu Felde ziehen
kann. Aber Sie, Herr Doctor, Sie können jetzt von der
holländischen Literatur sagen, was Sie wollen, denn
da Sie mir ja auf mein Wort hin Glauben schenken

II.   21

wollen, so hoffe ich Sie leicht eines Besseren zu beleh
ren. Aber was sagt man denn von ihr?

Es sei eine blosse Uebersetzungs-Literatur.

Nun, wenn's nichts anderes ist, das lässt sich mit
zwei Worten widerlegen. Um von den ältesten Zeiten
nicht zu reden, wo die Niederländer unter andern einen
„Reineke Fuchs" aufzuweisen haben, auf den sie ebenso
stolz sein dürfen, als wir auf unser „Nibelungenlied", —
sie hatten bereits im siebzehnten Jahrhundert eine
blühende Literatur, ja schon gegen das Ende des sech-
zehnten und zwar noch ehe der achtzigjährige Krieg
recht zu Ende war. Man sollte sagen, wie ist's möglich, dass in solchen Zeiten die Blüthezeit einer Literatur anheben konnte.

Bitte, Fräulein, im Gegentheil, vielleicht gerade darum, weil die Zeit eine so bewegte war. Als bei den
Niederländern der Kampf um die höchsten Güter des
Lebens, um Glauben und Freiheit, das Volk zur vollsten Entfaltung aller seiner Kräfte und Tugenden
herausgefordert hatte, als seine unerschrockene Ausdauer, sein mannhafter republikanischer Sinn die Feuer-
probe bestanden, da musste wohl ein mächtiger Auf-
schwung in allen Gebieten des Staats- und des bürgerlichen Lebens und auch in Wissenschaft, Literatur
und Kunst erfolgen. Das konnte nicht fehlen.

Der berühmteste Dichter dieser Periode ist Vondel, der eine Reihe lyrischer, satyrischer und drama-
tischer Werke geschrieben hat. Eines der letztern,
„*Gysbrecht van Amstel*," womit das Amsterdamer
Schauspielhaus im Jahre 1638 eingeweiht wurde, wird
noch bis auf den heutigen Tag alljährlich um Neujahr

auf den grösseren holländischen Bühnen aufgeführt.
Darin kommen wunderschöne Chöre vor, unter andern

en

„ O kersnacht, schooner dan de dagen"

„ Waar werd oprechter trouw
Dan tusschen man en vrouw
Ter wereld ooit gevonden?"

Das sind prächtige Gedichte, auf die auch wir stolz
sein dürften.

Haben Sie seine Dramen aufführen sehen?

Bitte, Herr Doctor. Nur das soeben genannte wird
noch gespielt, und zwar, wie gesagt, nur um Neujahr.
Sonst eignen sie sich wegen Mangels am rechten dramatischen Leben nicht wohl für die Bühne. Ihre Com-
position ist meist mangelhaft und die Monologe nehmen
zu viel Raum ein; aber die Chöre, die darin vorkommen, sind ausgezeichnet. Es spricht sich in denselben
eine frische, stolze Kraft, ein reicher Ideengehalt und
eine Gemüthstiefe aus, wie sie nur in wenigen Dichtern zu finden sein dürften. Zwei seiner Dramen sind
neuerdings von einem Herrn de Wilde sehr brav
in's Deutsche übersetzt worden, nämlich ausser dem
genannten „Gysbrecht van Amstel" auch sein „Lucifer,"
welches für sein Meisterstück gehalten wird. Wenn
ich Ihnen darum einen guten Rath schuldig wäre,
Herr Doctor, dann sollten Sie Ihr Studium der holländischen Sprache und Literatur mit Hülfe dieser
Uebersetzungen gerade mit diesem Dichter anfangen.

Schön, Fräulein.

Der zweite grosse Dichter dieser Zeit, der auch als

Historiker bei den Holländern in klassischem Ansehen steht, heisst Hooft, der Ihnen aber wegen seiner gedrungenen Sprache für den Anfang zu schwer sein dürfte, und ebenso der dritte, Namens Huijghens, der nicht selten in's Gesuchte fällt und dadurch manchmal schwerfällig und dunkel erscheint. Bei weitem leichter werden Sie mit dem vierten zurechtkommen, mit „Vader Cats," wie er gewöhnlich genannt wird, lange Zeit nächst der Bibel die populärste Lectüre der Holländer. Er hat meist Lehrgedichte, Allegorien und Erzählungen gedichtet. Mein Onkel hält gar viel auf ihn; auch ich mag ihn recht gerne, obgleich er bisweilen etwas weitschweifig und geschwätzig ist. Aber man verzeiht dem *menschkundigen*, ich meine — dem Menschenkenner und erfahrungsreichen Alten seine behagliche Breite gerne; sogar seine vielen Flickwörter machen einem eher Spass, als dass sie einen stören, zumal sie zu dem bürgerlichen Alltagsleben, in dessen Sphäre der Dichter sich bewegt, sehr gut passen. — Nach Beendigung des Krieges, gegen das Ende des siebzehnten Jahrhunderts ging es aber mit der niederländischen Literatur wieder bergab.

Auch ganz natürlich. Auf die lange Anstrengung erfolgte naturgemäss auch wieder Abspannung, vielleicht beim behaglichen Genusse des Erworbenen, als Schätze sich auf Schätze häuften, auch einige Erschlaffung. — Aber im achtzehnten Jahrhundert? Da war es doch wieder ziemlich unruhig im Lande.

Sie meinen den Streit der Oranier und Antioranier? Allerdings; da wurden sie und zwar ziemlich unsanft aus ihrer behaglichen Ruhe aufgerüttelt. Jedoch schon

vorher, schon zu Anfang des Jahrhunderts, hatten
sie einige ausgezeichnete Dichter, z. B. den lieben
Naturdichter Poot. Aber in den sechziger und besonders in den siebziger Jahren erblühte, ohne Zweifel
angeregt durch unsere eben damals so mächtig aufsteigende Literatur, auch bei ihnen eine neue Dichter-
generation, und zwar in so üppiger Fülle, dass man
sich nicht genug verwundern kann, wie ein Land von
ein paar Millionen Einwohnern und eine beinahe ganz
auf Handelsverkehr und Industrie angewiesene Bevölkerung, bei der man eher bloss Befähigung für eigent-
liche Verstandes-Productionen und strenge Wissenschaft, als für Poesie, suchen sollte — zumal da ja auch
sonst eigentlicher poetischer Sinn und lebhafte Phantasie in unserm Norden nicht gerade zu Hause sein
soll — solch eine grosse Anzahl von Dichtern hat her-
vorbringen können. Da haben sie u. A. einen ausge-
zeichneten Epiker Onno Zwier van Haren, in dessen „Geusen" sich ein edler, freier, männlicher Geist
in schwungvoller Sprache ausspricht. Durch Gedan-
kenfülle und Tiefe des Gemüths zeichnen sich die
Lyriker Bellamy, Feith, Nieuwland, Loots,
Loosjes, Helmers, Spandaw, Immerzeel, de
Génestet und vor allen der erklärte Liebling seines
Volkes, Tollens, aus, der sich nicht bloss durch das
Feuer der Begeisterung, womit er die Grossthaten seines Volkes besingt, sondern auch — und vielleicht noch
mehr — durch die Innigkeit des Gefühls, womit er die
Saiten der Gatten-, Eltern- und Kindesliebe erklingen
lässt, die Sympathie seiner Landsleute erworben hat,
und — um den fruchtbarsten von Allen nicht zu verges-

sen, der eine ganze Bibliothek sowohl poetischer als prosaischer Werke geschrieben hat — nämlich Bilderdijk, der eine Meisterschaft über die Sprache und eine
Virtuosität in der Versification besessen, womit nur
die unseres Rückert zu vergleichen ist, und der mit
unserem Goethe auch das gemein hat, dass er nicht
nur der grösste Dichter seiner Zeit, sondern auch einer
der vielseitigsten Gelehrten gewesen. Er war nämlich
ein ausgezeichneter Jurist, Geolog und Arzt, selbststän-
diger Philosoph und genialer Sprachforscher und ein
Sprachkenner wie wenige, indem er ausser den alten
Sprachen auch alle neueren europäischen Sprachen
verstanden haben soll.

Unbegreiflich, dass man solch einen Mann bei uns
auch nicht einmal dem Namen nach kennt.

Ja, da sieht man, wie weit das Vorurtheil gehen kann.
Hören Sie nur einmal folgende Strophen aus seinem
Gedichte „*Uitvaart*" d. h. Bestattung, Beerdigung:

„ *Bevloerste trom*
Noch rouwgebom
Ga romm'lend om
Voor mijn gebeente;
Geen klokgebom
Uit hollen dom
Roep 't wellekom
In 't grafgesteente;
Geen dichte drom
Volg' stroef en stom;
Festoen noch blom
Van krepgefrom
Om 't lijk, vermomm'

Mijn schaamle kleentje!
Mijn jaartal klom
Tot volle som;
Mijn oog verglom;
En de ouderdom
Roept, blind en krom,
Ter doodsgemeente.

Wat zoude ik thands,
Beroofde der glans
Van 's hemels trans
Op de aard begeeren?
Geen moed des mans,
Geen spies of lans,
Geen legerschans
Kan 't sterfuur keeren;
Geen spel of dans,
Geen dobbelkans,
Geen lauwerkrans,
Of rijkbeheeren.
Een handvol zands
Des grafkuilrands
Is 't nietig gants,
Dat de asch mag eeren;
De beet des tands
Des Aartstyrans
Des menschenstands
Zal 't lijk verteeren."

u. s. w. — Was sagen Sie dazu, Herr Doctor? — Sie
werden freilich nicht Alles Wort für Wort verstanden
haben, aber —

Den Inhalt doch so ziemlich. Der Dichter sagt:

Keine Trauermusik, kein Glockengeläute, kein Leichen-
zug und sonstiges Gepränge solle seine irdischen Ue-
berreste zu Grabe geleiten. Er habe die Summe seiner
Jahre erreicht, sein Augenlicht sei erloschen, blind
und gekrümmt gehe er der Todtengemeinde entgegen.
Was er als blinder Greis ferner auf Erden begehren
solle? Alles müsse ja einmal ein Raub des unerbitt-
lichen Todes werden. Auch solle kein Denkmal, bloss
eine Handvoll Erde seine Asche bedecken.

Ganz richtig.

Wenn je in einem Gedichte Inhalt und Form in
vollkommenstem Einklank gestanden, dann ist es hier
der Fall. Mich dünkt, auch wer kein einziges Wort
vom Inhalt versteht, muss doch schon beim blossen
Hören der Worte und durch Reim und Rhythmus den
Eindruck des Düstern, Schwermüthigen, Schauerlichen
empfangen.

Nicht wahr?

Man hört ja schon die Todtenglocke läuten.

Es thut mir leid, dass ich das Gedicht nicht ganz
auswendig weiss. — Das berühmteste von allen Gedichten Bilderdijk's ist „*De Ondergang der eerste
Wereld*," das aber leider! unvollendet geblieben ist.
Auch unter den didactischen Dichtern steht er obenan
mit seinem Gedichte „*De ziekte der geleerden*." — An
solchen beschreibenden und didactischen Gedichten
ist die holländische Literatur überhaupt ausserordent-
lich reich. Zu den berühmtesten gehören, ausser den
genannten, „*Het Graf*," „*De Ouderdom*," und „*De Een-
zaamheid*" von Feith, „*De Sterrenhemel*" von Van
Alphen, „*De IJstroom*" von Antonides van der

Goes, „*De Hollandsche natie*" von Helmers und „*De Overwintering op Nova-Zembla*" von Tollens. Als Romanschriftsteller sind von den neueren Van Lennep, der niederländische Walter Scott, und *Mevrouw Bosboom-Toussaint*, von den ältern besonders die geistreichen Schwestern Wolf und Deken zu nennen. Die „*Historie van Mejufvrouw Sara Burgerhart*" und „*Willem Levend*" sind Meisterstücke der Sittenschilderung. Wer den Holländer, holländische Sitten und Gebräuche und den Character des Volkes kennen lernen will, muss mit diesen reichen Gemälden anfangen. Diesen Dichterinnen reiht sich würdig an Adrian Loosjes mit einer ganzen Suite von Romanen, von denen „*Maurits Lijnslager*" und „*Hillegonda Buisman*" das meiste Glück gemacht haben, ebenfalls ausgezeichnete Sitten- und Familiengemälde, und zumal auch darum sehr anziehend, weil sie die schönste und kräftigste Periode der Nation umfassen. In neuester Zeit haben sich als Verfasser von Dorfgeschichten und als Novellisten u. A. Limburg-Brouwer in „*Het Leesgezelschap van Diepenbeek*," Koetsveld durch seine „*Pastory van Mastland*" und Cremer durch seine „*Betuwsche Novellen*" einen Namen erworben. — Als Romanzen- und Balladendichter verdienen hauptsächlich Van Lennep, Bogaers und Hofdijk, und als unübertroffener Meister in der Uebersetzungskunst Ten Kate genannt zu werden.

Haben die Holländer auch bedeutende Dramatiker gehabt?

Vondel habe ich Ihnen bereits genannt. Unter den Neueren aber wüsste ich keinen zu nennen, der mit

Goethe oder Schiller zu vergleichen wäre. Sie haben es in dieser Gattung nicht über die Mittelmässig-
keit Iffland's und Kotzebue's hinausgebracht, und
wo sich je einer in höhere Regionen verstieg, gerieth
er jedesmal in den Stelzenschritt der französischen
Tragödie und des Alexandriners hinein — viel Rhetorik und Pathos, aber wenig Gefühl, auch wenig Handlung, kein dramatisches Leben, dazu allegorische Luft-
gebilde, Göttermaschinerie, mythologischer Bilderkram,
biblische Stoffe und ängstliches Festhalten an den drei
Einheiten nach französischem Muster. In neuester
Zeit aber hat Schimmel einige gelungene Dramen
geliefert, die aber mehrentheils nicht für die Bühne
bestimmt sind. — Am schlechtesten kam bei den Holländern das Lustspiel davon. In dieser Gattung haben
sie nichts Erhebliches aufzuweisen. Allerdings eine
Unzahl von *kluchten*, d. h. Possen, die aber so niedriger, gemeiner Art sind, dass es scheint, als haben die
Verfasser immer nur ein und dasselbe Zuschauerper-
sonal, nämlich den gemeinsten Amsterdamer Pöbel auf
der Galerie, oder, wie es in Holland heisst, im *engelen-
bak*, dabei vor Augen gehabt.

Giebt es auch gegenwärtig noch Dichter in Holland?

Gewiss und in ziemlicher Anzahl. Ich kenne aber
nur wenige davon. Ich habe mich bisher immer an
die ältern gehalten, d. h. an diejenigen, welche um
die Wende dieses und des vorigen Jahrhunderts ge-
blüht haben, und von meinem Onkel, dem ich Alles
das verdanke, was Sie soeben von der niederländischen
Literatur aus meinem Munde vernommen haben,
höre ich in Betreff der Neuzeit nichts. Als ich ihn

unlängst darüber befragte, war seine Antwort: „Ich lese keine Dichter mehr, wenigstens keine lyrischen; dafür ist mir mit den Jahren der Geschmack gerade so vergangen, wie für Marcipan und Süssholzsaft." Und als ich diese und jene meiner Freundinnen fragte, antworteten diese gar: „*wie leest ook hollandsche verzen? dat is kost voor rederijkers.*"

Was soll das bedeuten?

Das wusste ich anfänglich auch nicht, bis mir mein Onkel folgende Erklärung dazu gab. „Wahrscheinlich," sagte er, „leiden viele dieser neueren Dichter an Aufgedunsenheit und hohlem Pathos, und da bei den Rederijkern gerade diejenigen Gedichte die beliebtesten Artikel sind, in welchen die gespreizte Rhetorik das grosse Wort führt, so passen diese recht gut zusammen.

So stünde es also gegenwärtig in Holland um die Poesie schlecht?

Bitte, Herr Doctor. Meine Freundinnen haben eben, wie ja so oft beim Urtheilen geschieht, das Kind mit dem Bade verschüttet. Allerdings ist mir hie und da gespreiztes, überspanntes, hibridisches Zeug zu Gesichte gekommen, aber auf der andern Seite auch manches Gute, Aecht-Dichterische. Darüber werden Sie aber mit der Zeit am besten selbst urtheilen, wenn Sie ein tüchtiger Holländer geworden sind. Fangen Sie, wie gesagt, nur erst mit dem Studium Vondel's an, und wollen Sie damit auch ein paar gute Prosaiker verbinden, dann möchte ich Ihnen, ausser den genannten Romanen und Novellen, von den ältern auch noch den „*Holländischen Spectator*" von Justus van Effen, einem der besten niederländischen Stilisten, und von den neueren die „*Camera obscura*" von Beets, einem der besten Humoristen, empfehlen, oder auch eine Monatsschrift, z. B. „*de Gids*" oder die „*Letter-oefeningen*," welche in Gediegenheit ihrer Artikel mit den besten ausländischen Revue's und Review's wett-eifern können. Und *zie daar!* — damit ist meine litera-turgeschichtliche Weisheit zu Rande.

Ich danke Ihnen verbindlichst, Fräulein. Ich ver-spreche mir einen hohen Genuss vom Umgange mit diesen Ihren Freunden, zumal verbunden mit der Er-innerung an die schönen Stunden von heute und mit der erfreulichen Voraussicht, Ihnen in Stuttgart von meinen Studien Rechenschaft geben zu dürfen. Ich denke, auch ohne in Holland gewesen zu sein, etwas mehr mitzubringen, als der Herr Justizrath.

Ja, das soll er mir, wie gesagt, noch heute Abend auf sein Butterbrod bekommen.

Das ist allerdings kaum zu verzeihen.

XII.

———

Jetzt noch ein paar Worte in Bezug auf die Abneigung der Holländer gegen die Deutschen. Auch das
lässt noch mannigfache Ergänzung zu. Wenn die Holländer den Deutschen kein gutes Herz zutragen —
ach, das ist ja wieder ein schrecklicher Hollandismus!
Aber Sie verstehen mich schon.

Ein gutes Herz zutragen — ich glaube, dass wir das
zur Noth auch sagen dürften.

Ja, zur Noth.

Einem ungewöhnlichen Verstande Bewunderung zutragen, habe ich wenigstens einmal in Schiller gelesen. Ist das gut Deutsch, dann können wir auch sagen,
einem Freundschaft, Wohlwollen, ein gutes Herz zutragen.

Ich habe noch unlängst mit meinem Onkel gerade
über dieses Thema gesprochen, als sich in ein paar
Zeitungen unzufriedene Stimmen über die Besetzung
eines erledigten Professorats mit einem Deutschen vernehmen liessen. Mein Onkel meinte, solche Stimmen
bedeuteten nichts, indem sie wahrscheinlich von denen

ausgegangen, die sich geschmeichelt haben, gegründete
Ansprüche auf besagte Stelle zu haben, und die,
übergangen, sich empfindlich gekränkt fühlten. Aus
solchen Aeusserungen sei auf ein allgemeines Urtheil,
auf eine allgemeine Antipathie gegen uns nicht zu
schliessen. Jedenfalls beweise gerade diese Bevorzu-
gung eines Deutschen ebenso viel für das Gegentheil.
Und ähnliche Fälle, Berufungen von Deutschen an höhere Lehranstalten, haben in neuester Zeit bei der
Errichtung der Real- und Industrieschulen mehrmals
stattgefunden. Nein, die Abneigung, wenn die denn
doch bestehen solle, so betreffe sie nicht die Deutschen
im Allgemeinen, sondern allein die Preussen, gerade
wie der Herr Justizrath soeben auch gesagt hat.
Aber, sagte mein Onkel, eine gewisse Geringschätzung
sei nicht zu verkennen, und da liessen sich, ausser
den vom Herrn Justizrath angeführten, auch noch ein
paar andere Gründe angeben, nämlich folgende. Seit
Jahrhunderten wandern Jahr aus Jahr ein Deutsche
nach Holland, so dass, wenn man die holländischen
Familien der mittleren Stände in den grösseren Städten
bis in's dritte und vierte Glied rückwärts verfolgte,
finden würde, dass vielleicht ein Drittel deutscher Ab-
kunft ist. Nun ist aber bekanntlich von uralten Zeiten
her Verachtung des Heimischen und Ueberhebung des
Fremden ein Characterzug unseres Volkes gewesen.
Brachten nun diese Einwanderer diese Gesinnung mit
nach Holland und ging es ihnen da noch überdiess
besser, als sie es jemals in ihrer Heimath hätten bekommen können, und erwarben sie sich, nament-
lich die Handwerker, durch Geschicklichkeit, worin

sie den Holländer leicht übertrafen, der lieber handeln,
kaufen und verkaufen, als selbst fabriciren will — bis
auf den heutigen Tag noch werden die meisten derjenigen Handwerke, wozu mehr als handwerksmässige
Dressur gehört, die der Drechsler, Kunstschmiede, In-
strumentmacher u. dergl. meist von Deutschen vertreten. Auch die Werkführer, Maschinisten, Formschnei-
der, Zeichner, Chemiker u. s. w. in den Fabriken, die
Tischler und Buchbinder, wo es auf geschmackvolle Arbeit ankommt, und ähnliche, sind meistens Deutsche —
aber, was wollte ich sagen? — ja — erwarben sich
diese Einwanderer, wie gesagt, durch Geschicklichkeit,
Fleiss und Sparsamkeit einen gewissen Wohlstand und
fühlten sie sich in der neuen Heimath frei und glücklich und zwar doppelt glücklich beim Rückblick auf
die *benauwden*, ich will sagen — gedrückten, timiden,
armseligen Verhältnisse zu Hause, auf den Zunftzwang,
auf den Druck von Adel und Geistlichkeit, auf die
Misere der Kleinstaaterei und Kleinstädtlerei u. s. w.,
der sie entflohen, dann konnte es nicht fehlen, dass
diese Geringschätzung deutschen Wesens bei ihnen
noch bedeutend gesteigert wurde.

Das lässt sich hören. Die Geringschätzung der Deutschen ginge demnach zum Theile von den Deutschen
selbst aus.

Ja. Denken Sie sich z. B. nur einen von jenen Schul-
meistern, von welchen der Herr Justizrath soeben erzählte, dem in seiner Heimath von seinem Pädago-
garchen oder Superintendenten der Besuch eines
Wirthshauses verboten gewesen, wird der, in Holland
ansässig geworden, nicht jeden Morgen mit erhabenen

Händen Gott danken, dass er, der „weissen Sklaverei"
seines deutscħen Vaterlandes entronnen, sich jetzt in
einem Lande befindet, wo solche Demüthigungen von
Seiten eines Dorfpotentaten oder Dorfhierarchen unbekannt sind, wo er auch nicht mehr Schullehrer,
Küster, Organist, Leichenbitter und Todtengräber in
e i n e r Person zu sein braucht, um doch mit Frau und
Kind am Hungertuche nagen zu müssen.

Ja, Fräulein, was habe ich unlängst in den Dresde-
ner Monatsblättern gelesen, was im Regierungsbezirk
Potsdam geschehen? Hören Sie einmal — „da findet es ein Kreisschul-Inspector angemessen, dass nach
einer Synodalconferenz, an welcher alle Lehrer theil-
nehmen müssen, ein gemeinsames Mittagsmahl alle
Theilnehmer vereinige. Aber den Lehrern ist die
Theilnahme keine Pflicht, und bei vielen war der ge-
wünschte Appetit nicht vorhanden, wahrscheinlich auch
desshalb nicht, weil demselben zehn Silbergroschen
geopfert werden mussten. Um den Appetit zu reizen,
bemerkt der Inspector in dem Schreiben, welches die
allgemeine Synodalconferenz anberaumt und die Tagesordnung festsetzt: Nach Schluss der Tagesordnung wird
ein Mittagsmahl à 10 Sgr. eingenommen werden, und
ich muss aus schon oft angeführten Gründen dringend
bitten, dass alle sich daran betheiligen. Wer an dem
gemeinschaftlichen Mittagsmahl durchaus nicht theil-
nehmen k a n n oder will, hat es mir zuvor anzuzeigen,
dem werde aber auch ich meine Theilnahme bei E i n-
r e i c h u n g v o n U n t e r s t ü t z u n g s g e s u c h e n versa-
gen." Von dem Gutachten des Pfarrers und des Inspectors
hängt aber die Gewährung solch eines Gesuches ab.

Also: „Friss Vogel oder stirb!"

Ferner stand in demselben Blatte, dass ein Pfarrer einem Lehrer erst dann sein Unterstützungsgesuch befürwortet habe, nachdem die Frau des armen Teufels dem Pfarrer versichert, dass sie mit ihrem Manne zufrieden sei.

Pfui! wie gemein! Und wie dumm obendrein! Denn welche Frau wird in solchem Falle über ihren Mann ungünstig rapportiren? Das hiesse ja, wie man in Holland sagt, *met zijne eigen drieguldens de glazen ingooien.*

So soll es auch bei den Wahlen zugehen. Wer nicht für des Herrn Pfarrers und des Herrn Inspectors Candidaten stimmt, der braucht, auch in der grössten Noth, auf solche Unterstützung von der Königlichen Regierung nimmermehr zu hoffen. — „Pfarrermacht und Lehrerelend," war die Aufschrift des Artikels.

Nichts von der Art in Holland — keine Pfarrermacht und kein Lehrerelend. Der Lehrerstand ist dort von der Geistlichkeit völlig unabhängig. Mit dem Dorfpfarrer steht der Dorfschulmeister nur dann in einem Verhältnisse, wenn er zugleich Küster und Organist ist, wobei aber der ganze Dienst und alle Unterordnung einzig und allein darin besteht, dass nicht der Schulmeister, sondern der Pfarrer den Gesang aufgiebt, der den andern Tag in der Kirche gespielt und gesungen werden soll, und dass der Schulmeister für Taufwasser sorgt, wenn der Herr Pfarrer taufen will u. s. w. Zum Aus- und Anziehen des Kirchenmantels aber und dergleichen Aufwärterdiensten giebt sich der Lehrer nicht her, es sei denn aus Gefälligkeit, nicht aber aus pflichtschuldiger Unterwürfigkeit. Und in der Schule

II.   22

hat der Herr Pfarrer gar nichts zu beaufsichtigen und
noch viel weniger zu commandiren, also auch nichts
zu rapportiren, zu begutachten, zu befürworten etcetera. Dazu sind andere, und zwar weltliche Behörden
da. Auch braucht's dort des Bettelns bei der Königlichen Regierung nicht um ein Almosen von ein paar
Thalern, weil mit jeder Lehrerstelle ein Einkommen verbunden ist, das zu einem anständigen Leben hinreicht.

Aber der zweite Grund, Fräulein?

Der, meinte mein Onkel, datire vielleicht schon aus
den Zeiten der Seelenverkäuferei, aus den Zeiten des
Menschenhandels im vorigen Jahrhundert her.

Davon wusste man in Ihrem Lande auch zu erzählen.

Ja, das war der Herzog K a r l, traurigen Andenkens.
Der war aber nicht der einzige.

Nein; derselbe unmenschliche Handel wurde auch
vom Herzog von Braunschweig, vom Churfürsten von
Baiern und vom Landgrafen von Hessen getrieben,
und von Letzterem *en gros*. Der soll ja von den Engländern während des nordamerikanischen Kriegs für
gelieferte Truppen nicht weniger als zweiundzwanzig
Millionen Thaler bezogen haben. — Nun, der achs-
sasse dieses Seelenverkäufers ist jetzt auch abgeschafft.

Ja, so straft Gott die Sünden der Väter im dritten
und vierten Glied.

Und zwar zumal, wenn die Enkel nicht viel besser
sind, als ihre Altvordern. — Auch Friedrich des
G rossen Vater, Friedrich Wilhelm I. solch
ein Menschenmäkler gewesen, und der kaufte verkauf-
kaufte nicht allein die Leute, sondern stahl und verkaufte
sie auch.

Wie so?

Das ist derselbe, der sich durch seine kindische Freude an grossen lebendigen Spielpuppen so zum Gespött und Abscheu der Welt gemacht hat.

O der! Nun erinnere ich mich — die langen Potsdamer?

Ja. Und wissen Sie auch, wie er sich diese Potsdamer Wachtparade verschaffte?

Nein.

Das ging so zu. Für's erste fing er natürlich bei seinen theuren Landeskindern an. Wer im Lande eine ungewöhnliche Körpergrösse besass, wurde nicht lange gefragt: Landsmann, wer seid Ihr? oder: Landsmann, wollt Ihr? sondern aufgegriffen, nach Potsdam transportirt uud unter die Soldaten gesteckt, ohne dass auch nur im Geringsten auf Stand und Verhältnisse Rücksicht genommen wurde. Nun, als Landesvater mochte er der Meinung sein, dazu ein Recht zu haben.

Herr Doctor? Ein Recht?

Natürlich. Wenn dem Vater das Recht zusteht, seine Kinder zu jedem beliebigen Fache, Handwerk u. s. w. zu bestimmen, so darf wohl auch der Landesvater von seinen Landeskindern die langen Schlingel in zweierlei Tuch kleiden.

Ja — so —

Aber mit seinen eigenen Kindern war unser Herr noch nicht zufrieden, sondern wollte noch mehr haben, und ging darum auch noch förmlich auf Menschenraub aus, indem er Reisende von ungewöhnlicher Körperlänge, wenn sie über seine Gränzen kamen, mir nichts dir nichts einfangen und ebenfalls nach Pots-

dam transportiren liess. Andere wiederum verschaffte
er sich durch Tausch. So lieferte ihm unter andern
Peter der Grosse von Zeit zu Zeit ganze Haufen
solcher Riesen, um preussische Handwerker dafür ein-
zutauschen, die dann ebenfalls ohne Umstände aufgehoben, wie auf dem Schub an die Gränze transportirt
und dort den Russen übergeben wurden, und — damit
Gott befohlen! Adieu Vaterland!

Das waren aber doch schreckliche Zeiten, wo die
Fürsten sich dergleichen Gräuelthaten erlauben durften!

Ja, und zumal, wenn man bedenkt, wesswegen, in
welcher Absicht solche Gräuel verübt wurden, wofür
man z. B. seine Landeskinder verkaufte! — bloss, um
Geld aufzutreiben zur Befriedigung seiner liederlichen
Gelüste, zur Unterhaltung wälscher Sänger und Sängerinnen, Tänzer und Tänzerinnen, zu Redouten, Feuer-
werken u. s. w.

Oder zu jenen Zaubergärten, wie sie z. B. unser
Herzog Karl zur Feier seines Geburtstages erbauen
liess, in welchen die üppigsten Spiele, Ballette und
Opern mit aller ersinnlichen Pracht aufgeführt wurden,
wo der Herzog einmal in weniger als fünf Minuten
für fünfzigtausend Thaler Geschenke in Kleinodien an
die anwesenden Damen austheilte.

Das Blutgeld für seine verschacherten Landeskinder!

In Justinus Kerner's „Bilderbuch" [1] findet sich
eine Beschreibung solch eines Kristal-Palastes, die
einen an die Welt von Tausend und Eine Nacht erinnert. Da wandelte, ich will sagen — lustwandelte man

---

[1] Justinus Kerner „Bilderbuch aus meiner Jugend." S. 4. ff.

in dem mit Glas überdeckten Schlossgarten durch Orangenhaine, Obstwälder und Weinberge voller Trauben; zahllose unsichtbare Oefen verbreiteten Wärme, mehr als dreissig Bassins verspritzten ihre perlenden Wasser und hunderttausend Lampen bildeten oben an der Decke einen prachtvollen Sternenhimmel, um nach unten die kostbarsten Blumenbeete zu beleuchten. — Auch wurden zuweilen auf dem grossen Markte zu Ludwigsburg, wo des Herzogs Sommerresidenz war, venetianische Messen gehalten, indem der ganze Markt mit Tüchern überspannt und Alles, Käufer und Verkäufer, maskirt war. Auch in diesem kolossalen Zelte wurden dann wieder allerlei Aufzüge und Spiele gefeiert, die aber zum Theil so kindisch und läppisch waren, dass es einen fast ekelt, sie nachzuerzählen, indem z. B. ein riesenhafter Kerl, wie ein Wickelkind angethan, in einem Kinderwagen herumgeführt und von einem Zwerg, der die Amme vorstellte, mit Brei gefüttert wurde.

O wie läppisch! Weiter erstreckte sich also der Witz dieser allerhöchsten Herrschaften nicht?

Diese ruchlose Verschwendung und der himmelschreiende Menschenhandel war aber noch nicht Alles. Vergessen wir auch der damaligen Jagdschindereien nicht. Auch davon wusste man zu dieses Herzogs Zeiten bei uns respectable Dinge zu erzählen, z. B. von den sogenannten Festinjagden, wo unter andern einmal nicht weniger als sechstausend Hirsche zusammengetrieben wurden.

Sechstausend —?

Ja, sechstausend Hirsche! Und das ist kein Märchen,

sondern die Wahrheit. Unser Würtemberger Ländchen muss damals ein förmlicher Hirsch- und Saugarten gewesen sein.

Auch eine rechte Landplage — solch ein Wildstand!

Diese sechstausend Hirsche und Rehe wurden dann eine Anhöhe hinaufgejagt, um oben in einen See zu rennen und sich da von den hohen Herrschaften aus dem Lustschlosse erlegen zu lassen.

Da wird's auch keine grosse Kunst gewesen sein zu treffen.

Nein, gewiss nicht. Auf sechstausend Hirsche zugleich zu schiessen, die Unzahl wilder Schweine, Füchse und Hasen u. s. w. nicht einmal mitgerechnet, die da auch noch in dem See auf Einem Klumpen durch einander wühlten. Ja, da getraute ich mir auch zu treffen, wiewohl ich es in dieser Kunst noch nicht weit gebracht habe.

Sie können also auch schiessen, Fräulein?

Ja, wenn ich bei meinem Vetter, der Oberförster im Schwarzwald ist, zum Besuch bin, dann mache ich auch wohl einmal mit, aber nur nach der Scheibe. Auf ein Thierchen zu schiessen, wäre mir unmöglich. — Aber das Schiessen dieser Herrschaften — man will die Jagd ein nobles Vergnügen nennen, meinetwegen — aber diese Art zu jagen, wenn die nobel sein soll —

Nobel? — Sagen Sie lieber recht niederträchtig. Wie erbärmlich, dem mühelosen Schusse gegenüber den edlen Thieren nicht einmal ihre Schnellfüssigkeit, ihr einziges Rettungsmittel, zu Gute kommen zu lassen.

Das meine ich auch. — Das Wild wurde acht Tage lang von den Bauern auf viele Meilen im Umkreise

zusammengetrieben und des Nachts in einem Kordon
von Fakeln und Wachtfeuern bewacht bis zum Tage der
Jagd, oder Jagd kann man es eigentlich nicht nennen —

Bis zum Tage des durchlauchtigen Gemetzels, wollen
Sie sagen.

Ja; und denken Sie, die armen Bauern bekamen
keinen Heller für ihre Mühe; selbst nichts zu ihrer
Unterhaltung — Verköstigung, meine ich, während
dieser acht Tage. Das ging alles in der Frohne.

Natürlich.

Jedoch diese Art Frohndienst wird ihnen wohl von
allen am wenigsten hart gefallen sein. Durch solche
Generaljagden und Hauptmetzeleien wurden sie wenigstens eines Haufens verwünschter Hirsche und wilder
Schweine los. Denn, wie Sie es soeben richtig bezeich-
net haben, neben dem Herzog und seinem Hofe war
auch dieser ungeheure Wildstand eine rechte Landplage. Zur damaligen Zeit — erzählte mir mein Vetter —
geschah es beinahe tagtäglich, dass in den unglückli-
chen Dörfern, welche in oder am Walde lagen, ein
Bauer seinen Acker, der heute noch mit der reichsten
Saat prangte und zu den schönsten Hoffnungen berech-
tigte, den andern Morgen von einem Rudel Hirsche
kahl abgeweidet fand oder von einem Haufen wilder
Schweine umgewühlt und zertreten. War das nicht
zum Verzweifeln?

Und dann wahrscheinlich auch noch obendrein
schwere Steuern und Abgaben bezahlen müssen!

Das ist aber doch himmelschreiend, so mit seinen
Unterthanen umzugehen. Wie konnte man sich nur
alle diese Misshandlungen so gefallen lassen?

Der Stumpf- und Knechtsinn des deutschen Michels. So und nicht anders sah es damals in Deutschland aus.

So etwas hätte ein Fürst in Holland sich unterstehen sollen!

Aber ist ein Volk, das sich so behandeln lässt, wohl einer bessern Behandlung werth? Wer sich wie ein Sklave knechten lässt, verdient auch wie ein Sklave behandelt zu werden. Es war darum kein Wunder, dass der deutsche Name zu jener Zeit unter allen Nationen ein Schimpf und Spott geworden war, und darum will ich es Ihrem Herrn Onkel gerne glauben, es könne ein Theil der Geringschätzung der Holländer gegen uns auch schon aus der damaligen Zeit herrühren, aus der Zeit, wo sie uns arme Teufel zu ganzen Haufen um Geld erhandeln konnten, wie Schlachtvieh, um uns nach fremden Welttheilen zur Schlachtbank zu führen. Ja, damals verdienten wir wahrlich nichts als Verachtung, nicht einmal Mitleiden.

Nun, die Zeiten sind vorbei und kommen niemals wieder. So oft ich aber meinen Bekannten in Holland von dieser Wirthschaft unter unserem Herzog Karl erzähle, dann heisst es jedesmal, wie aus einem Munde: „*Goddank! Wat zijn wij toch gelukkig!* Dergleichen hat man doch bei uns in Holland nie erlebt." — Aber, was sehe ich, Herr Doctor? Da vorne — haben wir da schon den Mäusethurm?

Aufzuwarten. Ja, so fliegt die Zeit dahin. Und nun noch wenige Augenblicke, dann —

Ja, Herr Doctor, so geht's halt in der Welt.

> „Es kann ja nicht immer so bleiben
> Hier unter dem wechselnden Mond."

Ja leider! Wissen Sie aber auch, wie es in dem Liede ferner heisst?

Bitte. Das ist ja noch eines aus der alten Dose, wie man in Holland sagt. Das sang man schon, „als der Grossvater die Grossmutter nahm." Von dergleichen Liedern weiss ich in der Regel nicht mehr als die ersten Zeilen, höchstens den ersten Vers. Man singt ja auch niemals mehr davon, wenn man sie je noch singt. Kennen Sie weiter?

Ja, Fräulein.

> „Doch sind wir auch fern von einander,
> So bleiben die Herzen sich nah."

Schön, recht schön! Aber das ist auch wohl noch nicht Alles. Oder haben Sie den Rest auch vergessen? Dann geht es Ihnen ja ebenso wie mir und wie es letzthin auch einem Schüler in der Lection bei meinem Onkel gegangen ist. Der wusste auch immer den Anfang, aber das Ende nicht. Den Spass muss ich Ihnen doch noch erzählen. — Aber die letzte Strophe? Die enthält gewiss, wie gewöhnlich, den Hauptgedanken des Liedes. Dann wird wohl so etwas von der Hoffnung des Wiedersehens drin vorkommen.

Richtig, Fräulein. Sie lautet:

> „Und kommen wir wieder zusammen
> Auf wechselnder Lebensbahn,
> So knüpfen an's fröhliche Ende
> Den fröhlichen Anfang wir an."

Gut! Aber noch besser: an den fröhlichen Anfang das fröhliche Ende, *in het onderhavige geval althans.*

Wie meinen Sie? Sprechen Sie doch deutsch, Fräulein, wenn ich bitten darf.

Ach ja, das war wieder zur Hälfte Holländisch.

Ich habe Sie nur halb verstanden.

Ich meine, dass man in allen Dingen an den fröhlichen Anfang zuerst die fröhliche Fortsetzung knüpfen solle, dann kommt das fröhliche Ende wohl von selbst.

Ja, Fräulein, wer so glücklich wäre, darauf —

Wenn wir im Deutschen sagen „Fortsetzung folgt," dann sagt man im Holländischen *vervolg hierna*.

Also *vervolg hierna*, Fräulein?

Ja, so heisst's gewöhnlich am Ende z. B. einer abgebrochenen Erzählung, die in einer späteren Nummer fortgesetzt werden soll. Natürlich, wenn Alles auf einmal abgelaufen ist und die Erzählung oder der Roman nicht weiter fortgesponnen werden soll, dann folgt kein „*vervolg hierna*." Aber jetzt will ich Ihnen von dem Buben erzählen, mit welchem mein Onkel sich letzthin folgenden Spass gemacht hat. Ich sass vorige Woche eines Abends bei meinem Onkel auf seinem Studirzimmer und schrieb an einem Briefe an meinen Vater, als vier junge Leute kamen, um Unterricht im Deutschen zu nehmen. Ich sass in einer Ecke des Zimmers und schrieb emsig drauf los, als ob ich mich von Niemand wolle stören lassen und auf Nichts um mich her Acht habe, in Wahrheit aber blieb ich da, um dem Unterrichte zuzuhören, denn es ist etwas Eigenes zuzusehen, wie einem Andern das, was uns so leicht und so natürlich ist, so viele Mühe macht. Das Deutsche ist nämlich, wie ich Ihnen schon gesagt habe, für den Holländer gar nicht leicht. Er liest und versteht freilich ein deutsches Buch in einem Augenblick; aber sprechen und schreiben lernen — das erfordert viele, viele Uebung. Unsere Declination der Substantive und Adjective, das Geschlecht, der Umlaut, die Regierung der Zeitwörter, Adjective und Präpositionen — im Holländischen regieren alle Präpositionen den Accusativ — das macht den Schülern viel zu schaffen. Das Deutsche gilt in Holland für die schwierigste Sprache, für bei weitem schwerer, als das Englische, selbst für schwerer, als das Französische.

Wie sehen da die Buben im Allgemeinen aus?

Wie so? Was ihre Fähigkeiten betrifft? Ach, wie überall in der Welt, mehr mittelmässige Köpfe, als gute, mehr gute, als ausgezeichnete.

Und ihr Aeusseres?

Auch wieder wie überall, gross, wenn sie aufgeschossen, klein, wenn sie zurückgeblieben sind, gesund und frisch, wenn sie gesund sind, dagegen schmächtig und bleich, wenn sie kränklich sind, oder wenn einem übel ist, der z. B. zuviel geraucht hat, kurzum, gerade wie überall.

Was sagen Sie? Geraucht hat? Rauchen dort die Schulbuben?

Ja.

Die Schuljungen? Ich bitte Sie!

Ja, Pfeifen und Cigarren, leichte und starke, wie sich's trifft.

Wie ist's möglich!

Und zwar öffentlich, auf offener Strasse, gar nicht heimlich.

Das ist doch zu arg.

Ich sah sie, im Interstitium, auf dem Spielplatze, angesichts aller Lehrer, einen nach dem andern seine Cigarre herausziehen und anzünden, ja — denken Sie sich! — einer bat sogar einen der Lehrer um Feuer, ein Kerlchen von kaum zwölf Jahren. Das rauchte auch unterm Nachhausegehen was das Zeug hält. Kleine Knirpse von zehn Jahren kann man schon rauchen sehen.

Aber verbietet's denn Niemand?

Es scheint nicht.

Warum aber nicht? Das ist ja ein Unfug ohne Gleichen.

Wahrscheinlich, weil es doch nicht hilft. Zudem ist ja das Verbieten bekanntlich das beste Mittel, eine Sache erst recht in Aufnahme zu bringen. Nun habe ich doch unter den Buben viele gesehen, die nicht rauchten. Verböte man es aber heute allgemein, dann können Sie darauf rechnen, dass die morgen auch anfingen. *Nitimur in foetidum*, sagt mein Onkel.

Der Dame da hinten hat man's wahrscheinlich auch verboten.

Das glaube ich nicht, Herr Doctor.

Wie so?

Die hat gewiss erst später angefangen. Frauenzimmer, wenn sie rauchen, fangen nicht so früh an, sondern erst in den Jahren, wo man sich bemerklich machen, die Aufmerksamkeit auf sich ziehen, originell erscheinen oder — der Himmel weiss was — aus sich machen will. Ich wollte mit Ihnen wetten, dass die zu Hause, in ihrem Zimmer, wenn sie allein ist, nie daran denkt, eine Cigarre anzuzünden.

Sollten Sie denken?

Ganz gewiss. Darum finden sich die Raucherinnen auch nur innerhalb einer gewissen Lebensperiode. Haben sie ein gewisses Alter erreicht, dann legen sie auch eine nach der andern die Cigarre wieder auf die Seite.

Aber ist es wahr, dass die Holländerinnen rauchen?

Warum nicht gar! Wer hat Ihnen das weiss gemacht? Denken Sie vielleicht, die dort sei eine Holländerin? Nein, so weit haben es meine Freundinnen da drunten in der Emancipation noch nicht gebracht.

Aber hält man denn in Holland — um zu den Kindern zurückzukehren — das Rauchen in diesem Alter nicht für ungesund?

Es scheint nicht, wenigstens nicht in dem Grade wie bei uns. Auch straft wirklich das frische Aussehen der dortigen Knaben unsere Besorgniss Lügen. Alle, die ich dort so rauchen sah, sahen recht gesund aus, so gesund, wie sie nur irgendwo aussehen können. Ueberhaupt sind sie von unseren Buben nur darin verschieden, dass sie im Sommer nicht so von der Sonne verbrannt sind, was wohl daher kommen mag, dass die Luft in Holland im Sommer nicht so trocken ist und dass die Kinder nicht so viel im Freien herumlaufen, wie bei uns. Kinder anständiger Familien sieht man nie auf der Strasse spielen und mit Kindern geringeren Standes in Berührung kommen. Auch sieht man sie nie ohne Kopfbedeckung ausserhalb des Hauses. Daher ist das Aussehen wie Milch und Blut auf jene Buben sowohl als Mädchen ziemlich allgemein anwendbar. — Auch ihre Sitten, ihr Betragen gefiel mir recht wohl.

Ueberall, wo ich sie antraf, bezeigten sie sich freundlich, dienstfertig, mit Eifer zuvorkommend und im
besten Sinne des Wortes ungenirt, frei, nicht linkisch
und tölpelhaft verlegen. Auch sahen sie meist sehr
reinlich aus. Ich glaube daher nicht, dass man in den
Statuten eines holländischen Gymnasiums jemals die
saubern Artikel gefunden hat, die man in den unseren
antrifft oder wenigstens angetroffen hat, wo es hiess:
Artikel 1. „Der Schüler soll mit gewaschenen Händen
und gekämmten Haaren zur Schule kommen." Dort
wird das für selbstredend angesehen. Ein Rector würde
sich mit solch einem Artikel dort bei den Müttern
einen schlechten Dank verdienen. Man würde es für
eine grobe Beleidigung ansehen.

Wirklich?

Natürlich. Solch ein Artikel setzt ja die Möglichkeit
vom Gegentheil dessen voraus, was gerade der Stolz
der holländischen Hausfrau ist, die Reinlichkeit und
Nettheit ihres Hauses und die gute Erziehung und
Pflege ihrer Kinder. Nur in der Schule — da wollte
mein Onkel die Bürschchen nicht so unbedingt loben.
Da sind die in den Flegeljahren Stehenden, vom zwölf-
ten bis vierzehnten, fünfzehnten Jahre schwer an die
Schulzucht, an Stille und Ordnung und an Aufmerksam-
keit zu gewöhnen und machen ankommenden Lehrern,
die noch wenig Schulpraxis haben, oft viel zu schaffen.
Von der Ehrfurcht und Pietät, womit wir unseren
Lehrern zu begegnen pflegen, haben die holländischen
Buben wenig im Leibe. Ein Lehrer mag, sei's Alters-
halber, sei's um seiner Kenntnisse willen, noch so viel
Anspruch auf hochachtungsvolle Behandlung haben,

es giebt darum dennoch immer der Buben genug, die
es nicht versäumen werden, den Versuch zu machen,
ob und wie weit sie es dahin bringen können, mit
ihren Flegeleien die Ordnung zu stören und ihm das
Leben sauer zu machen. Es fällt sogar nicht selten
vor, dass ein Lehrer um seine Entlassung einkommen
muss oder gar abgesetzt wird, weil er der Buben nicht
Meister werden kann.

Davon habe ich bei uns nie gehört.

Ich auch nicht.

Bei uns weiss man sie schon im Zaume zu halten
und ehe man bei uns einen Lehrer seines Amtes ent-
setzte, finge man jedenfalls zuerst damit an, ein Dutzend
der turbulentesten Bursche von der Schule zu jagen.

Natürlich. Aber um wieder in die deutsche Stunde
zu meinem Onkel zurückzukommen — er überhörte
die Buben unter andern auch ihre Lection, und ich
hörte den kleinen Holländern gerne zu, wie sie die
„Kraniche des Ibykus" hersagten. Sie sprachen das
Deutsche sehr gut aus; auch wussten sie recht brav
von Allem Rechenschaft zu geben, was ihnen früher
unterm Lesen zu einigen Stellen, z. B. über die Fest-
spiele bei den Griechen, über das griechische Theater,
über den Chor der griechischen Tragödie, über Pry-
tanen, Erinnyen und dergl. erklärt worden war, so wie
auch von einigen Ausdrücken, als: „des Gottes voll,"
„zum guten Zeichen nehm' ich euch," „der Gastliche"
u. s. w., zu welchen sie selbst die entsprechenden griechischen und lateinischen Wendungen anzuführen wussten.
Einer von ihnen aber, wie es schien, der jüngste und
keiner von den *vlugsten* — Sie wissen noch, was das

bedeutet — der hatte seine Lection nur so halb und
halb gelernt. Mein Onkel musste ihm fortwährend
nachhelfen. Aber wie machte er das? Früher hatten
sie Gellert's „Fabeln" auswendig gelernt und schie·
nen sie noch treu im Gedächtnisse zu haben. Wenn nun
der Besagte stecken blieb, dann gab ihm mein Onkel,
gleichsam als ob er ihm nachhelfen wolle, ein paar
Worte in den Mund, aber nicht aus dem betreffenden
Schiller'schen Gedichte, sonder aus einer Gellert-
schen Fabel, die zu dem Schiller'schen passten,
wie — ja, wie soll ich sagen? wie eine Faust auf's
Auge, wie eine Parodie. Da war es denn jedesmal ein
Gaudium für die andern, wenn der Hersagende gedan-
kenlos genug war, auf die gegebenen Worte wenigstens einen Augenblick einzugehen. So hatte er z. B.
angefangen:

> „Zum Kampf der Wagen und Gesänge
> Der auf Korinthus' Landesenge
> Der Griechen Stämme froh vereint,
> Zog Ibykus, der Götterfreund.
> Ihm schenkte des Gesanges Gabe,
> Der Lieder süssen Mund Apoll;
> So wandert' er an leichtem Stabe
> Aus Rhegium, des Gottes voll."

Da blieb er stecken, „aus Rhegium, des Gottes voll" —
„aus Rhegium, des Gottes voll" — Nun —? weiter! —
„Man lief die bei den ersten Tage" — Und wirklich
der Bube fuhr fort:

> „Man lief die beiden ersten Tage
> Dem Esel mit Bewundrung nach;

> Der Kranke selbst vergass der Krankheit Plage,
> Wenn man vom grünen Esel sprach."

Da können Sie sich denken, was das für ein Gelächter verursachte! — So machte er es jedesmal, wenn jener stecken blieb, und wenn seine Schalksnarrheit auch nicht jedesmal denselben Erfolg hatte, dass der Bube sich vom rechten Wege abbringen liess, so machte es den andern doch immer grossen Spass.

Das lässt sich denken.

Warten Sie, ich weiss, glaub' ich, noch ein paar dieser schnurrigen Parallelen:

> „Schon winkt auf hohem Bergesrücken
> Akrokorinth des Wandrers Blicken,
> Und in Poseidons Fichtenhain
> Tritt er mit frommem Schauder ein." — —
>
> „Er ging; ein Jeder sah ihn an,
> Und alle lachten, die ihn sahn;
> Und jeder blieb vor Lachen stehn
> Und schrie: lehrt doch den Fremden gehn."

> „Und munter fördert er die Schritte
> Und sieht sich in des Waldes Mitte;
> Da sperren auf gedrangem Steg
> Zwei Mörder plötzlich seinen Weg." — —
>
> „Er reisst den Degen aus der Scheide,
> Und — o, was kann verweg'ner sein!
> Kurz, er besieht die Spitz' und Schneide,
> Und steckt ihn langsam wieder ein."

Und so ging's weiter beinahe bei jeder Strophe.

> „Und jammernd hören's alle Gäste,
> Versammelt bei Poseidons Feste,

II.   23

Ganz Griechenland ergreift der Schmerz,
Verloren hat ihn jedes Herz." — —
　　„Denn das Verzeichniss seiner Bücher,
　　Die kleinen Schriften mitgezählt,
　　Nahm an dem Lebenslauf allein
　　Drei Bogen und drei Seiten ein."

„Doch wo die Spur, die aus der Menge,
Der Völker fluthendem Gedränge,
Gelocket von der Spiele Pracht,
Den schwarzen Thäter kenntlich macht?" — —
　　„Getraust du dich, mir das zu sagen?
　　Der Sohn lässt sich nicht zweimal fragen,
　　Schnell weist er auf den Zeisig hin;
　　Der, spricht er, muss es sein, so wahr ich ehrlich bin."

„Doch dem war kaum das Wort entfahren,
Möcht' er's im Busen gern bewahren;
Umsonst! der schreckenbleiche Mund
Macht schnell die Schuldbewussten kund." — —
　　„Fort, schrien alle, fort mit dir!
　　Du Narr, willst klüger sein als wir?
　　Man zwang den Petz davon zu laufen. —
　　Aus dieser Unvollkommenheit
　　Entspringet die Geselligkeit."

Tolles Zeug, nicht wahr? Aber mein Onkel meinte,
das sei eine gute Art früher Gelerntes zu repetiren.

Kann sein; *practica est multiplex*. Aber eine andere
Frage ist es, ob durch solche Parodirung die einem
S c h i l l e r verschuldigte Achtung befördert werde.

Das möchte ich freilich ebenfalls sehr bezweifeln.
Es wird aber gewiss auch nicht in jeder Stunde geschehen.

Wahrscheinlich war es nur eine Extravorstellung, der lieben Nichte zu Ehren und um Sie bei Ihrer Correspondenz aus dem Concept zu bringen.

Allerdings. Ich konnte denn auch während der Zeit an meinem Briefe nicht weiter machen. — Bei dieser Gelegenheit erinnerte mein Onkel die Buben an die ähnliche Entdeckung eines vor einigen Jahren in der Umgegend von Leiden verübten Raubmords. Das ist wirklich ein merkwürdiger Pendant zu diesen „Kranichen des Ibycus." Eines Sonntag Morgens wurde nämlich eine Bauerntochter, während die übrigen Hausgenossen sich in der Kirche befanden, von einem Bauernknecht auf eine schauderhafte Weise ermordet. Den folgenden Tag besucht der Mörder, auf den bis jetzt kein Mensch den geringsten Verdacht gehabt, wahrscheinlich, um sich zu zerstreuen und seinen Erinnyen zu entfliehen, das Theater zu Leiden. Aber da hiess es auch: „Geflügelt sind wir da!" — Zufällig — wenn man das Zufall nennen darf — wird ein Stück gespielt, in welchem ebenfalls ein Mord begangen und an's Licht gebracht wird. Nach dem Theater kehrt der Mensch mit einem andern Bauern nach Hause zurück, und, wie natürlich, auch wenn das gesehene Stück keine Veranlassung dazu gegeben hätte, ist der in ihrem Dorfe begangene Mord der Gegenstand des Gesprächs auf dem ganzen Heimwege. Da lässt sich der Mörder, ebenfalls von den Erinnyen umstrickt und seiner Besinnung beraubt, wie die da mit den Kranichen, allerlei räthselhafte Worte entfallen und benimmt sich im Allgemeinen so, dass in seinem Begleiter der Verdacht, den Mörder des Mädchens neben sich zu sehen, wie der Blitz einschlägt und von Augenblick zu Augenblick stärker wird. Der Begleiter machte denn auch, zu Hause angelangt, sogleich dem Gerichte Anzeige davon, worauf der Mörder alsbald eingezogen wurde. Ist das nicht ganz derselbe Hergang?

Ganz derselbe.

Wäre der Begleiter nicht noch durchdrungen gewesen und erschüttert von dem, was er im Theater gesehen, dann wäre das räthselhafte Benehmen des Mörders ihm vielleicht gar nicht aufgefallen, und dieser, wenn er nicht das Stück gesehen hätte, würde sich gewiss besser haben zusammen nehmen können.

Wie hiess das Stück, das gespielt wurde?

Ich weiss es nicht. Mein Onkel wusste es mir nicht mehr su sagen. Es wird aber wohl nicht viel zu bedeuten gehabt haben. Denn wie damals die Intendanz des dortigen Theaters war, führte man in der Regel nur den Abfall der französischen Winkeltheater auf, worin die alltäglichste Schurkerei auf der einen und die hausbackenste Ehrlichkeit auf der andern Seite mit Hungertod, Ersticken im Kohlendampf und sonstigem Selbstmord verzweifelnder Armuth, kurzum die erbärmlichste Misère des gemeinen Lebens aufgeführt wurde, so dass es von keinem, der einmal in seinem Leben ein ordentliches klassisches Drama gesehen hatte, besucht wurde. Nur die Studenten, die denn doch etwas Theaterartiges sehen wollten, gingen hin und den Rest der Zuschauer bildeten die „Gevatter Schneider und Handschuhmacher," die sich an solchen Stücken am meisten ergötzen, worin sich am Ende das „Laster" rechtschaffen „erbricht" und die „Tu-

gend" recht breit „zu Tische setzt." In neuester Zeit
ist aber, wie ich höre, die Leitung in bessere Hände
übergegangen und für die Zukunft ein besseres Reper-
toir zu erwarten. Auch ist das Gebäude von innen
und von aussen geschmackvoll restaurirt worden. Nun
es war hohe Zeit in beiderlei Hinsicht, und zwar zumal eben mit Rücksicht auf die Studenten, die nun
doch auch einmal die dramatischen Meisterwerke unserer Literatur, und die der Engländer und Franzosen
nicht mehr allein gedruckt, sondern so, wie man sie
eigentlich kennen lernen soll, auf der Bühne zu sehen
bekommen werden. Früher aber sah es dort schäbig
aus, sowohl das Gebäude, als das, was und wie es
darin *vertoond werd*, ich will sagen — zur Anschauung
gebracht wurde. Mein Onkel erzählte mir, er habe
sich auch einmal durch alte Jugenderinnerungen verleiten lassen, hineinzugehen, um das alte Rührstück
von K o t z e b u e „Menschenhass und Reue" wieder einmal zu sehen, er habe aber das bocksteife Pathos und
den widerlichen Kanzelton des Majors und die lamen-
table Pendelcadence im Tone der Eulalia drei Tage
lang nicht aus den Ohren bringen können. Auch habe
die Gräfin die schöne Gewohnheit gehabt, immer dem
Parterre die linke oder die rechte Seite und der einen
Hälfte der Logen den Rücken zuzuwenden. Nun können Sie sich denken, wenn die die allerersten Regeln
des Anstandes nicht kannten, was die aus einer An-
standsrolle gemacht haben werden.

Das wird etwas Schönes gewesen sein.

So bin ich auch einmal in Rotterdam im Theater
gewesen — was für ein Stück gegeben wurde, weiss

ich nicht mehr — darin kam vor, dass ein Herr seinem
Bedienten rief. Der Bediente tritt auf mit einer tiefen
Reverenz und geht mit einem Katzenbuckel à la Hof-
marschall von Kalb auf seinen Herrn zu: „*Mijnheerrr
de Grrraaf!*" Der Graf: „*Zie daar, hebt gij den sleu-
tel van mijnen lezenaar,* sieh, da hast du den Schlüssel
zu meinem Pult." Was thut nun der Bediente? —
Der nimmt den Schlüssel mit zwei Fingerspitzen an,
wie man etwa eine Blume aus schönen Händen oder
einen Orden aus eines Fürsten Hand annimmt, drückt
den Schlüssel mit holdseligem Lächeln auf die Herz-
grube und hält in dieser Stellung aus, bis ihm sein
Herr einen gewissen Auftrag gegeben, und geht dann
den Krebsgang zur Thüre mit einem Complimente,
dessen sich kein Pariser Tanzmeister zu schämen gebraucht hätte, und verschwindet. Was sagen Sie dazu?

Wie ist's möglich! Wenn mir mein Bursche solche
Fratzen machte, ich jagte ihn stehenden Fusses als
einen Tollhäusler fort.

In früheren Jahren aber, zur Zeit, als auch wir unsere Devrient's, Esslair's, Maurer und Seydel-
mann hatten, müssen auch die Holländer ausgezeichnete
Schauspieler besessen haben. Aeltere Personen sprechen
wenigstens noch mit Begeisterung von einem Snoek,
Wattier und anderen. Aber gegenwärtig sieht es mit
der holländischen Schauspielerkunst im Allgemeinen
schlecht aus, denn wenn auch eine Bühne ein paar
gute Subjecte hat, dann wird denen das Spiel von
ihren Collegen verdorben. Das holländische Theater
wird daher von Kunstverständigen nur ausnahmsweise
besucht. Eines bei weitem grösseren Zulaufs erfreut

sich das deutsche, und wenn da gar ein D e v r i e n t
oder eine R a c h e l, R i s t o r i oder G o s s m a n n in
einem Shakespear'schen, Schiller'schen oder Goethe-
schen Drama auftritt, die auf den holländischen Bühnen nie gegeben werden, dann sind die Häuser über-
füllt. — Am besten sieht's bei den Holländern noch
in der Posse aus. Da habe ich in den Vaudevillethea-
tern zu Amsterdam, wo die Schauspieler meistens Ju-
den sind, manchmal recht von Herzen mitlachen müssen,
aber mich auch wieder ebenso oft über die ungeschick-
ten Uebersetzungen verwundert — denn die Stücke
sind meist aus dem Französischen — wenn da z. B.
ein „*Monsieur Coulincourt*," ein Schuhflicker „*Mijnheer
Coulincourt*" und seine Frau „*Mevrouw Coulincourt*" an-
geredet wird, wo es Meister Pfriem oder Frau Pechdraht
oder so etwas heissen sollte. Hat doch einmal einer
aus der Sudelfabrik solcher Uebersetzungen aus dem
„Götz von Berlichingen" gar einen „*afgod van Berlichingen*" gemacht.

Ach, der verwechselte Götz mit Götze! Nun, das ist
originell.

Jetzt muss ich aber meine Siebensachen zusammen-
packen.

Kann ich Ihnen behülflich sein bei Ihren Effecten,
so haben Sie bloss zu befehlen. Stehen sie unten?

Bitte, Herr Doctor; ich habe nichts von Bagage bei
mir, als was Sie hier sehen. Mein Ballapparat von gestern ist wahrscheinlich schon wieder an Ort und
Stelle in Bingen. Wir schleppen uns nie mit Koffern
u. dergl.; die schicken wir immer hübsch voraus. Dann
marschirt man so federleicht vom Dampfschiff oder

vom Bahnhof, und braucht nicht umzusehen. Aber, Herr Doctor, wissen Sie auch, welche Effecten die bequemsten sind? Das muss ich Ihnen doch vorm Thorschluss noch sagen.

Welche, Fräulein?

Die holländischen.

Die holländischen? Wie so? Wie werden denn die gepackt?

In blecherne Kapseln.

In blecherne Kisten wollen Sie sagen.

Auch gut; aber deren, die ganze Kisten zu ihren Effecten nöthig haben, giebt es so gar viele nicht. Nein, gewöhnliche Kapseln, die man unter dem Arme tragen kann.

Aber da lässt sich doch nicht viel hineinpacken.

O doch. In ein paar solcher Kapseln trage ich einen Werth von fünfzigtausend Gulden mit leichter Mühe weg.

An Pretiosen etwa? Aber wie viele solcher Kapseln müssen dann die Damen mit auf die Reise nehmen? Das wunderschöne Ballkleid z. B., das Sie gestern getragen, würde ja schon allein eine Kapsel füllen.

Aber man nimmt diese Effecten in der Regel nicht mit auf Reisen.

Was sind aber das für Effecten, die man zu Hause lässt? — Aber da steckt etwas dahinter. Ich glaube, Sie halten mich wieder etwas zum Besten.

A bissele, Herr Doctor, aber nur darum, um Sie noch ein paar holländische Wörter zu lehren. Im Holländischen heissen unsere Effecten *bagage* und was wir Staatspapiere nennen, das nennen die Holländer *effecten*.

Allen Respect vor solchen Effecten! Aber wie konnte

ich so lange rathen? Bei uns heissen die Staatspapiere
ja auch so. Aber freilich in der Regel, wenn man bei
uns von Effecten spricht, werden darunter Reiseeffecten
verstanden.

Mit diesen Effecten ist vorgestern einem Holländer
und seiner Frau etwas Komisches begegnet. Ich war
selbst dabei. Der kommt mit seiner Frau und Tochter —
es waren Bürgersleute aus dem Haag — nach Emmerich, und einer der Zollbeamten fragt ihn im Visita-
tionssaal: „Wo haben Sie Ihre Effecten?" „Ich habe
keine Effecten," war die Antwort. Der Beamte geht
weiter und kommt zu uns, und nun höre ich, während
der Beamte unsere Koffer öffnet, den Mann zu seiner
Frau sagen: „Hoorje 't wel? Hij vraagt of ik effecten
heb; ik wou, dat het waar was." „Maar wat'n astrant
volk, was für ein freches Volk!" erwiderte seine Frau;
„wat heeft hij er mee van noode, was geht das ihn an?
Hoe durven ze het zoo te vragen?" — „Ja, nu zie ik
het toch ook zelf, dat Grootvader zaliger wel gelijk had." —
„Hoe dat?" — „Die kon dat volk niet luchten noch zien,
nicht ausstehen; als die van de Pruissen vertelde! Want
grootvader, moetje weten, was een eerste Kees, d. h. Patriot
oder Antioranier." „O, praatje van dien tijd?!" — „Wel,
die is er bij geweest bij de Goverwellersluis, toen ze Wil-
lemijntje, de Schoonmaakster, bij der lurve gepakt hebben." — „Wat bliefje? Was jou grootvader een Kees?!" —
„Wel nou, wat zou dat?" — „Wel nu, koman!" — „Jou
grootvader misschien ook?" — „Wel ja wel, dat kunje
denke! Neen, man, wij zijn van ouder tot ouder zuiver
oranje geweest. Maar dat moest mijn goede grootmoeder
weten!" — „Hoe dat dan?" — „Als die goeie ziel dat

wist, dat haar kleindochter in een Keezenfamilie getrouwd was, ze draaide der nog in het graf om!" — *„Kom, gek schepsel, schei d'r uit. Wat haalje nu voor oude koeien uit de sloot?"* — *„Neen, waarenlig! zij was er nog toe in staat. Maar je hebt me daar nooit iets van verteld."* — *„Je hebt me d'r ook nooit naar gevraagd."* — *„Wat die een puist, d. h.* einen Abscheu, *had aan de patriotten! Maar de Pruissen, die toen in het land zijn gekomen, om de boel op te ridderen, die mocht ze toch ook niet."* — *„Maar houdje stil, pas op, daar komt al weer zoo'n snoeshaan op ons af."* *„Wat of die weer hebben moet?"*

Da könnte ja der Widerwille der Holländer gegen die Preussen auch schon aus jenen Zeiten herrühren?

Leicht möglich, denn unter den Betagteren mag sich noch mancher dessen erinnern, was ihm seine Eltern von den Preussen der damaligen Zeit erzählt haben, und zumal die, deren Eltern zu der Partei der sogenannten *„patriotten"* gehört hatten; dankten doch selbst die der Reactionspartei Angehörigen, die sie in's Land hereingerufen hatten, am Ende dem Himmel, als sie der guten Freunde wieder los waren.

Aber, Fräulein, Sie wollten von den —

O ja, von den Effecten sprechen. Also der zweite Zollbeamte kommt herzu und fragt meinen guten Nachbar: „Wem gehören diese Sachen da?" *„Mijn"* ist die Antwort, *„ons"* sagte die Frau. „Und soeben sagten Sie zu mir, Sie hätten kein Gepäck bei sich?!" spricht nun der meinige, sich umwendend, im Tone des Unwillens. „Ja wohl, hier, das ist meine Koffer, und die da von meine Frau, und die beiden *hoededoozen* hier und die Nachtsack." Da sehen die beiden

Beamten einander an und der meinige deutet heimlich
auf seine Stirne, wie einer, der sagen will: bei dem
da scheint's im Oberstübchen nicht richtig zu sein;
was für dumme Leute giebt's doch auf der Welt! Der
sagt, er habe keine Effecten, und da stehen NB. zwei
Koffer, zwei Hutschachteln und noch was!" *De Hage-
naar had er echter ook het zijne niet van* — ich will
sagen, dem kam das Benehmen der beiden Zollbeamten doch auch etwas räthselhaft vor. Er sah mich darum mit ein paar fragenden Augen an und nachher
im Wartesaal machte er sich mit seiner Frau, mit
welcher wir schon in Arnheim ein paar Worte ge-
wechselt hatten, ganz vertraulich an uns und fragte
uns, ob denn Staatspapiere etwa auch steuerpflichtig
seien, weil der *kommies*, d. h. der Zollvisitator, sich so
angelegentlich nach seinen Effecten erkundigt habe. —
Zie zoo! Jetzt bin ich *kant en klaar*, fix und fertig.
Meine Stickerei da hätte ich nicht auszukramen gebraucht; ich habe keine zehn ordentliche Stiche gemacht. Die fleissigen Holländerinnen sagen: *praten en
breien*, plaudern und stricken zugleich! Aber das geht
bei mir nicht, wenn ich in angenehmer Gesellschaft bin.

Dass ich in demselben Falle bin, kann ich mit meiner Cigarre beweisen. Die ist mir schon lange wieder
ausgegangen. Und das geschieht mir auch nur dann,
wenn mich ein interessantes Gespräch in hohem Grade
fesselt.

Mein interessantes Gespräch?! — Halten Sie mich
zu guter Letzt auch noch zum Besten? — Nun, dann
zünden Sie sie nur schnell wieder an — hier sind
Streichhölzchen — um den Schaden einzuholen, den

meine interessante Unterhaltung angerichtet hat. Oder —
warten Sie — weil ich ja doch mit meinem NB. interessanten Geplauder Schuld daran sein soll, so ist's
nicht mehr als billig, dass ich Ihnen wieder *een flammetje geef. Als 't u b'lieft, Mijnheer.*

Danke verbindlichst.

Nun übermorgen noch einen kleinen Sprung, dann
sind wir wieder zu Hause und dann geht's wieder
frisch an die Arbeit. Das geschäftige Müssiggehen des
Reisens entleidet einem am Ende doch auch. Kommt
der Frühling heran, dann geht es einem, wie den
Wachteln im Käfig, wenn sie zur Wanderzeit mit dem
Kopfe an die Decke springen, als wollten sie ein Loch
hineinstossen, um zu entfliehen, dann wandelt einen
eine unwiderstehliche Wanderlust an. Ist man aber
einige Wochen am Herumziehen gewesen, dann geht
man auch ebenso gerne wieder heim. Mich wenigstens
verlangt wieder recht nach Hause, nach dem Vater,
nach den Freundinnen und nach meiner zahlreichen
Familie.

Haben Sie viele Geschwister?

Nein, aber Kinder im Ueberfluss, ein paar Tausend
Pflegekinder. — Das sind meine Blumen. Da werde
ich wohl wieder Tausenderlei nachzuholen finden. Ob
wir gleich einen sehr geschickten Gärtner haben, wird
doch manches liegen geblieben sein, das auf meine
Rückkehr wartet. Wir haben einen Garten ausserhalb
der Stadt, mit Gewächs- und Treibhäusern. Da giebt's
Sommer und Winter zu schaffen genug.

Auch im Winter?

Ja, auch im Winter, nicht viel weniger, als im Sommer. Oder glauben Sie, dass wir dann mit den Händen im Schoosse sitzen? Aus Ihrer Frage darf ich aufmachen — ach, was ist das wieder! — darf ich abnehmen, meine ich, dass Sie kein Blumenfreund sind.

Doch, Fräulein. Ich halte recht viel auf Blumen, aber die Mühe, die ihre Pflege tagtäglich erfordert, das Begiessen, Reinhalten u. s. w. — dazu habe ich keine Zeit. Sonst möchte ich immer gerne einen kleinen Blumengarten in meinem Zimmer haben.

Da wäre Ihnen, wenn Sie in Holland wären, leicht zu rathen. Da kann man sich bei den Blumisten auf ein ganzes Jahr abonniren und bekommt Sommer und Winter die schönsten Blumen für seinen Blumenständer. Man bringt sie Ihnen blühend in's Haus, und, wenn sie ausgeblüht haben, werden sie mit andern vertauscht. Daher findet man in Holland in vielen vornehmen Häusern Sommer und Winter den schönsten Blumenflor vor den Fenstern. Auch wir haben zu Hause immer Blumen, im Winter hauptsächlich die Hyacinthen und Tulpen. Davon bringe ich wieder ein ganzes Kistchen voll Zwiebeln mit, von Haarlem, wo sie zu Hause sind. Bei uns wollen sie nicht fort; sie scheinen ohne die Seeluft nicht gedeihen zu können.

Welche Blumen sind Ihre Lieblingsblumen?

Welche? Das wüsste ich wahrlich nicht zu sagen.

„Herr, alle sind sie mir gleich liebe Kinder."

Sagt Tell. Schön, Fräulein. Aber man zieht doch leicht eine Blume der andern vor, z. B. die Rose?

Die Rose?

> „Ihr Purpur ist aller Ehren werth
> Im grünen Ueberkleide,
> Darob das Mädchen sie begehrt,
> Wie Gold und Edelgeschmeide.
> Ihr Kranz erhöht das schönste Gesicht;
> Allein sie ist das Blümchen nicht,
> Das ich am meisten verehre."

Schön, Fräulein. Dann darf ich wohl in dem schönen Liede fortfahren?

Ja, das weiss ich auswendig von A bis Z. Wenn Sie mich fragen, welches Gedicht mein Lieblingsgedicht ist, dann ist es dieses [1]). Dann kommt die Lilie und spricht:

> „Das Röslein hat gar stolzen Brauch
> Und strebet immer nach oben;
> Doch wird ein liebes Liebchen auch
> Der Lilie Zierde loben.
> Wem's Herze schlägt in treuer Brust
> Und ist sich rein, wie ich, bewusst,
> Der hält mich wohl am höchsten."

Darauf der Graf:

> „Du bist mir zwar ein schönes Bild
> Von mancher Jungfrau, rein und mild;
> Doch weiss ich noch was Liebers."

Dann folgt die Nelke, glaube ich. Aber das sicht ja aus, als ob ich Sie Ihre Lection abhören wollte.

---

[1]) Goethe „Das Blümlein Wunderschön. Lied des gefangenen Grafen."

Schadet nichts, Herr Doctor. Ich bin zwar schon einige Jahre über das Hersagen von Lectionen hinaus, thue es aber doch gerne. Aber welche Blume ist denn Ihre Lieblingsblume?

Die des gefangenen Grafen, und mein letzter Wunsch— Vergissmeinnicht? — Ja, gewiss — ein liebes Blümchen! Und wie heisst's da auch wieder — in der letzten Strophe? — Ja, jetzt erinnere ich mich:

> „Ja in der Ferne fühlt sich die Macht,
> Wenn zwei sich redlich lieben."

Aber genug. Es wird hohe Zeit, dass ich mich auch in die Ferne mache — das Boot legt schon an, wie ich sehe — sonst werde ich noch mitgepackt, wo nicht gar *op zijn Hollandsch — ingepakt*. Nun, Herr Doctor, empfangen Sie meinen herzlichsten Dank für die angenehmen Stunden, welche ich in Ihrer Gesellschaft genossen.

Bitte. Die Pflicht der Dankbarkeit ist ganz auf meiner Seite. Aber, liebes Fräulein, noch ein Wort — also, wie Sie mir versprochen haben, wenn ich im October nach Stuttgart komme —

Dann soll es mich herzlich freuen, Sie bei Reinfelds, mit welchen auch meine Eltern sehr befreundet sind, wieder zu sehen, oder im Casino, und dann soll, zum Danke für Ihr heutiges Geleite, der erste Walzer Ihnen gewidmet sein, trotz aller seidenen und sammtenen Maltheserritter. Da, Herr Doctor, ich gebe Ihnen meine Hand darauf. Und dann mögen sie meinetwegen aufspielen:

> „Und bei dir bin i gwä,
> Und bei dir hat mi's gfreut,

> Und zu dir komm i wieder,
> Wenn's G'legeheit geit."

Also auf die Freude des Wiedersehens. Leben Sie inzwischen recht wohl.

Gleichfalls, theures Fräulein, und ferner glückliche Reise.

Insgelijks. Und lassen Sie sich indessen die Zeit nicht zu lang werden und studiren Sie fleissig Holländisch.

Das soll nicht fehlen. — Aber hören Sie? — Sie werden mit Musik empfangen. Wissen Sie auch, was die da drüben auf der Terrasse spielen?

O ja:

> „Mein Herz ist im Hochland."

Und mein Herz geht nach Schwaben,

> „Und das hat mit ihrem — Plaudern
> Die Lorelei gethan."